REDAÇÃO
PARA O ENEM

O QUE VOCÊ PRECISA SABER
PARA ESCREVER MELHOR

Blucher

REDAÇÃO
PARA O ENEM

O QUE VOCÊ PRECISA SABER
PARA ESCREVER MELHOR

LUIZ CARNEIRO

Redação para o ENEM: o que você precisa saber para escrever melhor
© 2019 Luiz Carneiro
Editora Edgard Blücher Ltda.

Todos os esforços foram feitos para encontrar e contatar os detentores dos direitos autorais das imagens utilizadas neste livro. Pedimos desculpas por eventuais omissões involuntárias e nos comprometemos a incluir os devidos créditos e corrigir possíveis falhas em edições subsequentes.

Blucher

Rua Pedroso Alvarenga, 1245, 4º andar
04531-934 – São Paulo – SP – Brasil
Tel.: 55 11 3078-5366
contato@blucher.com.br
www.blucher.com.br

Segundo o Novo Acordo Ortográfico, conforme 5. ed. do *Vocabulário Ortográfico da Língua Portuguesa*, Academia Brasileira de Letras, março de 2009.

É proibida a reprodução total ou parcial por quaisquer meios sem autorização escrita da editora.

Todos os direitos reservados pela Editora Edgard Blücher Ltda.

DADOS INTERNACIONAIS DE CATALOGAÇÃO
NA PUBLICAÇÃO (CIP)
ANGÉLICA ILACQUA CRB-8/7057

Carneiro, Luiz
　Redação para o ENEM : o que você precisa saber para escrever melhor / Luiz Carneiro. – São Paulo : Blucher, 2019.
　280 p.

Bibliografia
ISBN 978-85-212-1428-1 (impresso)
ISBN 978-85-212-1429-8 (e-book)

1. Língua portuguesa – Composição e exercícios 2. Escrita 3. Exame Nacional do Ensino Médio I. Título.

19-0236　　　　　　　　　　　　　　　　CDD 469.8

Índice para catálogo sistemático:
1. Redação

CONTEÚDO

AGRADECIMENTOS — 10

PREFÁCIO — 16

1. A ESTRUTURA DO ENEM — 19
   1.1 Competência I — 21
   1.2 Competência II — 22
   1.3 Competência III — 22
   1.4 Competência IV — 23
   1.5 Competência V — 24

2. CONSCIENTIZAÇÃO — 25
   2.1 Proposta de exercício — 27
      2.1.1 Primeira redação: a importância da escrita — 27
      2.1.2 Segunda redação: textos dissertativo-argumentativos — 28
      2.1.3 Terceira redação: dissertação argumentativa de modelo ENEM — 28
      2.1.4 Quarta redação: estrutura do ENEM — 28

3. AS TRÊS LEITURAS DA COLETÂNEA — 30
    3.1 Primeira leitura: conhecimento do tema — 31
    3.2 Segunda leitura: mapeamento dos pontos principais — 31
    3.3 Terceira leitura: agregação de referenciais — 32
    3.4 Modelo e proposta de exercício — 33

4. LINGUAGEM SIMPLES E DIRETA, RACIONALIDADE E USO DO IMPESSOAL — 38
    4.1 Proposta de exercícios — 47

5. TÍTULOS — 50
    5.1 Proposta de exercícios — 52

6. MODELO GERAL — 54
    6.1 Primeiro parágrafo: "Introdução" — 56
    6.2 Segundo, terceiro e quarto parágrafos: "desenvolvimentos" — 58
    6.3 Quinto parágrafo: "conclusão e propostas de intervenção" — 59

7. O FUNIL — 61
    7.1 Proposta de exercícios — 66

8. O LEITOR UNIVERSAL — 67
    8.1 Proposta de exercícios — 68

9. DUAS REGRAS GERAIS DA COMPOSIÇÃO DE TEXTOS — 72
    9.1 Proposta de exercícios — 74

10. INTRODUÇÕES — 77
    10.1 Modelos de introdução — 78
        10.1.1 Definições — 79
        10.1.2 Conceitos — 80
        10.1.3 Lição das palavras — 81
        10.1.4 Referência artística — 82
        10.1.5 Pontos cruciais — 83
        10.1.6 Ditados populares — 84
        10.1.7 Apresentação de personalidade relevante — 85

10.1.8 Comparação entre perspectivas e fatos	86
10.1.9 Dados estatísticos	87
10.1.10 Elucidação de engano comum	88
10.2 Proposta de exercícios	90

11. TESES — 97
11.1 Proposta de exercícios	106

12. DESENVOLVIMENTOS — 112
12.1 Continuidade de texto e termos conectores	117
12.2 Frases e parágrafos flutuantes	120
12.3 Uso errado de conectores	123
12.4 Parágrafos flutuantes	125
12.5 Evidenciando graficamente as conexões	126
12.6 Proposta de exercícios	127

13. REFERÊNCIAS INTERNAS/ILUSTRAÇÕES, CITAÇÕES, PARÁFRASES, ANALOGIAS E A CONSTRUÇÃO DO REPERTÓRIO — 130
13.1 Referências internas/ilustrações	131
13.2 Citações	133
13.3 Paráfrases	135
13.4 Analogias	136
13.5 Proposta de exercícios	140

14. CONCLUSÕES, PROPOSTAS DE INTERVENÇÃO E O PROBLEMA DO HUMANISMO — 145
14.1 Exemplos de conclusões	152
14.1.1 Exemplo 1 – Desmatamento da floresta amazônica	152
14.1.2 Exemplo 2 – Rótulos sociais e construção dos preconceitos	153
14.1.3 Exemplo 3 – Paradigmas familiares tradicionais e a nova configuração das famílias	154
14.1.4 Exemplo 4 – Imigração no Brasil (modelo ideal)	155
14.2 Proposta de exercícios	155

15. ELIMINANDO IMPRECISÕES — 161
15.1 Proposta de exercícios — 164

16. SIGLAS — 166
16.1 Proposta de exercícios — 167

17. TABELAS, GRÁFICOS E ESTATÍSTICAS — 169
17.1 Proposta de exercícios — 175

18. LEITURA DE IMAGENS — 181
18.1 Proposta de exercícios — 188

19. REFERÊNCIAS-BASE — 191
19.1 Exemplos de referências-base — 192
    19.1.1 Exemplo 1 – Vigilância — 192
    19.1.2 Exemplo 2 – "Geni e o zepelim" — 198
19.2 Frases — 202

20. EXERCÍCIOS CRIATIVOS — 205
20.1 Exercício 1 – Walter Isaacson e Isaac Asimov — 206
20.2 Exercício 2 – Berners-Lee e inovação — 206
20.3 Exercício 3 – Séries investigativas — 207
20.4 Exercício 4 – Mapas invertidos — 208
20.5 Exercício 5 – Kevin Carter — 209
20.6 Exercício 6 – Concisão — 210

21. O EXERCÍCIO DE SE CHEGAR A 1.000 — 212
21.1 Proposta de exercícios — 213
21.2 Demonstração — 213
    21.2.1 Versão 1 — 214
    21.2.2 Versão 2 — 219
    21.2.3 Versão 3 — 224
21.3 Proposta de exercícios — 230

22. REFERÊNCIAS PARA A CONSTRUÇÃO DO REPERTÓRIO — 231

    22.1 Livros — 233

    22.2 Filmes — 238

    22.3 Programas de TV — 242

    22.4 Séries de TV — 242

    22.5 Animes — 243

    22.6 Histórias em quadrinhos — 244

    22.7 Publicações — 246

    22.8 Variados — 246

23. DUAS QUESTÕES UM POUCO ESPINHOSAS — 248

    23.1 Perguntas retóricas — 248

    23.2 Tese-antítese-síntese — 252

    23.3 Proposta de exercícios — 256

24. PROPOSTAS DE REDAÇÃO — 259

    24.1 Relação do brasileiro com o trabalho — 259

    24.2 Corrupção — 262

    24.3 Lula × FHC — 264

    24.4 Idosos — 267

    24.5 A sociedade do conhecimento — 269

    24.6 O complexo de vira-lata — 271

    24.7 A unanimidade é burra — 273

25. A PERSPECTIVA DO *COACHING*: PELO AMOR AO ENSINO, AO APRENDIZADO, AOS ALUNOS E AO DIÁLOGO HORIZONTAL — 275

    25.1 P. O. — 277

    25.2 L. P. — 277

    25.3 L. L. — 278

    25.4 L. S. — 279

AGRADECIMENTOS

Este livro é fruto de uma experiência de ensino singular, que só foi possível graças a algumas pessoas. Por isso, creio ser fundamental nomear colaboradores e colaborações.

As pessoas que serão aqui citadas foram e sempre serão minhas parceiras de trabalho, e a elas sou profundamente grato. Quero, por isso, aproveitar as definições do verbete "colaborar" dadas pelo dicionário online *Priberam*, uma das referências de apoio desta obra.

O sentido de "colaborar" é advindo do latim *collaboro*, "trabalhar com". São três as acepções da palavra: "trabalhar em comum com outrem, cooperar", "agir com outrem para a obtenção de determinado resultado" e "ter participação em obra coletiva [...], participar".

As pessoas que agradecerei colaboraram comigo, não trabalhando para mim ou permitindo que eu trabalhasse para elas, mas cooperando, ou seja, operando ao meu lado, horizontalmente. O que eu quero dizer com isso não é que não houvesse papéis definidos, mas que a hierarquia mais tradicional, montada sobre pedestais de isolamento e autoimportância, estava abolida.

Não gosto de salas com aquelas plataformas elevadas em que o professor se posiciona, literalmente, um ou mais degraus acima dos alunos. Proíbo meus estudantes de me chamarem de "senhor", sendo esta minha única imposição, que inclusive gera algumas brincadeiras quase automáticas, dada a existência de meus cabelos brancos.

Meus alunos são meus colaboradores, agindo comigo para que bons resultados possam ser obtidos. Por isso, as aulas e seus resultados práticos são obra coletiva. Obviamente, pessoas com funções administrativas também foram importantes e são, por isso, participantes ativos e proativos que definitivamente merecem reconhecimento.

Eu já tinha trabalhado redação criativa na Universidade de Mogi das Cruzes, mas foi em 2013 e 2014 que pude tomar um contato mais firme com o ensino de redação no Ensino Médio, no Poliedro de São Paulo. Foi Fabrício Oliveira quem me levou para a escola, onde aprendi de abordagens efetivas até pragmáticas que ajudaram muito a construir essa obra. Muito obrigado, camarada, sei que o futuro ainda nos reserva outras relevâncias.

Em 2015, quase inadvertidamente, candidatei-me a professor de redação da Smartz School, em Itajubá (MG). Foi Annelise Ribeiro quem primeiro me recebeu e me deu a oportunidade de trabalhar, depois referendada por Marcelo Cunha. Muito obrigado a vocês por isso e também pela extrema liberdade de montagem das aulas, alteração de dias e horários quando necessário e por todo o apoio durante o curso.

Quando as aulas iniciaram, eu não sabia que elas chegariam a ser algo tão grande. Os planos para este livro existiam desde o começo, mas eu jamais poderia pensar que aquelas aulas se tornassem uma parte tão integral de mim e do que quero fazer pelo mundo e pelas pessoas.

As turmas foram muito especiais. Desde os primeiros dias, ficou muito claro que eu tinha de responder a algo muito profundo, e isso não era apenas o conhecimento técnico. Claro que ele era de extrema importância, pois queríamos resultados, mas eles não viriam se eu não tivesse percebido que, dando as aulas, era eu que estava aprendendo.

Minha experiência docente já tinha dezessete anos, e foi nas aulas da Smartz que eu mais a pude colocar a serviço dos alunos. Mais uma vez, agradeço à administração da escola por toda a abertura e a disposição, por disponibilizarem os divulgadores para batalhar pelo curso, pelo ar-condicionado da sala, pela máquina de café expresso sempre operante (e imprescindível) e por deixarem os computadores do *hall* de convivência sempre ligados à internet, para que eu pudesse jogar alguns *games* com a Pérola.

Mais importante que aprender a escrever redação era a necessidade de aprender profundamente, de aprender a raciocinar com propriedade e distinção. A estrutura que ofereci aos alunos como modelo de trabalho certamente ajudou nesse processo, mas o que mais nos fez ganhar pontos foram as discussões coletivas e a montagem das abordagens individuais profundas que nasceram da disposição de todos em trabalhar com os parâmetros diferenciados que ofereci.

Os alunos foram muito legais e abertos para entender a nova proposta e ainda me propiciaram sua generosa companhia. E foi na companhia deles que eu pude somar a cada dia uma solução para algum problema, fosse ele geral ou específico. Este livro é fruto disso.

Devo a todos os alunos e alunas da Smartz o meu mais profundo agradecimento pela confiança, pelas muitas horas de cadeira e pelas muitas e muitas horas extras que passavam na escola, nos horários oficiais e não oficiais dos plantões de redação.

Vocês obtiveram resultados muito relevantes, notas altas e algumas posições de destaque nas classificações de diferentes exames e instituições, mas o mais importante é que cresceram por dentro. Thais Vilela, foi lindo perceber o crescer e o desabrochar de sua singularidade, que você e outras pessoas também perceberam.

Ver e acompanhar cada processo de aprendizagem e cada concretizar de um ensinamento ou de uma boa prática foi realmente emocionante. Nas aulas, nos plantões e nas conversas, eu sempre soube que os alunos traziam e deixavam apenas seu melhor. As marcas de seu carinho e sua simpatia e a incomensurável honra de ensiná-los – mais que redação – serão para sempre um de meus maiores orgulhos.

Eu certamente teria um agradecimento a fazer a cada um dos alunos e pretendo fazê-lo se tiver a oportunidade, mas gostaria de deixar alguns bem pontuados.

Letícia Rodrigues, você foi a aluna que mais aprendeu. Era você que perguntava das reposições quando eu precisava me ausentar, foi conversando com você que surgiu a ideia das referências-base, foi o seu processo de aprendizado que me deu a certeza de que o método que eu estava aplicando era correto e, mais que isso, que me inspirou constantemente, pois você o gerou e o respeitou também profundamente.

Daniela Violin, recuperando o que eu lhe disse uma vez, "você é $f(15)(4)a$", e eu soube disso na primeira vez que você entrou na escola. Se eu aprendi alguma coisa com os anos, foi a identificar singularidades. Você é uma singularidade viva e impactante, não apenas por seus brilhantes textos e por suas colocações maduras e surpreendentes, mas por sua postura. Você sabe do que estou falando. Acredite. E muito obrigado por, sozinha, ter formado praticamente uma turma para estudar comigo. Ter o seu referendo foi um dos meus patamares de certeza.

Referendos, também, que vieram de vocês, Vitória Arantes e Maryana Mendonça. Confesso que algumas vezes até me perguntei se estava à altura. Vitória, você pode virar astronauta, física nuclear ou qualquer coisa que queira, com um *pedigree* à la Richard Feynman que não pode deixar de nutrir. Maryana, seus textos já eram muito completos e seu nível de produção muito alto, com uma organização de referenciais e um raciocínio que chegavam a emocionar. Muito obrigado por ter ficado todo o tempo que pôde.

Paulo Alexandre, foi muito nítido seu progresso, muito maior que no tocante ao desempenho nas redações. Certamente, seus textos progrediram muito, mas seu raciocínio e seu arranjo mental foram os que mais ganharam. Acompanhar você nesse processo foi um grande privilégio.

Letícia Pena e Ariadne Goulart, vocês, com tão pouca idade, eram modelos de ética e de transparência ímpares, e certamente esses modelos foram importantes no planejamento e na execução das aulas e do cotidiano da escola. Karen, houve um momento em que você não acreditou em sua capacidade, mas muito obrigado por ter continuado, por ter passado em sala para agradecer após o fim das aulas e por sua doçura e cordialidade. Continue vendo animes e lendo mangás.

Larissa Lamoglia, Pedro Ramires e Natasha Rodrigues, muito obrigado por terem deixado as aulas mais fáceis com sua alegria e leveza, que passavam para as aulas e para seus – e meus – resultados. Natasha, obrigado pelo cabelo sempre roxo. Igor Patrick e Mariana Ribeiro, obrigado por dividirem comigo suas buscas particulares, nas aulas e em nossos processos de *coaching*.

Camila Abdala, houve um dia que você prestou um resgate. Eu nunca esquecerei e sei que se lembra. Sua prontidão e suavidade permitiram um alívio em meu coração e em mais outro. Não seria mal que as pessoas fizessem mais isso.

Milena Brucker, você não era apenas o alívio cômico da sala. Você era a ponte. Eu não sei onde você está, mas sei o quanto você é grande e quantas pradarias quer cruzar. Que haja lobos brancos uivando à sua porta e samurais preparados quando você romper as correntes que te ensinaram. A luz que virá vai cegar idiotias e psicopatias, e sua canção, cantada pela amiga que a adora, fará o melhor dos sentidos. Sim, aquela canção é toda para você. Aquele jogo também.

Aline, obrigado pela agenda personalizada e por reconhecer. Tenho certeza de que seu progresso foi edificante e que reverberará por todas as instâncias de sua vida. Dificuldades sempre se apresentam, mas você tem uma postura tranquila e consciente que só precisa de um pouco mais de sangue nos olhos para brilhar. Francine Chiaradia, eu percebia lá no fundo um átomo de algo desconfortável que não soube nomear ou identificar, mas que fiquei com a impressão de ser uma insegurança. Também identifiquei muitas boas coisas e tenho certeza de que você é tão linda por dentro quanto por fora.

Otávio Siqueira, Mateus Peloso, Thiago, Lidiane, Thiago Chiaradia, Eliezer, Flávia, Ana Luisa Martins, Matheus Cintra, André e Matheus, vocês foram pontos de confluência muito interessantes, calcados em objetividades bem definidas e, ao mesmo tempo, com ampla abertura para minhas indicações de conteúdo e abordagem. Vocês não tinham orgulho de autor e me ensinaram muito sobre o desenvolvimento de parâmetros eficientes.

Se tudo isso veio das aulas da Smartz, há outro agradecimento a fazer. Se os alunos ficavam à vontade nas aulas e na escola, isso acontecia porque eram bem recepcionados. Karol Anne Cordi, você era a cicerone, muito mais que recepcionista e secretária. Agradeço imensamente todo o apoio em impressões de textos e nos demais processos burocráticos, mas o mais importante eram os não burocráticos: era por sua causa que os alunos entravam seguros e felizes nas aulas, pois você os tratava com respeito, como amigos, como passíveis de profunda consideração. A mim, você sempre entregou simpatia, confiança e muitas e muitas horas de boas conversas, ainda que sempre nas correrias dos intervalos. Você foi parte do meu método de ensino, e, se os alunos ganharam conhecimento nas aulas, por seus braços eles ganharam o conforto e a segurança de que precisavam para crescer como estudantes e como pessoas. Saiba que o seu impacto foi profundo e que, com certeza, ele se tornou parte das individualidades e do amadurecimento de todos aqueles jovens maravilhosos que você fazia transitar com fluência e dignidade pela escola. Muito obrigado por tudo isso e por acreditar em mim e nas minhas aulas.

No Objetivo de São Gonçalo do Sapucaí, pude trabalhar apenas cinco meses como professor de redação, em 2016, mas houve também por lá processos impactantes. Devo agradecer a Jackson Rennó, meu ex-professor de Matemática e então diretor da escola, pela oportunidade.

Maria Lina era uma aluna dedicada que tinha como meta produzir textos fora da curva, provavelmente sem saber que já tinha uma postura fora da curva só por querer isto. Muito obrigado por essa linha de atuação e por disponibilizar suas redações para este livro.

Leandra Duarte era a aluna mais genial e que pouco precisava das aulas, mas era sempre atenta e dedicada à escrita. É sempre bom ver que há pessoas que discorrem sobre Foucault e Simone de Beauvoir com propriedade e naturalidade. Obrigado pelas redações que disponibilizou para este livro e pela oferta das frases aplicáveis a diferentes contextos. Essas frases certamente serão úteis para muitos e tornaram este livro melhor. E obrigado por se tornar uma amiga e por ainda trazer em seu bojo o Rodolfo.

Ester Lemos, sua melhoria também foi bastante pronunciada, e sua atenção focada sempre foi estimulante. Obrigado também por suas redações que apoiaram este livro.

Juliana Moraes, Marina Andrade e Nycolle Souza, muito obrigado pelas redações oferecidas como exemplo e muito usadas neste livro. Juliana, você precisa confiar mais em si mesma, sem medo. Marina, leia, leia, leia e continue construindo essa mente maravilhosa que não tem fronteiras. Nycolle, você tem muito mais qualidades do que acha. Conte sempre comigo.

Maria Emília, Maria Karoliny, Virgínia, Sarah e Vitória, obrigado pelo bom humor, pela ótima convivência e pela amizade. Rita Leonel, obrigado pela cordialidade e pelos inúmeros cafés.

Giulia, muito obrigado por requisitar aquela "história de princesa mórbida", que acabou virando um livro ilustrado muito importante para meus projetos educacionais. Alicia, que sua energia absurdamente livre de correias seja sempre a pauta da sua vida, gerando para você e para aqueles ao seu redor saudáveis horizontes de possibilidades.

Na Blucher, sempre tive as portas abertas. Eduardo, muito obrigado pelas conversas sempre propulsoras, pelas perspectivas pragmáticas e ao mesmo tempo diferenciadas e por publicar este livro e os outros que certamente virão. Este livro vai impactar muitas pessoas, e é graças à sua disposição que isso acontecerá.

Jonatas Eliakim, eu não poderia desejar um editor mais atento e cuidadoso. Suas sugestões e correções sempre foram muito inteligentes e articuladas e, junto com suas reorganizações de conteúdo, tornaram este livro muito melhor. Os resultados que esta obra trará sempre lhe serão devedores.

Em outubro e novembro de 2015, tive a felicidade de ministrar uma versão intensiva do meu curso de redação no Lobo Centro Criativo, em São Paulo. Natália Miyuki, Thuane Araújo e Gisele Rosa, muito obrigado por toda a atenção, por sempre manterem abertas as portas desse lugar lindo (e perto do metrô) e por gerarem e manterem um centro polivalente de discussão de ideias e de desenvolvimento humano.

Amanda Anne Vieira, Artur Fontana, Júlia Pipolo e Paulo Henrique Teixeira, muito obrigado por sua atenção e dedicação, por acreditarem nas aulas e no método e por serem tão gentis e apoiadores. Nessas aulas eu aprimorei ainda mais meu método e aprofundei minha consciência sobre os processos de aprendizado.

Amanda, suas qualidades vão muito além das forças que acredita ter. Desenvolva sua calma e seu silêncio interno e nada te derrubará. Artur, você é um pragmático muito tranquilo; se desenvolver o foco e a clareza que você já tem, gerará profundos impactos e transformações. Júlia, você tem uma mente maravilhosa, já arquitetada nos parâmetros que deseja – e sabe – desenvolver; acredite em seus rascunhos e na criação de seu próprio método. Paulo, suas construções filosóficas são grandiosas e coerentes e, certamente, isso o levará aos mais altos e profundos patamares profissionais e pessoais.

Em 2018, pude repetir o curso de redação no Lobo, e Laura Fontana foi a aluna mais atenta, educada e disposta que o curso poderia ter. Laura, obrigado pela presença durante todo o ano e por me permitir desenvolver, com e para você, parâmetros específicos e generalistas que certamente melhoraram o curso. Sua busca é muito clara e você nunca duvidou dela, continuamente se dedicando. Você tem potencial para atingir tudo o que deseja.

No Urbee Coworking, também em 2018, pude trabalhar com Thomas Corsaro. Thomas, seu nível de construção de raciocínio é muito elaborado e merece altos investimentos. Sua habilidade de transitar entre referências da alta cultura e elementos da mídia e do mundo pop, sabendo extrair de todos esses estratos inferências relevantes, certamente te levará longe.

PREFÁCIO

Não é segredo para ninguém que, quando se presta o ENEM, a nota obtida na redação pode ser o diferencial entre conseguir ou não acesso às instituições e/ou aos cursos almejados. Todavia, mesmo com a elevada importância da redação nesse contexto, o ensino dessa disciplina permanece um grande desafio. Tal fato não é decorrente de nenhum exame ou vestibular especificamente, mas de características do produto das aulas de redação, ou seja, das próprias redações.

Essas características são essencialmente duas: especialização e tamanho. Os alunos devem escrever sobre um tema determinado – que não sabem de antemão qual é – em um espaço pequeno. Sim, porque mesmo que os alunos reclamem que "trinta linhas é muita coisa", não é. E não basta escrever, é necessário escrever bem e com propriedade dos argumentos, manifestando um ponto de vista claro e justificável.

Este é um livro para professores e alunos. O objetivo é propor uma metodologia que já foi aplicada empiricamente e se mostrou bastante eficaz para o ensino de redação para o ENEM, com um índice de 85% das notas acima de 800 pontos. Além disso, é um método eficiente para o ensino de redação de maneira geral, e mesmo alunos com grande dificuldade de escrita conseguem progredir bastante com ele.

Nas aulas, percebemos a necessidade de uma organização do pensamento do aluno: não basta ensinar a escrever, é necessário ensinar a pensar, a organizar esse pensamento e a expressá-lo com o máximo de clareza, fluência e exatidão.

Tal tarefa, claro, não é fácil. Por conta dela, as aulas de redação não são apenas aulas de produção de textos, mas de discussão de temas e de construção de raciocínios.

O professor de redação, como lida com temáticas variadas, tem de ser uma espécie de Professor Ludovico, um personagem da Disney que, em sua própria definição, é um "especialista em tudo". Ensinar redação é se tornar um especialista em tudo.

E como seria possível facilitar esse trabalho? Para falarmos de organização do pensamento e de expressão exata e cristalina, era preciso um guia aplicável e facilmente acessível ao aluno. Os modelos que existiam não apresentavam características capazes de atender às necessidades dos alunos. Era preciso criar um modelo que fosse, ao mesmo tempo, estruturado e maleável.

O modelo tinha de ser estruturado para ser eficiente e maleável porque precisava ser utilizável com qualquer tema. Ainda, como as aulas eram focadas no ENEM, tínhamos de respeitar suas exigências. Em suma, o 13º trabalho de Hércules.

A solução, entretanto, estava "na nossa cara". Mais precisamente, no edital do ENEM. Mais especificamente ainda, no listar das cinco competências e em suas definições.

Em uma palavra, a solução: ESTRUTURA.

Essa solução, sabemos, vai de encontro às noções mais gerais acerca do que é importante em uma redação. Em quase todas as turmas em que fizemos a pergunta "O que é mais importante na redação?", a resposta era dada quase em uníssono: "A ideia".

Não que a ideia seja desimportante, muito pelo contrário. A ideia importa e muito, mas, mais que isso, o que realmente importa e faz diferença na composição de uma redação boa ou mediana é a estruturação da ideia. Para que se faça uma redação que possa cumprir todas as exigências do ENEM e, mais que isso, que seja capaz de apresentar a ideia de forma relevante e contundente, é a estrutura que manda.

Caso haja dúvidas com relação a isso, basta fazer uma leitura atenta do edital do ENEM: as competências II, III e IV são sobre estrutura. E a competência V, que pede as propostas de intervenção, exige um elemento estrutural sem o qual uma redação não obterá uma boa nota. Desse modo, 4 das 5 competências do exame são estruturais.

Retomando: na redação, o que se exige é a apresentação de um raciocínio elaborado e coerente sobre determinado tema. Uma vez que optamos por montar as aulas com base na estrutura do texto, era ela que tínhamos de alinhavar como provedora dessa elaboração e dessa coerência. Portanto, desenvolvemos um modelo estrutural.

Esse modelo estrutural está demonstrado no Capítulo 6, "Modelo geral". Em linhas gerais, ele é um quadro com a numeração e a divisão dos parágrafos, nomeados de acordo com sua função, no qual se demonstra, pelo uso de marcadores e setas, o posicionamento da tese e a ligação entre os parágrafos.

Esse quadro tem justamente a função de ser nossa estrutura, como a planta baixa de uma casa. Sobre essa estrutura, construímos os textos elencando no quadro as linhas gerais da argumentação em cada um dos parágrafos. Fazíamos isso repetidamente, em todas as aulas, com o objetivo de deixar os alunos cada vez mais cientes e confortáveis com o modelo.

Inerentes a esse modelo são nossas definições das funções de cada parte do texto. Adotamos a composição em cinco parágrafos como a ideal: um de introdução com a tese, três de desenvolvimento e um de conclusão com as propostas de intervenção. Nós também definimos metragens ideais para parágrafos e frases, pois isso ajudava a tornar a estrutura mais definida e a estabelecer uma margem menor de variáveis. Essa determinação também tinha a função de ajudar a lidar com a pressão na hora da prova.

No início, alguns alunos tinham dificuldade em lidar com a estrutura proposta, mas em pouco tempo, por conta do treino intensivo e dos parâmetros claros, ficavam familiarizados com ela.

Estabelecida a facilidade em lidar com o modelo adotado, ou seja, a macroestrutura, era hora de focar em aspectos internos, microestruturais. Era o que chamávamos de "ajuste fino".

Esse ajuste fino tem várias formas: ligações corretas e bem tecidas entre frases e parágrafos, tom das argumentações, sair de cima do muro, evitar o lugar comum, fugir da subjetividade e das generalizações, fazer citações relevantes e bem montadas, desviar de um "humanismo bobo e inocente" na construção das intervenções.

Todo este ajuste fino será esmiuçado nos capítulos, porque, além da base estrutural, o que fará diferença para os alunos é criar uma *expertise* na produção de textos que vá agregando escolhas acertadas, camada por camada. Quando um aluno usa uma estrutura bem montada e sobre ela escreve com outros parâmetros claros e norteadores, a tendência quase absoluta é que consiga uma boa argumentação e, consequentemente, uma boa nota.

Além de tudo isso, procuramos focar nas habilidades pessoais de cada aluno, e não em suas dificuldades. Corrigindo as redações, em especial nas correções comentadas presenciais, era possível perceber em que pontos o aluno era mais forte. Estimulando esses pontos, conseguíamos fazer que o aluno se sentisse ainda mais confiante na utilização da estrutura e na própria exposição de seu pensamento a respeito dos temas tratados.

Obviamente, falhas na construção da estrutura e do texto eram apontadas e, mais importante, solucionadas o mais pragmaticamente possível. Todavia, o foco era sempre o que os alunos traziam de bom. Isso era imprescindível, pois a confiança no processo e nas capacidades individuais também progredia.

As justificativas o os resultados dessa postura podem ser conferidos no Capítulo 25, "A perspectiva do *coaching*: pelo amor ao ensino, ao aprendizado, aos alunos e ao diálogo horizontal".

Sabemos que o ENEM é um desafio exigente e, por isso, criamos um método com parâmetros claros e de aplicação fácil. Partimos da construção de uma estrutura simples e a recheamos de acertos que, cumulativamente, geram textos organizados, claros e impactantes.

Tenham boas aulas e boas experiências estimulando mentes.

CAPÍTULO 1
A ESTRUTURA DO ENEM

Não faz parte de nossos objetivos discutir se o ENEM é a melhor forma possível de avaliação, mas atender às demandas do exame relacionadas à redação. Objetivamente pensando, uma das melhores formas de conseguir isso é examinar o que é pedido pelo edital.

Portanto, vamos estudar as partes relativas à redação do Edital n. 10, publicado em 14 de abril de 2016 pelo Instituto Nacional de Estudos e Pesquisas Educacionais Anísio Teixeira (INEP).

Um primeiro ponto a salientar é o da categoria na qual a redação está inclusa, explicitada no item 8.3 (p. 13): "Linguagens, Códigos e suas Tecnologias e Redação". Nessa delimitação, é clara a relação do texto escrito com a linguagem em que é escrito, com seus procedimentos formais específicos e seus recursos de expressão.

Portanto, está desde o início definido que a esfera de conhecimento em que se espera que a redação opere é a da linguagem acionada por meio de uma *expertise* funcional que utilize e gerencie da melhor forma suas possibilidades de significação.

Em seguida, o item 14.6 (p. 19) define que a redação terá uma nota "entre 0 (zero) e 1000 (mil) pontos", a ser "atribuída respeitando-se os critérios estabelecidos no Anexo IV". O exame do Anexo IV é o eixo central deste capítulo e será feito adiante.

Os itens 14.7 a 14.8.2.3 (p. 19-20) estabelecem critérios de atribuição de pontuação pelos corretores e de resolução de eventuais discrepâncias entre as notas. A leitura de tais itens também é recomendável, mas, como não há aspectos de construção de textos neles contemplados, não os analisaremos aqui.

O item 14.9 (p. 20) descreve como uma redação pode ter uma nota 0 (zero) a ela atribuída:

- O item 14.9.1 (p. 20) discorre sobre redação que "não atenda à proposta solicitada ou que possua outra estrutura textual que não seja a estrutura dissertativo-argumentativa", que caracterizará "fuga ao tema/não atendimento à estrutura dissertativo-argumentativa". Ou seja, o texto deve *necessariamente* ser uma dissertação argumentativa.

- Qualquer outra configuração de texto (poema, descrição, narração) será desconsiderada. Além disso, é importante perceber aqui o uso reiterado da palavra "estrutura", eixo orientador de nossa metodologia. Desde esse momento do Edital, é bem claro o quanto a estruturação das redações é importante e diferencial.

- O item 14.9.2 (p. 21) trata de fortuitas ocasiões em que não há nada escrito na folha. Obviamente, qualquer aluno sabe que não escrever nada é sinônimo de um "zero" e, por isso, não são necessárias explicações.

- O item 14.9.3 (p. 21) dispõe acerca de um hipotético "Texto insuficiente", de até sete linhas. Isso pressupõe um limite mínimo de oito linhas para a redação, o que atende a fins formais, mas é insuficiente para qualquer argumentação coerente. Como parte de nossa metodologia, adotamos o limite mínimo de 25 linhas de texto.

- O item 14.9.3.1 (p. 21) é de extrema importância, pois nele se explicita que a "cópia dos textos motivadores" será desconsiderada "para efeito de correção e também para a contagem do mínimo de linhas". O professor deve deixar claro que, apesar de a coletânea servir como guia para a concepção do texto, uma boa redação não é apenas a cópia e o rearranjo de seu conteúdo, mas uma extrapolação deste de acordo com o conhecimento das disciplinas e com o repertório individual.

- O item 14.9.4 (p. 21) fala a respeito de "impropérios, desenhos e outras formas propositais de anulação". Neste ponto, o que se faz é resguardar o exame com relação a demonstrações de não seriedade ou de má fé, mas não é demais pontuar que a folha de redação serve única e exclusivamente para a escrita do texto. Pois, nas aulas, é comum que as redações venham acompanhadas de desenhos ou símbolos que o aluno rabisca muitas vezes para se concentrar ou mesmo para se distrair um pouco.

- O mesmo item trata ainda do *desrespeito aos direitos humanos*, e esse é um ponto fundamental, apesar de não gerar mais uma nota zero, como antes. A redação do ENEM tem um viés social indubitável. Por isso, tanto o texto quanto, em especial, as propostas de intervenção *têm de ser fundamentados* na melhoria das condições de vida da sociedade, com profundo respeito ao ser humano e foco no desenvolvimento integral de todos os setores da sociedade. No Capítulo 14, "Conclusões, propostas de intervenção e o problema do humanismo", discorreremos sobre essa abordagem.

- O item 14.9.5 (p. 21) trata da desconexão deliberada de partes do texto, provavelmente para resguardar o exame da inserção de trechos que não atendam à proposta da redação e tenham a função de apenas preencher espaço, presumindo que o texto poderia não ser lido e analisado, mas contar com uma atribuição automática e cega de nota.

- Os itens 14.10 e 14.11 (p. 21) tratam das correções de redações de participantes surdos, com deficiência auditiva ou com dislexia, atribuindo corretamente a elas parâmetros diferenciados.

Após esses itens, a área do Edital que mais nos interessa é o Anexo IV, constante das páginas 89 e 90. É a ele que nos ateremos agora.

O início do texto deixa claro que a análise da redação é baseada na matriz de cinco competências, que devem ser utilizadas para a produção de textos que, "*a partir* de uma situação-problema e de subsídios oferecidos, realizem uma *reflexão escrita* sobre temas de ordem política, social ou cultural, produzindo um *texto dissertativo-argumentativo em prosa*".

Os destaques em itálico no parágrafo anterior são nossos, para evidenciar aspectos importantes:

- A redação deve *partir* da coletânea e dos dados a ela inerentes, e não simplesmente os repetir.
- Uma vez que se pede uma *reflexão escrita*, é o processo analítico e de construção de pensamento sobre o tema abordado que será avaliado.
- O texto deve ser *necessariamente dissertativo-argumentativo e em prosa*. Nem o texto em versos, nem qualquer outra estrutura textual serão aceitos.

A seguir, o Edital lista e detalha a matriz das cinco competências de análise dos textos. É de vital importância entender e discutir com os alunos essa matriz, para que saibam exatamente de que modo serão avaliados. Além disso, é essa matriz que nos dá os eixos centrais de construção de nossa metodologia e, por isso, faremos sua análise detalhada, apresentando-a por tópicos.

Sugerimos que essa análise seja utilizada como um guia de leitura crítica do edital, a ser realizada em conjunto com os alunos, para promover a consciência dos parâmetros de avaliação adotados no ENEM.

1.1 COMPETÊNCIA I

A Competência I é sobre a utilização da norma culta, ou "escrita formal da língua portuguesa", como detalha o item I. Nos estudos de linguagem, há várias discussões sobre o que alguns definem como "a opressão da norma padrão" e sobre a validade das variantes da língua, como gírias, popularizações e regionalismos.

Por mais que consideremos a língua um organismo vivo e, por isso, mutável, essa perspectiva não serve ao ENEM. O exame pede a norma culta. Desse modo, tudo o que se desvie desse padrão tende a ser penalizado e, portanto, não vale a pena ser utilizado.

Não é necessário ser prolixo, com construções de texto altamente elaboradas e que muitas vezes distorcem ou prejudicam os sentidos do texto. A redação do ENEM não é lugar para "Ouviram do Ipiranga as margens plácidas". Além disso, não é preciso dizer "dentifrício" em vez de "pasta de dente", nem "ludopédio" no lugar de "futebol". Em nosso Capítulo 4, "Linguagem simples e direta, racionalidade e uso do impessoal", abordamos esse assunto.

Os níveis de 0 a 5 da Competência I explicitam os vários graus de qualificação da habilidade de escrita formal, com ênfase no respeito às convenções de escrita, aos poucos desvios da norma e à escolha de registro. Essas delimitações não deixam dúvida quanto à utilização do léxico formal com o mínimo de erros possível, mas também explicitam outro ponto fundamental: a variabilidade do vocabulário.

Na construção dos textos, o ideal é que os alunos sejam capazes de acionar a norma culta com simplicidade e clareza, mas que o façam sem grandes repetições de palavras e expressões. Por isso, um vocabulário amplo é fundamental, e é papel do professor tanto fornecer opções textuais quanto estimular a aquisição de recursos de expressão por meio de boas leituras.

1.2 COMPETÊNCIA II

A Competência II é a que fornece a diretriz primordial de nosso método, ao explicitar a necessidade de construção dos textos de acordo com a aplicação de conceitos de várias áreas do conhecimento "dentro dos *limites estruturais* do texto dissertativo-argumentativo em prosa" (grifos nossos).

Os níveis de 0 a 2 dizem respeito à fuga ou ao tangenciamento (fuga parcial) do tema e à cópia de trechos da coletânea. Abordamos esse assunto no Capítulo 3, "As três leituras da coletânea". O nível 2 ainda introduz a questão da estrutura, apontando a necessidade de uma construção textual com "proposição, argumentação e conclusão".

Tal estruturação é típica de textos dissertativo-argumentativos e é a mais básica possível, reforçada nos níveis de 3 a 5. No nível 3, pontua-se seu "nível mediano" de domínio; no nível 4, o "bom domínio"; e no nível 5, seu "excelente domínio". Portanto, está mais que clara a diferença que uma boa montagem da redação pode fazer.

O nível 3 insere a perspectiva da argumentação citando um nível "previsível", ampliado no nível 4 com a definição de "argumentação consistente" e elevado ao máximo no nível 5, que fala sobre "argumentação consistente, a partir de um repertório sociocultural produtivo".

É por conta desta junção de estrutura e repertório que dizemos que a Competência II é a mais importante. O exame de suas diretrizes dá os dois eixos fundamentais de elaboração de textos para o ENEM: uma estrutura de argumentação sólida, recheada de inserções sociais e culturais que construam um ponto de vista válido e uma argumentação diferenciada.

1.3 COMPETÊNCIA III

A Competência III é subsidiária da II, uma vez que discorre a respeito de "Selecionar, relacionar, organizar e interpretar informações, fatos, opiniões e argumentos em defesa de um ponto de vista". Trata-se, aqui, da organização interna, que tem de ser feita *dentro* da estrutura proposta na Competência II.

O ponto de vista, ou seja, a opinião individual do autor, também tem de ser claro e bem defendido. É por isso que propomos a colocação da tese nas duas últimas linhas do parágrafo de introdução. Os níveis 0 e 1 falam de argumentação descolada ou pouco relacionada ao tema e da ausência do ponto de vista.

No nível 2, os argumentos de defesa são contraditórios ou desorganizados e a opinião é defendida apenas com a utilização dos argumentos apresentados na coletânea. O nível 3 apresenta uma pequena evolução, com argumentação pouco organizada. O nível 4 é atingido quando a argumentação é organizada, o que é mais um reforço do acerto de nossa abordagem estrutural.

O nível 5 fala de estruturação consistente e organizada, *com indícios de autoria*. Isso aponta para um aspecto diferenciador que uma boa redação deve ter: a marca individual de seu autor, na forma de uma argumentação válida, apoiada por referenciais relevantes.

Este é o único ponto em que se fala de autoria em todo o edital, mas esse aspecto nos parece fundamental, pois insere a necessidade da expressão de características diferenciadoras que evocam a Competência II por trazerem à tona a estrutura e a argumentação, premiando a singularidade do autor, ou seja, aquilo que apenas aquele aluno pode oferecer à discussão do tema, de acordo com seu conhecimento das disciplinas, sua habilidade de conectá-las e a utilização de seu repertório.

Essa construção de autoria e singularidade é abordada em nosso Capítulo 25, "A perspectiva do *coaching*: pelo amor ao ensino, ao aprendizado, aos alunos e ao diálogo horizontal".

1.4 COMPETÊNCIA IV

A Competência IV diz respeito ao que chamamos de microestrutura, ou seja, a estrutura interna do texto, os "mecanismos linguísticos necessários para a construção da argumentação". É principalmente sobre os recursos de coesão, ou seja, a estrutura interna das frases, a ligação entre elas e entre os parágrafos.

Em nosso Capítulo 12, "Desenvolvimentos", falamos sobre essas ligações e as exemplificamos, mostrando que podem ser feitas, de maneira geral, por meio de conectores específicos ou por continuidade de texto. Os níveis de 0 a 2 falam de conexões nulas, precárias ou insuficientes. O nível 3 trata de um índice de conexão mediano. Os níveis 4 a 5 pontuam a coesão com poucas inadequações e bem montada, e são precisamente esses dois níveis que nossa metodologia busca promover.

1.5 COMPETÊNCIA V

A Competência V é outro ponto nevrálgico do ENEM, por tratar das propostas de intervenção. No Capítulo 6, "Modelo geral", sugerimos a colocação das intervenções no quinto e último parágrafo, para uma melhor organização dos textos. No Capítulo 14, "Conclusões, propostas de intervenção e o problema do humanismo", abordaremos o caráter humanista dessas intervenções e também formas possíveis de estruturação e diferenciação.

O nível 0 discorre a respeito da ausência da proposta de intervenção, o nível 1 trata de sua vaguidade e o nível 2 diz respeito a sua insuficiência. O foco da redação do ENEM são as propostas de intervenção, portanto, não as apresentar, apresentá-las de forma não específica (como "fazer campanhas publicitárias" ou "conscientizar a população") ou apresentar propostas inadequadas ou ineficientes não ajuda muito.

O nível 3 dispõe uma intervenção mediana, que podemos presumir que também não faz muita diferença ou que, na melhor das hipóteses, "não faz mal nem bem ao texto".

No nível 4, encontramos a pontuação específica com relação à construção de propostas relacionadas ao tema e articuladas à discussão desenvolvida. O nível 5 apresenta o que seria o máximo degrau da intervenção, na forma de seu detalhamento. É justamente esse detalhamento que buscamos ajudar a construir.

Vale a pena fazer essa leitura crítica do Edital com os alunos e voltar a ela sempre que necessário. Ainda, como outro detalhamento de nossa metodologia, é importante acrescentar que, para melhor estruturação e atendimento a todas essas necessidades citadas e analisadas, propusemos métricas específicas para a construção de frases e parágrafos.

Como expusemos no Capítulo 6, "Modelo geral", nossa estrutura-base tem cinco parágrafos. Uma vez que o limite de linhas do ENEM é trinta, sugerimos que os textos não tenham menos de 25 linhas para não parecerem demasiado capengas ou carentes de argumentação consistente.

Definimos cada parágrafo com idealmente seis linhas, com máximo de sete (com a devida adequação da extensão dos outros parágrafos), e sugerimos que não tenham menos que cinco linhas, pois um parágrafo de quatro linhas ou menos parece fraco e desconectado, além de não fornecer espaço suficiente para uma argumentação consistente.

Também definimos que uma frase não deve passar de três linhas, o que tanto orienta os alunos para a concisão e a clareza quanto faz que construções de texto prolixas e indiretas – e que por isso se perdem em seu próprio raciocínio – sejam progressivamente eliminadas.

A análise e os parâmetros expostos neste capítulo, quando trabalhados conjuntamente com nosso modelo geral, se mostraram muito pragmáticos e eficientes, ajudando os alunos a aumentar continuamente sua consciência de construção de texto e sua capacidade de argumentação articulada.

CAPÍTULO 2
CONSCIENTIZAÇÃO

Uma das pressuposições que nos guiaram na montagem de nosso método de trabalho com as redações foi que, quanto mais conscientes os alunos fossem sobre o ato de escrever, melhores resultados poderiam ter. Isso vale para qualquer atividade humana: o professor consciente de métodos pedagógicos ensina melhor, o pedreiro consciente das estruturas de engenharia e da resistência dos materiais constrói melhor, o médico consciente do funcionamento das enfermidades e das reações do corpo humano cura melhor.

Independentemente do nível do aprendizado do aluno, do escopo do curso, da qualidade ou da orientação da instituição em que nossas aulas ou oficinas são ministradas, sempre os resultados mais positivos são conseguidos quando trabalhamos com ênfase na consciência de criação.

Isso quer dizer, em um sentido, "dominar os recursos de expressão", e, em larga medida, este livro é sobre isso. Mas isso também quer dizer, sob outra ótica, "pensar sobre a linguagem em que se expressa", ou seja, para nosso tema central, "pensar sobre escrever redações".

Em discussões sobre esse assunto, na vasta maioria das vezes aparecem os nomes de artistas consagrados. Tal fato acontece simplesmente porque grandes artistas são grandes criadores e, mais, criadores conscientes. Machado de Assis, Guimarães Rosa, Clarice Lispector e Cecília Meireles eram, certamente, criadores conscientes de seus meios de produção, conhecedores profundos da linguagem em que se expressavam. Não se atinge o nível de impacto e de relevância que suas obras atingiram sem essa consciência.

Certamente, outros criadores de outras áreas poderiam ser citados, como Alfred Hitchcock, François Truffaut e Steven Spielberg no cinema; Alan Moore, Neil Gaiman e Frank Miller nos quadrinhos; e Osamu Tesuka no mangá, isso para ficarmos em pouquíssimos exemplos.

Há outro parâmetro que se observa em obras de grandes criadores: a metalinguagem, e eis o tema deste capítulo. Metalinguagem é a linguagem se debruçando sobre si mesma, pensando a respeito de sua própria estrutura, ou seja, quando temos um filme sobre como fazer um filme, ou uma história em quadrinhos sobre como produzir uma história em quadrinhos, ou um texto sobre escrever um texto, estamos imersos no universo da metalinguagem.

Alfred Hitchcock dirigiu seu *Janela indiscreta* como um pensamento metaforizado sobre o cinema, e François Truffaut fez o mesmo, em termos mais literais, quando dirigiu *A noite americana*. Em nossas aulas, tomamos inspirações como essas para propor um tipo de atividade diferenciada: escrever redações sobre escrever redações.

Obviamente, esse não é e nunca será um tema candidato ao ENEM. Todavia, nossa intenção é, com este trabalho, promover justamente a consciência sobre o processo de escrita. Isso porque, como dissemos, acreditamos piamente que o aluno que tem mais consciência a respeito de seu processo de criação tem automaticamente mais condições de melhorá-lo cotidianamente.

Conhecer e entender o processo de criação, em nosso caso, não é apenas conhecer e saber operar os recursos de linguagem, mas também conhecer os propósitos e as estruturas. Nosso método de ensino, naturalmente, promove a noção dos propósitos da redação do ENEM, bem como desenvolve sólidos conhecimentos estruturais.

Conhecer e entender o processo de criação é, além disso, conhecer pontos fortes e fracos. Sobre esses pontos, veja o Capítulo 25, "A perspectiva do *coaching*: pelo amor ao ensino, ao aprendizado, aos alunos e ao diálogo horizontal". Em geral, os alunos têm consciência de suas dificuldades e, quando solicitados a realizar os exercícios que serão logo adiante propostos, depois de comentários como "Vamos ter mesmo de fazer isso?", ou "Você vai *mesmo* nos pedir isso?", conseguem, além de conhecer seus pontos fortes e fracos, visualizar maneiras de lidar com eles.

É por conta disso que o trabalho com a metalinguagem é importante e, mais que isso, vital. Idealmente, deve ser feito sempre, em intervalos que não precisam ser regulares, mas que não podem ser muito espaçados (não há sentido em serem maiores que dois meses).

As orientações dos exercícios que serão propostos vão ao encontro do desenvolvimento da consciência e das habilidades de escrita em níveis variados. Começamos com discussões generalizadas sobre escrita e em seguida as especializamos, focando nos propósitos e na estrutura dos textos dissertativo-argumentativos e chegando à redação de modelo ENEM.

Nosso processo de trabalho está descrito a seguir, na linha de progressão dos exercícios.

2.1 PROPOSTA DE EXERCÍCIO

Esta proposta de treinamento para o aumento da consciência de construção de textos pode ser dada logo no início das aulas. Todavia, recomendamos que não seja a primeira redação a ser pedida, por dois motivos: de maneira que os alunos "não se assustem" e para que façam a primeira redação metalinguística quando já tiverem ao menos duas ou três redações corrigidas em mãos, de maneira que os acertos e erros apontados possam ajudar na percepção de linguagem.

O modelo ENEM deve ser pedido em todos os exercícios descritos a seguir.

2.1.1 PRIMEIRA REDAÇÃO: A IMPORTÂNCIA DA ESCRITA

Peça aos alunos a produção de uma redação sobre "A importância da escrita". É possível comentar, a título de guia, sobre as vantagens pessoais e profissionais de uma boa expressão escrita, mas o ideal é que se deixe o tema mais em aberto, para que as singularidades de formação e de orientação de pensamento de cada aluno possam ser percebidas.

Além disso, é possível usar as frases a seguir como orientação para o processo de escrita, em termos de conceitos a serem trabalhados e para funcionarem como citações. Obviamente, as frases também ampliam o repertório dos alunos, principalmente por meio da indicação de obras, algumas citadas no Capítulo 22, "Referências para a construção de repertório".

Fale um pouco sobre metalinguagem e os significados de escrever. Cite Clarice Lispector, que disse que escrever é procurar entender. Pergunte aos alunos: "O que escrever significa para você?", e "Como o trabalho realizado em sala mudou (se mudou) sua percepção da finalidade e do processo de escrita?".

Sugira as seguintes abordagens:
- a necessidade de aprender redação para ir bem no vestibular;
- a escrita como meio para expressar ideias;
- a escrita como "escapismo íntimo";
- a escrita como transpiração e não como inspiração;
- a atenção ao processo de escrita como condição para o texto;
- a estrutura do texto e a inserção de conteúdo.

Dê as frases a seguir como guias para a produção de textos:

"Eu não escrevo em português. Eu escrevo *eu mesmo*." – Fernando Pessoa

"Escritor: não somente uma certa maneira especial de ver as coisas, senão também uma *impossibilidade de as ver de qualquer outra maneira.*" – Carlos Drummond de Andrade

"Escrevo sem pensar, tudo o que o meu *inconsciente grita*. Penso depois: não só para corrigir, mas para justificar o que escrevi." – Mário de Andrade

"Escrevo-vos uma longa carta porque *não tenho tempo de a escrever breve*." – Voltaire

"Não se pode escrever *nada com indiferença*." – Simone de Beauvoir

"Escrever é um *ócio muito trabalhoso*." – Goethe

"É bom escrever porque reúne as duas alegrias: *falar sozinho e falar a uma multidão*." – Cesare Pavese

"O escritor é um homem que mais do que qualquer outro tem *dificuldade para escrever*." – Thomas Mann

2.1.2 SEGUNDA REDAÇÃO: TEXTOS DISSERTATIVO--ARGUMENTATIVOS

Peça aos alunos uma redação sobre "a criação de um texto dissertativo-argumentativo". Dê a eles o padrão geral, focado no desenvolvimento de um texto em prosa e em norma culta, marcado pela argumentação consistente em defesa de um ponto de vista.

2.1.3 TERCEIRA REDAÇÃO: DISSERTAÇÃO ARGUMENTATIVA DE MODELO ENEM

Proponha uma redação sobre o modelo de texto exigido no ENEM. Enfatize o caráter de progresso social e de valorização do ser humano. Enfatize a necessidade das propostas de intervenção.

2.1.4 QUARTA REDAÇÃO: ESTRUTURA DO ENEM

Peça a escrita de uma redação sobre a estrutura da redação no ENEM. Cada um dos parágrafos deve ser escrito sobre si mesmo, ou seja: a introdução deve falar sobre a contextualização do tema e a colocação da tese, os parágrafos de desenvolvimento devem falar sobre a defesa do ponto de vista e sobre as ligações de ideias e de textos, e a conclusão deve falar sobre a retomada das ideias e as propostas de intervenção.

Esta é a proposta mais difícil. Por isso, com o apoio do nosso modelo geral, enfatize a função de cada uma das partes. Exija a tese nas duas últimas linhas do parágrafo de introdução (o primeiro) e deixe claro que as propostas de intervenção devem ser colocadas no parágrafo de conclusão (o quinto).

Enfatize também os ganchos presentes no desenho de nosso modelo, bem como a função de ligação entre os parágrafos (primeiro ao segundo, segundo ao terceiro e terceiro ao quarto), com especial atenção para a passagem do primeiro para o segundo parágrafo.

Aponte a noção da retomada de texto no início do quinto parágrafo, com ênfase na seta circular que a ilustra. Para facilitar, o modelo geral está reproduzido a seguir.

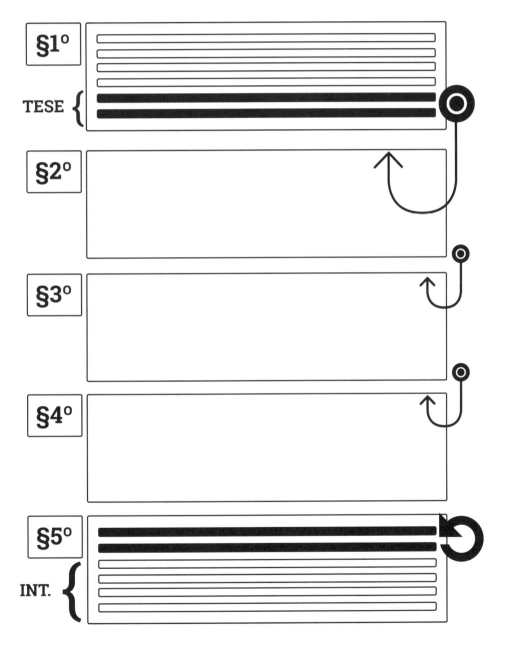

Figura 2.1 Modelo geral de redação para o ENEM.

CAPÍTULO 3
AS TRÊS LEITURAS DA COLETÂNEA

No "Prefácio", dissemos que é necessário um acúmulo de saberes de composição da redação, a ser adicionado camada por camada. A abordagem aqui proposta é mais uma dessas camadas e oferece uma base utilizável para a produção de bons textos.

O que procuramos, na verdade, foi resolver um problema. Nas aulas e nos exercícios práticos, percebemos que os alunos muitas vezes não leem com a devida atenção a coletânea. Às vezes, mesmo algo tão básico quanto o tema é quase menosprezado.

Por isso, no "folclore do vestibular", há centenas de casos de redações compostas sobre "raios *laser*" em vez de "lazer"; ou sobre "trote telefônico" em vez de "trote universitário". A atenção à leitura da coletânea é algo primordial, mesmo porque o edital do ENEM chama a atenção para problemas decorrentes do desleixo com relação a esse tópico.

No "Anexo IV – Matriz de referência para redação", na Competência II, é atribuído "Nível 0" de nota – ou seja, zero – para a redação que seja construída com "fuga ao tema". No item 14.9.5, que faz parte do item 14, "Da correção das provas", é considerada anulada a redação que "apresente parte do texto deliberadamente desconectada com o tema proposto".

O termo "deliberadamente" aponta provavelmente para partes que teriam a função apenas de preencher espaço, como trechos de um poema ou letra de música desconexos com relação ao texto e que possam ter sido inseridos apenas "para encher linguiça", adotando uma expressão popular. Todavia, é possível depreender que, se apenas uma parte desconectada do tema pedido tem o efeito de anulação, uma redação que desvie totalmente do tema também será anulada.

Portanto, enfatizamos constantemente em sala a necessidade de atenção dedicada à leitura da coletânea, seja ela a de algum exame ou vestibular ou produzida por nós.

Todavia, apenas alertar para a necessidade de se prestar atenção à proposta e ao tema não nos pareceu suficiente. Visando oferecer mais um recurso aos alunos, criamos uma metodologia de leitura da coletânea que, em etapas definidas, estimula a atenção, ajuda a extrair com qualidade as informações centrais e proporciona a estruturação de uma rede semântica de apoio à construção dos textos.

Nossa proposta é que se façam três leituras da coletânea, elencadas a seguir com seus objetivos:
- primeira leitura, para conhecimento do tema;
- segunda leitura, para mapeamento dos pontos principais;
- terceira leitura, para agregação de referenciais.

3.1 PRIMEIRA LEITURA: CONHECIMENTO DO TEMA

O objetivo desta primeira leitura é simples: conhecer o tema pedido, os textos e os demais referenciais que o suportam. É como uma "passada de olhos", uma visada geral. Não é para ser feita com exagerada pressa, mas de maneira fluida, prestando atenção no texto e nos dados apresentados, contudo sem efetivamente parar para pensar a respeito deles.

Essa leitura serve para saber do que se trata, sobre o que se vai escrever. Recomendamos, inclusive, que seja feita assim que for dada a autorização para o início do exame. Isso servirá para que, desde o começo, o aluno fique ciente do tema que terá de desenvolver.

Nessa primeira abordagem do texto, *não se faz nenhuma anotação*.

Depois dessa primeira leitura, é ideal que se faça uma leitura também geral da prova, com o mesmo objetivo de construir conhecimento prévio. Esse procedimento "refresca" a memória do aluno com relação ao tema da redação e propicia um olhar mais atento e apurado para a segunda leitura.

3.2 SEGUNDA LEITURA: MAPEAMENTO DOS PONTOS PRINCIPAIS

Feita a primeira leitura e refrescada a memória com a leitura das questões, é hora de encontrar e destacar os pontos principais. Uma vez que já houve a primeira leitura, nesta segunda abordagem a coletânea não é mais "estrangeira", desconhecida. Os alunos já saberão o tema proposto e o conteúdo de apoio oferecido, o que os habilita a elencar mais facilmente os tópicos principais.

Nessa leitura, os alunos devem destacar palavras, expressões e dados importantes fisicamente, valendo-se de recursos como asteriscos, sublinhados, colchetes, parênteses ou desenhando em volta deles círculos e retângulos.

Em sala de aula, de início, é possível (e inteligente) usar marcadores coloridos e canetas grifa-texto, pois esses recursos auxiliam o trabalho de dar destaque às partes que se quer evidenciar.

O professor deve orientar os alunos a destacar os dados mais relevantes, como números impactantes, expressões fortes, nomes de pessoas ou organizações importantes e referências. Esses dados e esses destaques, distribuídos pelo texto, ajudarão a compor a redação.

Como o único recurso de escrita que os alunos terão à sua disposição durante o exame é a "caneta esferográfica de tinta preta, fabricada em material transparente" (como dispõe o item 12.2 do Edital, p. 16), é ideal que depois de um tempo de treinamento inicial esse seja o único recurso permitido para a realização dessa segunda leitura.

3.3 TERCEIRA LEITURA: AGREGAÇÃO DE REFERENCIAIS

Conhecido o tema com a primeira leitura e elencados os pontos principais com a segunda, é o momento de gerar força para a argumentação. A Competência II diz que é desejável "aplicar conceitos das várias áreas de conhecimento para desenvolver o tema"; e a Competência III define que é preciso "Selecionar, relacionar, *organizar* e interpretar informações, fatos, opiniões e argumentos em defesa de um ponto de vista" (grifo nosso).

Por isso, essa terceira leitura é focada nisto: adicionar e organizar, a partir dos pontos principais levantados, referências que possam agregar valor ao texto.

Nesse momento, é acionado o repertório dos alunos. Quanto mais este for desenvolvido, mais fácil será essa etapa. Auxiliar os alunos na construção e na manutenção de um repertório é tarefa essencial do professor de redação, e é nessa terceira leitura que pode ser mais importante.

Uma de nossas sugestões, na descrição da primeira leitura, é que seja feita uma leitura geral da prova antes da segunda abordagem da coletânea. Esse procedimento pode ajudar muito nessa terceira etapa, uma vez que nas próprias questões é possível muitas vezes encontrar tópicos de apoio para a escrita da redação.

A terceira leitura, então, é trabalho de estruturação. Nela, os alunos devem associar elementos extracoletânea aos pontos principais que levantaram na segunda leitura. Caso apareçam referências a pontos que não haviam sido previamente destacados, não há problema, é possível adicioná-los também.

Esse terceiro movimento, já não apenas de leitura, mas de leitura e associação, é notadamente o mais complexo, mas também o ponto com o qual "mais se ganha", pois pode se tornar um diferencial.

Estando as associações com o repertório feitas, é hora de organizá-las, e para isso, basta que o aluno disponha as informações principais e suas associações de conteúdo extracoletânea em nosso modelo estrutural, do primeiro ao quarto parágrafos, uma vez que nele o quinto parágrafo (conclusão) serve apenas para a retomada das ideias centrais e para a exposição das propostas de intervenção.

3.4 MODELO E PROPOSTA DE EXERCÍCIO

O método de realizar as três leituras da coletânea pode ser utilizado em todas as leituras de materiais de apoio que sejam dados em sala de aula, sejam eles coletâneas de provas anteriores do ENEM, propostas de outros vestibulares e exames ou ainda materiais preparados especialmente pelo professor.

Não há sentido em demonstrar a primeira leitura, já que ela é apenas isso: uma visada rápida e mais superficial a ser feita pelos alunos, com o objetivo de conhecer tema, dados disponibilizados e proposta.

A segunda e a terceira leituras, entretanto, demandam demonstração. Para isso, utilizamos a proposta de redação da segunda aplicação do ENEM de 2016, cujo tema foi "Caminhos para combater o racismo no Brasil".

O Texto I da coletânea (Figura 3.1) foi retirado da obra *O povo brasileiro: a formação e o sentido do Brasil*, de Darcy Ribeiro.

> **TEXTO I**
> Ascendendo à condição de trabalhador livre, antes ou depois da abolição, o negro se via jungido a novas formas de exploração que, embora melhores que a escravidão, só lhe permitiam integrar-se na sociedade e no mundo cultural, que se tornaram seus, na condição de um subproletariado compelido ao exercício de seu antigo papel, que continuava sendo principalmente o de animal de serviço. [...] As taxas de analfabetismo, de criminalidade e de mortalidade dos negros são, por isso, as mais elevadas, refletindo o fracasso da sociedade brasileira em cumprir, na prática, seu ideal professado de uma democracia racial que integrasse o negro na condição de cidadão indiferenciado dos demais.
> RIBEIRO, D. **O povo brasileiro**: a formação e o sentido do Brasil. São Paulo: Companhia das Letras, 1995 (fragmento).

Figura 3.1 Texto I da coletânea da segunda aplicação do ENEM de 2016.

Em uma segunda leitura, destacaríamos as seguintes partes do Texto I, com o objetivo de realçar os pontos mais capazes de alavancar uma boa argumentação:

> **TEXTO I**
> Ascendendo à condição de trabalhador livre, antes ou depois da abolição, o negro se via jungido a novas formas de exploração que, embora melhores que a escravidão, [só lhe permitiam integrar-se] na sociedade e no mundo cultural, que se tornaram seus, [na condição de um subproletariado compelido ao exercício de seu antigo papel], que continuava sendo principalmente o de animal de serviço. [...] [As taxas de analfabetismo, de criminalidade e de mortalidade dos negros são, por isso, as mais elevadas], refletindo o fracasso da sociedade brasileira em cumprir, na prática, seu ideal professado de uma democracia racial que integrasse o negro na condição de cidadão indiferenciado dos demais.
> RIBEIRO, D. **O povo brasileiro**: a formação e o sentido do Brasil. São Paulo: Companhia das Letras, 1995 (fragmento).

Figura 3.2 Texto I da segunda aplicação do ENEM 2016 com destaques.

Esses trechos permitem uma abordagem geral bastante incisiva e fundamentada, com o teor de que a abolição da escravatura e as demais medidas de impacto social apenas superficial não mudaram efetivamente a situação dos negros na sociedade brasileira. Essa perspectiva pode ser integrada na introdução.

O Texto II é a Lei n. 7.716, de 5 de janeiro de 1989, que define os crimes resultantes de preconceito de raça ou cor. Seu Artigo 1º tem a seguinte redação:

> **TEXTO II**
>
> **LEI Nº 7.716, DE 5 DE JANEIRO DE 1989**
> Define os crimes resultantes de preconceito de raça ou de cor
>
> Art. 1º — Serão punidos, na forma desta Lei, os crimes resultantes de discriminação ou preconceito de raça, cor, etnia, religião ou procedência nacional.
>
> Disponível em: www.planalto.gov.br. Acesso em: 25 maio 2016 (fragmento)

Figura 3.3 Texto II da segunda aplicação do ENEM 2016.

> **TEXTO II**
>
> **LEI Nº 7.716, DE 5 DE JANEIRO DE 1989**
> Define os crimes resultantes de preconceito de raça ou de cor
>
> Art. 1º — Serão punidos, na forma desta Lei, os [crimes] resultantes de discriminação ou preconceito de raça, cor, etnia, religião ou procedência nacional.
>
> Disponível em: www.planalto.gov.br. Acesso em: 25 maio 2016 (fragmento).

Figura 3.4 Texto II da segunda aplicação do ENEM 2016 com destaque.

Essa perspectiva é mais geral e serve para mostrar que há legislação punitiva, ainda que não seja efetivamente utilizada (por desconhecimento, vergonha ou medo) ou aplicada (por lentidão e/ou inoperância da justiça). Essa argumentação pode ser usada em um dos parágrafos de desenvolvimento (o segundo, o terceiro ou o quarto).

O Texto III é um *banner* com as definições e com a diferenciação dos termos "racismo" e "injúria racial".

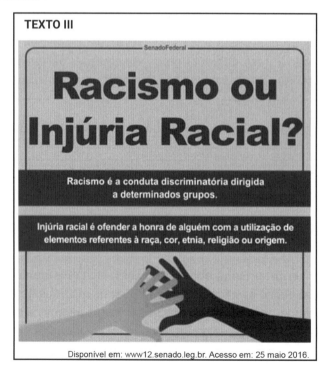

Figura 3.5 Texto III da segunda aplicação do ENEM 2016.

A seguir, destacamos alguns termos, que nos parecem mais relevantes:

TEXTO III

Racismo ou Injúria Racial?

Racismo é a conduta discriminatória dirigida a determinados grupos.

Injúria racial é ofender a honra de alguém com a utilização de elementos referentes à raça, cor, etnia, religião ou origem.

Disponível em: www12.senado.leg.br. Acesso em: 25 maio 2016.

Figura 3.6 Texto III da segunda aplicação do ENEM 2016 com destaques.

Os termos "conduta discriminatória" e "ofender a honra" fornecem parâmetros com os quais se pode perceber que o racismo não se resume a ações físicas, mas também é relativo a ações morais e à tomada de atitude. Essa perspectiva pode tanto fazer parte da introdução (até mesmo ajudando a formar a frase de abertura da redação) ou ser aproveitada em um dos parágrafos de desenvolvimento.

O Texto IV é o seguinte:

TEXTO IV

O que são ações afirmativas

Ações afirmativas são políticas públicas feitas pelo governo ou pela iniciativa privada com o objetivo de corrigir desigualdades raciais presentes na sociedade, acumuladas ao longo de anos.

Uma ação afirmativa busca oferecer igualdade de oportunidades a todos. As ações afirmativas podem ser de três tipos: com o objetivo de reverter a representação negativa; para promover igualdade de oportunidades; e para combater o preconceito e o racismo.

Em 2012, o Supremo Tribunal Federal (STF) decidiu por unanimidade que as ações afirmativas são constitucionais e políticas essenciais para a redução de desigualdades e discriminações existentes no país.

No Brasil, as ações afirmativas integram uma agenda de combate à herança histórica de escravidão, segregação racial e racismo contra a população negra.

Disponível em: www.seppir.gov.br. Acesso em: 25 maio 2016 (fragmento).

Figura 3.7 Texto IV da segunda aplicação do ENEM 2016.

O trecho a ser destacado seria um dos parágrafos, no qual se pode notar o objetivo dessas ações – oferecer igualdade de oportunidades a todos – e seus três tipos: reverter a representação negativa, promover igualdade de oportunidades e combater o preconceito e o racismo.

> **TEXTO IV**
>
> **O que são ações afirmativas**
>
> Ações afirmativas são políticas públicas feitas pelo governo ou pela iniciativa privada com o objetivo de corrigir desigualdades raciais presentes na sociedade, acumuladas ao longo de anos.
>
> Uma ação afirmativa busca oferecer igualdade de oportunidades a todos. As ações afirmativas podem ser de três tipos: com o objetivo de reverter a representação negativa; para promover igualdade de oportunidades; e para combater o preconceito e o racismo.
>
> Em 2012, o Supremo Tribunal Federal (STF) decidiu por unanimidade que as ações afirmativas são constitucionais e políticas essenciais para a redução de desigualdades e discriminações existentes no país.
>
> No Brasil, as ações afirmativas integram uma agenda de combate à herança histórica de escravidão, segregação racial e racismo contra a população negra.
>
> Disponível em: www.seppir.gov.br. Acesso em: 25 maio 2016 (fragmento).

Figura 3.8 Texto IV da segunda aplicação do ENEM 2016 com destaque.

Tanto a definição das ações afirmativas quanto sua tipologia podem ser integradas aos parágrafos de desenvolvimento. A tipologia, inclusive, pode orientar a confecção das propostas de intervenção. "Reverter a representação negativa" pode originar campanhas públicas de valorização da cultura e dos cidadãos negros. A "igualdade de oportunidades" pode sugerir o aumento das cotas em universidades públicas. "Combater o preconceito e o racismo" pode gerar a sugestão de legislação mais ampla e dura.

Na terceira leitura, os alunos em geral trazem referências de músicas, jogos, filmes e séries de TV. Filmes como *Django livre*, de Quentin Tarantino, normalmente aparecem associados ao tema, e obras como *A hora do show*, de Spike Lee, e *O nascimento de uma nação*, de D. W. Griffith, podem ser sugeridas como referências (veja mais informações sobre essas obras no Capítulo 22, "Referências para a construção de repertório").

O filme *A hora do show* retrata um produtor de TV negro que cria um programa extremamente preconceituoso. Já *O nascimento de uma nação* é um filme que mostra os anos de formação dos Estados Unidos. Nele, a Ku Klux Klan (entidade notoriamente racista) aparece como heroína e o antagonista/vilão é um personagem negro, personificado por um ator de etnia branca "pintado" de preto.

Outras referências interessantes no mesmo tema são: *Amistad*, filme de Steven Spielberg, o poema "Navio negreiro", de Castro Alves, e a novela *Lado a lado*, da Rede Globo. No exercício da terceira leitura, o importante é aproveitar as referências dos alunos, adicionar outras e ensiná-los a fazer relações conceituais e conexões de texto (sobre essas conexões, veja o Capítulo 12, "Desenvolvimentos").

Mesmo que os alunos utilizem a técnica das três leituras mais quando orientados a fazer isso que em outros momentos de escrita, por conta da ênfase dada em sala na atenção aos textos e do treinamento em elencar seus pontos principais, é comum um aumento na capacidade de eleger os argumentos fundamentais e de transportá-los para a redação, coordenando-os e utilizando-os com mais eficiência.

CAPÍTULO 4
LINGUAGEM SIMPLES E DIRETA, RACIONALIDADE E USO DO IMPESSOAL

Dois exemplos bastante conhecidos de construção de textos nos darão o eixo de trabalho neste capítulo: o Hino Nacional e o personagem Yoda, da série de filmes *Star Wars*. Em ambos, o problema da prolixidade das frases aparece, principalmente no tocante à ordem.

O Hino Nacional, que não queremos de forma nenhuma diminuir em importância, tem construções textuais que complicam o entendimento. "Ouviram do Ipiranga as margens plácidas / de um povo heroico o brado retumbante" é um início impactante, mas indireto demais. Tal encadeamento pode funcionar para o hino de um país, mas de forma nenhuma é eficiente como modelo de texto para uma redação.

Corrigindo redações, muitas vezes encontramos esse tipo de construção textual. Vejamos, portanto, os problemas de entendimento que as duas frases iniciais do Hino Nacional carregam.

"Ouviram do Ipiranga as margens plácidas" refere-se ao rio Ipiranga, local onde, segundo a história, D. Pedro I declarou a Independência do Brasil. Portanto, o rio "ouviu" a declaração. "As margens plácidas" são as próprias margens do rio Ipiranga, relatadas como calmas, tranquilas.

"De um povo heroico o brado retumbante" significa "O grito/clamor de grande ressonância ou impacto de um povo heroico". As palavras "plácidas" e "retumbante", além da construção textual indireta, podem ser pensadas como construtoras da prolixidade do texto, que atrapalha muito seu entendimento efetivo.

Passando o texto para a ordem direta, poderíamos obter algo como: "As margens plácidas do Ipiranga ouviram o brado retumbante de um povo heroico". Provavelmente, o efeito sonoro desta nova forma não seria tão impactante, mas seus significados são muito melhores em termos de texto que se pretende afirmativo.

Eliminando mais ainda a prolixidade, poderíamos substituir os termos "plácidas", "brado" e "retumbante" por sinônimos: "As margens calmas do rio Ipiranga ouviram o grito ressoante de um povo heroico". Ainda, seria possível a eliminação da adjetivação: "O grito de um povo foi ouvido às margens do Ipiranga". A significação pode ser menos entusiasmante, mas certamente é mais direta.

O ideal é que as redações sejam feitas com textos simples e diretos, assertivos, geradores de sentidos claros e coesão. O melhor procedimento é usar uma forma direta de escrita, que se valha da estrutura mais básica: sujeito + verbo + predicado. É essa estrutura a que transparece em nossa última reconstrução do Hino: "As margens do rio (*sujeito*) ouviram (*verbo*) o grito de um povo (*predicado*)".

"O governo deve tomar medidas drásticas anticorrupção" é uma forma simples, direta e eficiente, que adota esse modelo. A construção "Medidas anticorrupção drásticas devem ser tomadas pelo governo" é indireta e menos eficiente.

Se a substituição das palavras "plácidas", "brado" e "retumbante" por sinônimos torna o texto mais simples, é preciso apontar e estabelecer a lição de que vocabulário difícil não é garantia de assertividade e autoridade. É comum que alunos pesquisem termos complexos para inserir nas redações, achando que palavras difíceis garantem profundidade, o que não é verdade.

Não é preciso, no cotidiano, usar "dentifrício" em vez de "pasta de dente", "convescote" no lugar de "piquenique" e "ludopédio" em substituição a "futebol". É bem provável que dentifrício vendesse bem menos que pasta de dente, que poucas pessoas aceitassem um convite para um convescote e que um hipotético "Campeonato Brasileiro de Ludopédio" não tivesse muito público.

Em uma introdução, a aluna L. D. escreveu: "O consumo hiperbólico de açúcar gera vários tipos de prejuízos à saúde, principalmente quando este ultrapassa os limites recomendados". A palavra "hiperbólico" definitivamente não é errada e está grafada de maneira correta, mas traz um sentido de exagero de expressão, típico da hipérbole como figura de linguagem.

A expressão "morrer de rir" é, claro, um exagero. Até existem casos relatados na medicina desse tipo de morte, pois o riso ininterrupto e de longa duração pode levar ao não respirar e ao consequente sufocamento, mas trata-se de casos extremos. O sentido da expressão é o de que a pessoa riu muito de alguma coisa.

Na poesia e em textos mais conotativos que uma redação dissertativo-argumentativa, a hipérbole é um recurso válido e precioso, mas certamente ela se desvia um pouco da assertividade que uma redação precisa ter. Por isso, recomendamos à aluna a substituição de "hiperbólico" por "exagerado", termo de entendimento direto e muito mais simples e eficiente.

Expressões de pouco uso, como "destarte", que é equivalente a "assim" e "dessa maneira", também podem ser evitadas. Não se trata, de forma nenhuma, de uma expressão errada, mas o fato é que é uma palavra em desuso e, por isso, carrega um sentido de estranhamento e de inutilização.

No exemplo do Hino Nacional, a prolixidade é obtida pela construção com várias inversões e pelo léxico antigo. Mas mesmo frases mais simples, se invertidas, carregam complexidades desnecessárias. O "modelo Yoda" de construção de textos deve também ser evitado.

O personagem, um dos mais emblemáticos da série de filmes *Star Wars*, ou *Guerra nas Estrelas*, fala com a inversão dos termos. Uma de suas frases é bastante emblemática desse processo: "Sempre em movimento está o futuro".

Ainda que carregue uma grande verdade, a frase se vale de uma estrutura mais complexa que o necessário, se transposta para o universo de um texto que se pretende objetivo: "Sempre em movimento (*predicado*) está (*verbo*) o futuro (*sujeito*)".

Muito mais simples seria a construção: "O futuro (*sujeito*) está (*verbo*) sempre em movimento (*predicado*)". O que esclarecemos aos alunos, para solidificar a percepção de que a frase invertida é, se gramaticalmente correta, menos eficiente em termos de construção de significados precisos, é que o problema está justamente na ordem de entrega desses significados.

Na frase original de Yoda, "Sempre em movimento está o futuro", apenas na última palavra se conhece o substantivo que realiza a ação e que é, portanto, o protagonista. Na frase reconstruída, "O futuro está sempre em movimento", o protagonismo é estabelecido desde o início e sua progressão é direta e sem rodeios.

E o protagonismo é desejável na redação ENEM, que exige a constituição de um ponto de vista autoral. Portanto, a forma *sujeito + verbo + predicado* é sempre preferível. Vejamos um exemplo bem simples ligado a essa ideia de projeção direta (a) e de projeção prejudicada pela inversão (b):

a) Rafael e Jéssica compraram um cachorro.
b) Um cachorro Rafael e Jéssica compraram.

Na frase (a) se conhece o protagonismo de Rafael e Jéssica desde cedo, e ele é rapidamente direcionado pelo verbo "compraram" a um objeto, "um cachorro". Na frase (b), o objeto aparece à frente e "Um cachorro" não esclarece nada.

"Um cachorro" o quê? Morreu? Foi encontrado? Foi atropelado? Adotado? Essa simples demonstração da árvore de possibilidades que o começo invertido carrega é capaz de mostrar sua ineficiência. A continuidade da frase, "Rafael e Jéssica", também não esclarece nada. Só o último termo traz a efetivação do sentido.

Esses exemplos são bem simples, mas muito eficientes para se trabalhar em sala, e é sempre bom policiar as correções para que esse tipo de construção seja eliminado. Em uma redação, a aluna E. M. escreveu: "Uma história de movimentos populares bem extensa marca o Brasil". A frase é gramaticalmente correta, mas, como em "Um cachorro Rafael e Jéssica compraram", entrega os sentidos de forma inversa.

"Uma história de movimentos populares bem extensa" pode ser pontuada como referente a outros países, como a França ou a Inglaterra. O protagonismo, vindo apenas no final, diminui a efetividade porque só esclarece tardiamente a especificidade.

Sugerimos a reconstrução do texto da seguinte forma: "O Brasil é marcado por uma história de movimentos populares bem extensa". Nessa nova configuração, o protagonismo do Brasil é indicado desde o início, e ao longo da frase as especificações vão sendo acrescentadas em ordem direta: "é marcado", "por uma história de movimentos populares", "bem extensa".

Como comentamos em várias partes deste livro, e em especial no "Prefácio" e no Capítulo 11, "Teses", se o protagonismo do aluno na construção de seu ponto de vista específico sobre o tema é tão importante, é de se presumir que o protagonismo interno à construção dos sentidos de texto também seja relevante.

Essas percepções nos aproximam da construção do raciocínio científico. Recentemente, autores como Richard Dawkins, David Eagleman e Richard Feynman têm sido publicados com constância e ampla visibilidade. Suas obras são de divulgação científica e podem ser utilizadas como modelos de construção de raciocínio exemplares. Como esses autores têm a intenção de levar ao público descobertas e procedimentos científicos, primam pela explicação simples e acessível de conceitos complexos.

Em uma de suas obras mais conhecidas, *Deus, um delírio*, Dawkins afirma que uma frase pode estar gramaticalmente correta e, mesmo assim, ter um conteúdo incorreto. O cientista dá exemplos ligados à religiosidade e à sua contestação, mas podemos transportar seus postulados para nosso contexto.

A frase "As cores da bandeira brasileira são o roxo, o laranja, o preto e o vermelho" é perfeita em termos gramaticais, mas completamente equivocada em seu conteúdo. Da mesma forma, a frase "A capital do Brasil é Buenos Aires" não tem nenhum problema de ortografia e sintaxe, mas o que expressa é um engano gigantesco.

A frase do aluno P. O., em uma redação sobre internet e mundo virtual, é emblemática disso: "Então, podemos acrescentar que internet e *world wide web* são sinônimos". Nenhum problema gramatical, mas grandes percalços de significação. Como nossa introdução do modelo 1 do Capítulo 10, "Introduções", esclarece, internet e *world wide web* são duas coisas distintas.

Uma vez que estamos falando de ciência, é útil pensar em seus paradigmas. O objetivo da ciência é construir conhecimento com base em provas empíricas. Falsas ciências se valem de dados manipulados ou de mitologias construídas ao longo do tempo para se imbuírem de um significado que, na verdade, não detêm. Sem querer entrar em grandes polêmicas, é o caso da criptozoologia.

Caracterizada como o estudo de animais mitológicos, lendários ou de existência hipotética, essa falsa ciência conta com muitos adeptos e mesmo com bastante atenção da mídia. Nos Estados Unidos, por exemplo, há um grande número de "caçadores do Pé Grande", que passam a vida procurando pelo que consideram que seja um gigantesco hominídeo que habita regiões remotas. Há, inclusive, programas de TV que acompanham essas expedições, que nunca encontram nada ou apenas apresentam provas que, submetidas a qualquer exame mais rigoroso, se mostram falsas.

O que assoma nesse tipo de falsa pesquisa é a manipulação de dados para provar opiniões pessoais que se deseja como verdade. Os supostos pesquisadores desejam tanto provar a existência de Pés Grandes, Chupa-Cabras e seres semelhantes que encontram provas em depoimentos duvidosos e em captações de imagens no mínimo questionáveis.

O que queremos dizer com isso é que não é possível aceitar como argumentação raciocínios do tipo "Como muitas pessoas acreditam no Pé Grande, então ele existe". Na Idade Média, acreditava-se que o Sol girava ao redor da Terra, mas isso não tornava essa suposição um fato científico.

Assim, é importante pontuar sempre que argumentos devem ser prováveis ou provados. No Capítulo 17, "Tabelas, gráficos e estatísticas", falamos a respeito de fontes confiáveis. É incontornavelmente necessário que os argumentos utilizados como apoio à tese sejam, todos eles, válidos.

Por isso, sempre insistimos na questão da fonte segura e na afirmação apenas de fatos que se podem verificar com efetividade. A existência do Pé Grande não é um desses fatos, bem como a existência de duendes ou o suposto fato de que não existe político honesto. Apenas um político honesto seria o suficiente para invalidar a afirmação.

Da mesma forma, afirmações do tipo "eu acredito que isso seja verdade, mas aquilo também pode ser" não funcionam. Em uma redação sobre a relação do brasileiro com o trabalho, oferecida como primeiro exercício de escrita no Capítulo 24, "Propostas de redação", nos valemos da Copa do Mundo FIFA 2014 e da transformação de todos os dias de jogo da seleção brasileira em feriado como mote para disparar a discussão.

No texto da aluna M. B., apareceu a seguinte frase: "O brasileiro aproveita todas as oportunidades para fugir do trabalho, mas trabalha muito e duro". É fácil notar que uma informação contradiz a outra, o que gera um movimento de antagonismo na opinião da autora que lhe é altamente prejudicial.

Ou o texto teria de ser desenvolvido pela perspectiva de que o brasileiro procura sempre escapar do trabalho, *ou* pela perspectiva de que trabalha bastante, de maneira dedicada. As duas vertentes de opinião não são conciliáveis.

É pelo mesmo motivo que uma frase do aluno W. R. não pode ter validação científica e prejudica muito sua credibilidade: "Só há políticos corruptos, mas podem ser encontrados alguns honestos". Se "só há políticos corruptos", esse suposto fato impossibilita a existência de qualquer político honesto.

E, se a ciência é a arena da racionalidade, outro procedimento de construção de texto deve ser pontuado. No início dos estudos, muitas vezes é comum que, por conta da necessidade de apontamento definitivo e assertivo de sua opinião, os alunos construam textos do tipo: "Em minha opinião..." ou "Eu, portanto, acredito que isso seja verdade".

Do ponto de vista da racionalidade, a opinião pessoal pouco conta. É como a opinião colhida por jornalistas nas ruas, a respeito, por exemplo, de fatos políticos ou de um assunto especializado. Por mais que não queiramos menosprezar nenhuma pessoa, a opinião de um não especialista não conta nada. Da mesma forma, o "achismo" contido em afirmações do tipo "eu acho..." ou "eu considero que..." não agregam à argumentação nenhum sentido produtivo.

Mesmo que se expresse algo relevante, como "Eu acho que os neurônios se regeneram", opinião referendada por modernas descobertas da neurociência, a frase continua problemática, e o problema é o "eu". O uso do pronome pessoal de primeira pessoa praticamente invalida a argumentação de sólida base científica.

Isso acontece porque a manifesta intenção da ciência é o bem comum e o compartilhar de conhecimentos, sempre postos à prova perante a comunidade científica, além de serem continuamente testados. Um cientista responsável, ao dizer "Eu acredito que tal coisa seja verdade", logo complementa com uma afirmação semelhante a "porque minha pesquisa revelou que tais dados provam essa premissa".

É para desviar do "engano do eu" que, em geral, se usa a primeira pessoa do plural em textos científicos. "Nós descobrimos", "nossa pesquisa", "elaboramos uma tabela" são formas típicas de textos acadêmicos, que, mesmo em pesquisas individuais, são utilizadas. Essa construção é interessante e evoca a própria coletividade da comunidade científica, podendo, sem maiores problemas, ser usada nas redações.

Todavia, para a construção de sentidos ainda mais precisos, e pensando no distanciamento que a observação científica deve ter, o melhor procedimento é o uso do impessoal. Muito superior a "eu acredito..." ou "eu penso que...", e ainda melhor que "devemos tomar tal atitude", é o resguardo científico que um texto como "é preciso, então, fazer..." propicia.

O impessoal é beneficamente frio. Na série de TV *Dr. House*, em especial na primeira temporada, a questão do distanciamento é o tempo todo colocada em cena. O protagonista é um médico especializado em diagnósticos que, muitas vezes, nem ao menos toma contato com os pacientes, trabalhando apenas com os dados que os membros de sua equipe levam a ele.

Isso permite que trabalhe sem ligação emocional com os doentes e que pense de maneira mais científica. Ainda que essa postura possa ser contestada, é fato que o médico consegue resolver com efetividade os casos. Claro que se trata de uma série ficcional, mas, como se sabe, ela tem bases reais.

O episódio 18 da segunda temporada trabalha muito bem essa questão. Em três outros episódios, os de número 20 e 21 da segunda temporada e o de número 16 da quinta temporada, House deixa que algumas preocupações emocionais guiem seu raciocínio e, por isso, tem seu processo de pensamento prejudicado.

Essa postura de distanciamento de House tem significados profundos. No Capítulo 14, "Conclusões, propostas de intervenção e o problema do humanismo", discorremos a respeito da objetividade necessária com relação à montagem das propostas de intervenção, que devem ser factíveis, ou seja, realizáveis. Falamos também a respeito do problema do humanismo quando adotado em sentido superficial, que é uma postura demasiado inocente e, no fim das contas, muito afetada pelas circunstâncias.

A imagem do intelectual na torre de marfim normalmente é evocada como condenação a alguém que se isola do contexto social e se aliena em seu próprio saber ou falso saber, mas esse é um engano de abordagem. O intelectual, quando se coloca em seu posto na torre de marfim, está, na verdade, se colocando em uma posição privilegiada e protegida, mas apenas para não ser afetado pelo calor das situações e poder observar do alto, ou seja, poder analisar com objetividade o contexto.

É esse o serviço que o uso do impessoal realiza. A situação, colocada como menos íntima, passa a impressão de haver sido mais cientificamente estudada, mais objetivamente analisada. As propostas de intervenção são, então, inseridas em um contexto mais favorável a elas, pois se beneficiam dessa postura. E, na verdade, todo o texto tem a ganhar com esse tipo de construção verbal.

Vejamos dois exemplos de conclusões. O primeiro é retirado de uma redação da aluna M. L. a respeito de "Novos modelos familiares".

> Portanto, é necessário conscientizar a sociedade sobre essa nova estrutura familiar. É papel do governo federal garantir os direitos legitimados pela Constituição Federal a todo tipo de família. É preciso incluir políticas de socialização nas escolas públicas e particulares, visando à diminuição do preconceito. Além disso, é vital monitorar a mídia, para evitar abusos que firam a dignidade das pessoas inseridas nesses novos núcleos familiares.

Esse texto, montado com a utilização do impessoal, tem o tom correto de construção verbal. Vejamos como a utilização da primeira pessoa do plural, embora não seja incorreta, insere uma perspectiva de comunidade que faz o tom analítico ficar um pouco mais tênue.

> Portanto, é necessário que conscientizemos a sociedade sobre essa nova estrutura familiar. É papel do governo federal garantir os direitos legitimados pela Constituição Federal a todo tipo de família. É preciso que incluamos políticas de socialização nas escolas públicas e particulares, visando à diminuição do preconceito. Além disso, é vital que monitoremos a mídia, para evitar abusos que firam a dignidade das pessoas inseridas nesses novos núcleos familiares.

Vejamos agora como o texto construído na primeira pessoa do singular fica excessivamente afetado pela pessoalidade e pela má cultura do "achismo":

> Portanto, creio que é necessário conscientizar a sociedade sobre essa nova estrutura familiar. É papel do governo federal garantir os direitos legitimados pela Constituição Federal a todo tipo de família. Acho também que é preciso incluir políticas de socialização nas escolas públicas e particulares, visando à diminuição do preconceito. Além disso, penso ser vital monitorar a mídia, para evitar abusos que firam a dignidade das pessoas inseridas nesses novos núcleos familiares.

As diferenças de constituição de bons significados, mais ou menos equilibrados, podem ser sentidas nesses três exemplos em termos de gradação. No primeiro, que usa o impessoal, a análise naturalmente é mais científica e equilibrada. O segundo utiliza a primeira pessoa do plural e, ainda que o texto também seja bom, a noção de participação direta do autor, disparada pelo sentido de "nós", diminui sua atribuição de cientificidade. O terceiro exemplo, montado com a primeira pessoa do singular, traz significações de mera opinião pessoal e leva as argumentações para o nível da conversa informal, altamente demeritório em uma redação dissertativo-argumentativa.

Para finalizar, vamos fazer o movimento contrário partindo de um texto do aluno P. A. na primeira pessoa do singular, passando para sua reconstrução na primeira pessoa do plural e chegando ao modelo de texto no impessoal.

> Em várias situações sociais, percebo como a necessidade de aprender a ler e a escrever transparece, não apenas como um exercício de se jogar palavras em um papel em branco, e sim como aprender a expressar minhas ideias de uma maneira organizada e inteligente. Ler e principalmente escrever são capacidades muito importantes para o aprimoramento do intelecto humano.

Esse texto deixa bem clara a significação que o uso da primeira pessoa do singular provoca: uma percepção, usando sua própria nomenclatura, singular, individualizada. O tom do texto chega às raias da informalidade. O trecho "aprender a expressar minhas ideias" evidencia que a noção passada é individualista e até egoísta, pouco adicionando à construção de uma argumentação sólida e equilibrada.

No texto a seguir, escrito com a utilização da primeira pessoa do plural, é possível notar como o tempo verbal mais adequado elimina a perspectiva de individualidade restritiva, mas ainda mantendo um mínimo de afetação participativa, que não é o ideal.

> Em várias situações sociais, percebemos como a necessidade de aprender a ler e a escrever transparece, não apenas como um exercício de se jogar palavras em um papel em branco, e sim como aprender a expressar nossas ideias de uma maneira organizada e inteligente. Ler e principalmente escrever são capacidades muito importantes para o aprimoramento do intelecto humano.

Nesse parágrafo, quem percebe e quem se expressa é uma coletividade da qual o autor faz parte, o que não permite que ele seja parte isenta da situação, diminuindo o impacto e o caráter científico e neutro da análise. O texto a seguir é escrito no impessoal.

> Em várias situações sociais, é possível perceber como a necessidade de aprender a ler e a escrever transparece, não apenas como um exercício de se jogar palavras em um papel em branco, e sim como aprender a expressar ideias de uma maneira organizada e inteligente. Ler e principalmente escrever são capacidades muito importantes para o aprimoramento do intelecto humano.

É muito claro que, não sendo participativo, esse parágrafo é mais equilibrado. Poderíamos dizer, inclusive, que é mais democrático, pois não estão em cena interesses puramente individuais manifestados pelo uso da primeira pessoa do singular ou de uma coletividade que inclui o autor, como acontece em textos construídos na primeira pessoa do plural.

Construir textos diretos e simples, acionar a racionalidade e se desvincular o máximo possível de visões e formas de expressão que acionem o contexto de opiniões pessoais são maneiras muito eficientes de construir credibilidade. A seguir, apresentamos três exercícios que ajudarão a solidificar essas noções.

4.1 PROPOSTA DE EXERCÍCIOS

1. O parágrafo a seguir está corretamente composto no impessoal e é o segundo parágrafo de uma redação da aluna M. A. sobre o tema "Exatidão". Transfira-o para a primeira pessoa do plural e, em seguida, para a primeira pessoa do singular. Junto a cada parágrafo reescrito, anote suas impressões sobre os significados atribuídos a cada texto.

> Indubitavelmente, pode-se considerar a exatidão como um dos alicerces da ciência. Na engenharia, milímetros fazem toda a diferença, assim como dosagens milimetradas de medicamentos na farmacologia e centésimos de segundo em competições olímpicas. Portanto, a atenção a pequenas diferenças, mesmo que a princípio possam parecer insignificantes, é essencial.

2. O parágrafo a seguir foi escrito utilizando a primeira pessoa do singular e é a introdução de uma redação da aluna N. A. sobre "Novos modelos familiares". Que efeitos esse tempo verbal causa na percepção do leitor universal? Responda e, em seguida, recrie o parágrafo em duas versões: com a utilização da primeira pessoa do plural e com o uso do impessoal. Analise cada uma das versões em relação ao impacto de geração de significados.

> Padrões sociais são mutáveis, variando de acordo com época e lugar. No cotidiano, percebo que esse processo se aplica a muitas famílias, devido aos padrões estabelecidos, segundo os quais uma boa estrutura familiar é constituída por pai, mãe e filhos. Ainda, noto que essa estrutura é mantida por meio de casamentos ou, no máximo, por uniões estáveis. Esta situação é persistente e demanda atenção e debate constantes.

3. Escreva uma redação sobre o seguinte tema: "Individualismo × racionalidade: como se expressar equilibradamente em uma redação para o ENEM". Use o impessoal e não esqueça que o limite é de trinta linhas e que são necessárias as propostas de intervenção.

CAPÍTULO 5
TÍTULOS

A não obrigatoriedade de um título na redação do ENEM não precisa ser exatamente enfatizada em todas as aulas, mas vale fazer comentários esporádicos. Além disso, é importante pontuar que o título conta como linha escrita, o que equivale a dizer que sua aposição no texto deixa apenas 29 linhas para a confecção da redação (esse é, com certeza, outro motivo pelo qual os alunos colocam os títulos).

Outro fator que merece algumas frases é "a lenda urbana da linha em branco". Por algum motivo, provavelmente de ordem mais estética que funcional, os alunos têm o hábito de pular uma linha após o título. Essa prática é considerada quase "natural", por ser corrente em salas de aula.

Todavia, em geral, a linha em branco também não é obrigatória. Em um exame no qual não se exige titulação, menos ainda. Mas, mais uma vez, como é um procedimento corriqueiro, o contemplamos, lembrando que a linha pulada também conta como linha de texto, o que diminui para 28 o número de linhas de escrita disponível (esse é, inclusive, um dos motivos pelos quais os alunos pulam linhas).

Deixando claras essas não obrigatoriedades, seguimos para a análise das consequências da colocação dos títulos. A titulação chama a atenção na página e é, via de regra, a primeira coisa que se lê (podemos presumir que seja a primeira coisa que sobe aos olhos do leitor universal/corretor). E o título funciona como guia da percepção.

Uma redação com um bom título, por isso, pode ter facilitado seu trabalho de construção da argumentação. A introdução, como parágrafo de apresentação do tema e contextualização, pode ser bastante beneficiada por um bom título, já que ele adianta o trabalho que deve ser feito pelo primeiro parágrafo.

Um título pode adiantar a tese ou ao menos seus parâmetros mais gerais – ser a favor ou contra algum tema, por exemplo. Os parágrafos de desenvolvimento podem retomar o título, em especial se ele for do tipo mais criativo ou alegórico – como "O gênesis digital", em uma hipotética redação sobre o desenvolvimento tecnológico da sociedade em rede.

A conclusão pode utilizar o título como mote para a retomada, parafraseando-o ou aludindo a ele. Tomando o exemplo de título citado no parágrafo anterior, uma conclusão poderia começar com as frases: "Portanto, a revolução digital marcou o nascimento de uma nova era eletrônica"; ou "Em suma, estamos na infância da digitalização".

Desse modo, fica claro que o título pode ser útil e mesmo um bom instrumento de escrita. Todavia, um título ruim, pouco criativo ou que seja apenas o tema disfarçado causa efeitos nefastos. Se o título guia a percepção do leitor, um título pouco elaborado ou copiado instala a noção de que o autor é pouco criativo, sem opinião própria e/ou incapaz de construir em um objeto de linguagem os seus pensamentos.

O ENEM de 2015 trouxe o tema: "A persistência da violência contra a mulher no Brasil". Alguns títulos que encontramos foram: "A manutenção da violência contra a mulher"; "Violência contra as mulheres"; "O Brasil e a violência contra as mulheres"; "Violência machista"; "A eterna violência contra as mulheres".

Não é difícil notar que esses títulos são apenas paráfrases pouco criativas do tema. Quando o professor fala em sala sobre os títulos, deve deixar claro que título não é repetição do tema.

Trabalhando o tema de 2014, "Publicidade infantil", deparamos com: "Publicidade para crianças no Brasil"; "Propaganda para os pequenos"; "Publicidade e infância"; "A infantilização da publicidade"; "O comércio infantil".

Os três primeiros são apenas variações pobres do tema, mas os dois últimos são também problemáticos. O penúltimo caracterizava um desvio do tema, pois o texto falava sobre um suposto declínio conceitual da publicidade. O último denunciava um desvio total do tema, porque a argumentação era sobre a venda de crianças no mercado negro.

O tema de 2013, "Lei Seca", foi titulado das seguintes maneiras: "Lei Seca"; "A Lei Seca nas ruas brasileiras"; "Restrição de venda de bebidas alcoólicas"; "Aspectos da Lei Seca"; "Lei Seca e direção". Apenas repetições corriqueiras.

O tema de 2012, que tratava da imigração no Brasil, pode ser usado como referência para a construção de títulos diferenciados, que se desviem de repetições como "O Brasil e a imigração".

"Brasil e as novas diásporas" é elegante e demonstra erudição, tanto citando a dispersão dos judeus ao longo do tempo quanto evocando novos processos imigratórios, como a evasão em massa dos sírios.

"Os novos Fabianos" é também culto e faz referência ao personagem Fabiano do livro *Vidas secas*, de Graciliano Ramos. Essa referência permite sua exploração, em especial nos parágrafos de desenvolvimento, pontuando, por exemplo, como os novos imigrantes podem ser explorados, por conta de suas precárias condições de vida e de legalidade no país.

Um título como "Vidas na estrada", se não é brilhante, não é repetitivo. Não exige repertório elaborado e é enigmático na medida correta, pois não entrega totalmente o tema nem se desvia dele, propiciando ainda a exploração da metáfora das viagens rodoviárias.

O último ponto a ser abordado é o "quando". O título só deve ser colocado ou definido após a escrita da redação. Isso porque, muitas vezes, na confecção do texto, os alunos podem se desviar do assunto evidenciado no título e, nesses casos, ele fica inadequado, independentemente de seus aspectos criativos.

Portanto, damos três recomendações para uma redação do ENEM: 1) não colocar o título; 2) se a opção for utilizá-lo, colocá-lo após a escrita completa da redação; e 3) torná-lo criativo ou, ao menos, não repetitivo.

5.1 PROPOSTA DE EXERCÍCIOS

Peça aos alunos que criem ao menos três títulos que possam ser considerados criativos para cada um dos seguintes temas do ENEM:

1. "Viver em rede no século 21: os limites entre o público e o privado" (2011).

Exemplos de títulos ruins: "A vida em rede no novo século"; "Limites entre vida pessoal e privada"; "Século XXI: a era da vida em rede".

Exemplos de títulos bons: "A rede do isolamento" (a contraposição é boa); "A nova ágora do exibicionismo" (que retoma a referência da Grécia antiga); "O Big Brother nosso de cada dia" (uma junção da referência ao livro *1984*, de George Orwell, e da referência ao programa de TV acrescida de uma referência religiosa, "o pão nosso de cada dia").

2. "O trabalho na construção da dignidade humana" (2010).

Exemplos de títulos ruins: "Trabalho e dignidade"; "A construção da dignidade"; "Trabalhar para ser digno".

Exemplos de títulos bons: "A formiga e a cigarra" (que retoma a fábula de Esopo); "Vai trabalhar, vagabundo" (que retoma uma canção de Chico Buarque); "Entre a escravidão e a liberdade" (que coloca a questão de o trabalho poder tanto ser uma escravidão quanto ajudar a construir uma vida que valha a pena).

3. "O indivíduo frente à ética nacional" (2009).

Exemplos de títulos ruins: "Indivíduo × Ética"; "Egoísmo e ética"; "A ética e o indivíduo".

Exemplos de títulos bons: "Um jardim para todos" (que propicia a exploração da metáfora de "plantar o próprio jardim" ou de cultivar um jardim público); "Nariz de palhaço" (que permite a exploração de uma referência da coletânea e faz referência ao nariz de palhaço muitas vezes usado nas manifestações); "Frankensteins da ética" (referência à percepção e ao lugar-comum de que uma postura ética no Brasil pode ser considerada tão discrepante que chega a ser monstruosa, o que permite fazer relações com as pequenas corrupções do dia a dia e com a suposta impossibilidade de ser honesto na política).

CAPÍTULO 6
MODELO GERAL

Dissemos no "Prefácio" que quatro das cinco competências exigidas na redação de modelo ENEM podem ser pensadas, sob a luz de nossos parâmetros, como estruturais. E foi justamente uma das competências, a II, que nos trouxe a solução para nossa demanda.

A Competência II, no edital do ENEM, é definida da seguinte maneira: "Compreender a proposta de redação e aplicar conceitos das várias áreas de conhecimento para desenvolver o tema, *dentro dos limites estruturais* do texto dissertativo-argumentativo em prosa" (grifos nossos).

O texto em destaque no parágrafo anterior não deixa dúvidas. Obviamente, desenvolver o texto com criatividade, com ideias bem desenvolvidas, é importante, bem como os referenciais adotados, mas não mais importante que fazer tudo isso com base em uma estrutura sólida e bem fundamentada.

Todavia, como em geral uma exposição ou mesmo uma conversa sobre estrutura de linguagem tende a ser vista como difícil ou inalcançável, é necessário encontrar uma forma de tornar esse foco acessível e, principalmente, funcional.

Para cristalizar o foco na estrutura, criamos um modelo fortemente visual. Os alunos das novas gerações têm uma cultura fundamentada em linguagens visuais e, por isso, elaboramos um desenho estrutural simples, traçado no quadro em todas as aulas como base para a escrita.

Esse quadro, formado por cinco retângulos que representam a estrutura de organização de texto com cinco parágrafos que consideramos a ideal, era desenhado à caneta no quadro branco e preenchido com as ideias principais que deveriam estar em cada parágrafo. A partir dessa estruturação e dessas ideias, os alunos escreviam seus textos, usando suas capacidades individuais de elaboração textual e eventuais acréscimos, especialmente referências, analogias e ilustrações.

Uma vez que a estrutura está bem resolvida, as redações tendem a ser bem desenvolvidas. Além disso, esse modelo, reforçado em todas as aulas, cria nos alunos a consciência estrutural que buscamos, mesmo nas redações feitas exclusivamente em casa.

Obviamente, recomendávamos que os alunos usassem nosso quadro estrutural quando estivessem escrevendo redações fora de nossa sala de aula. Quando perguntamos se os alunos efetivamente faziam isso quando não estavam sob nossa orientação direta, alguns diziam que não, mas que "viam" o quadro na folha e estruturavam o texto de acordo com ele. O modelo estrutural que adotamos está representado a seguir.

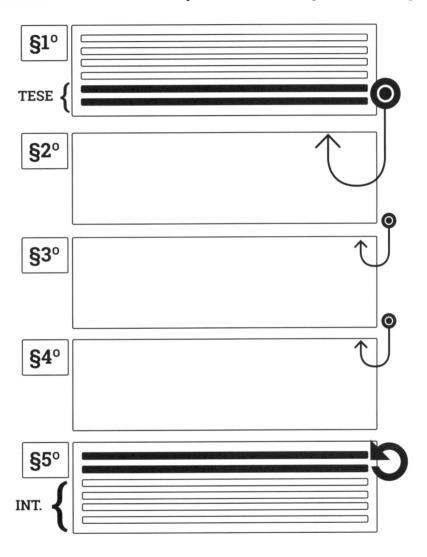

Figura 6.1 O modelo geral de redação.

Não é difícil notar a simplicidade e a graficalidade da imagem. A exposição contínua a ela foi capaz de instalar nos alunos o modelo estrutural que adotamos, tornando-os capazes também de utilizá-lo mesmo quando não estavam efetivamente olhando para ele.

Essa estrutura ajuda os alunos a pensar organizadamente. Em um mês de trabalho com esse modelo, já é possível notar melhorias de estruturação de raciocínio e de textos.

Vamos, então, esmiuçar cada uma de suas partes e depois seu funcionamento em conjunto.

6.1 PRIMEIRO PARÁGRAFO: "INTRODUÇÃO"

Figura 6.2 Primeiro parágrafo e gancho para o segundo parágrafo.

A introdução é o parágrafo inicial do texto, no qual o tema deve ser apresentado. Nele, a perspectiva do leitor universal é importantíssima. Para a composição de uma boa redação, é preciso atenção a dois tópicos: contexto e objetividade.

O tema está sendo apresentado pela primeira vez, e nunca é demais reforçar que se escreve ao leitor universal, que nada sabe. Portanto, clareza é fundamental. Sem rodeios e, preferencialmente, sem falhas típicas como as generalizações "Desde os tempos antigos" e "Há muito tempo" (temas que constam em nosso Capítulo 15, "Eliminando imprecisões"), é vital apresentar com objetividade o assunto requerido.

Também nunca é demais reforçar que não se pode pressupor conhecimento prévio. Na redação como um todo e especialmente na introdução, tudo é assunto novo e, por isso, "o papo tem que ser reto", como diria um personagem do filme *Tropa de elite*. A contextualização do assunto tratado tem de ser o mais objetiva possível.

Em nosso modelo, a introdução tem um fator estrutural importantíssimo: a tese. Ela é representada pelas duas linhas pretas na parte de baixo do retângulo correspondente ao primeiro parágrafo e deve ficar *exatamente* na última frase.

Esse posicionamento permite duas coisas: o fechamento perfeito do parágrafo e o gancho maior, representado por nós graficamente para que os alunos nunca se esqueçam dele (não deixe de utilizá-lo). Esse gancho, no final da introdução, representa a ligação da tese com o restante da redação. Ele é maior na passagem da introdução para o segundo parágrafo que nas passagens do segundo para o terceiro parágrafos e do terceiro para o quarto, simplesmente porque essa é a ligação mais importante.

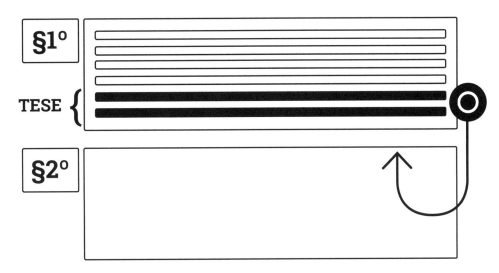

Figura 6.3 Primeiro e segundo parágrafos.

Aqui, é de vital importância evidenciar o que exatamente é a tese, ou seja, a manifestação do ponto de vista pessoal do aluno. A tese é uma tomada de posição e, como tal, não permite "ficar em cima do muro". No Capítulo 11, "Teses", discutimos sua construção.

A tese é a posição que o aluno quer defender e, por isso, deve permear todo o texto. E deve, idealmente, ficar nas últimas linhas do parágrafo introdutório. Esse posicionamento fecha com relevância o primeiro parágrafo e, além disso, propicia que o restante da redação se desenvolva a partir dele, ou seja, a partir da tese, do ponto de vista a ser defendido.

Estabelecida a tese, os argumentos que a apoiam podem ser paulatinamente apresentados. Por isso, a colocação da tese no início ou mesmo no meio do segundo parágrafo retira da redação esse trunfo organizacional, dando menos espaço para a defesa do posicionamento. Uma tese posicionada apenas no terceiro parágrafo, então, como digo aos alunos, "nem pensar".

O pior mesmo é a ausência de tese, que deixa o texto bastante prejudicado no cumprimento de seu propósito, evidenciado na Competência III: "Selecionar, relacionar, organizar e interpretar informações, fatos, opiniões e argumentos *em defesa de um ponto de vista*" (grifos nossos). Portanto, nunca achamos demais enfatizar que a tese deve estar nas últimas linhas do primeiro parágrafo, o mais delineada possível, com a utilização de termos afirmativos.

A proposta de colocar a tese no fim da introdução deve ser, literalmente, condição fundamental para a escrita de uma redação em *todas* as aulas.

Estabelecido e respeitado esse parâmetro, o movimento seguinte é focar no gancho. Na verdade, focar nos ganchos. Essa terminologia, que no desenho de nosso modelo é tornada visual, tem a tarefa de fazer os alunos perceberem outro ponto fundamental do desenvolvimento dos textos: a ligação de sentido e de continuidade lexical entre os parágrafos.

6.2 SEGUNDO, TERCEIRO E QUARTO PARÁGRAFOS: "DESENVOLVIMENTOS"

Um problema recorrente encontrado nas aulas e nas correções é o "parágrafo flutuante", sem conexão de ideias ou de texto com o parágrafo anterior. Ao colocar o desenho dos ganchos em nosso modelo, tornamos gráfica a ligação entre os parágrafos, o que facilita a cristalização dessa necessidade para os alunos.

Se a ligação da introdução com o segundo parágrafo é a mais importante, pois é a passagem da tese para sua defesa, as ligações entre o segundo e o terceiro parágrafos e entre o terceiro e o quarto também são fundamentais. A Competência IV fala em "Demonstrar conhecimento dos mecanismos linguísticos necessários para a construção da argumentação", e na definição de todos os seus níveis (numerados de 0 a 5 e referentes às notas) encontra-se a questão da *articulação*.

O nível 5, que dá a melhor nota, 200, será atingido quando o aluno "Articula bem as partes do texto e apresenta repertório diversificado de recursos coesivos". No Capítulo 12, "Desenvolvimentos", tratamos especificamente dessas ligações, que podem ser feitas com conectores ou pelo desenvolvimento fluido do texto. No modelo aplicado, os ganchos são a forma de evidenciar essa necessidade de coesão.

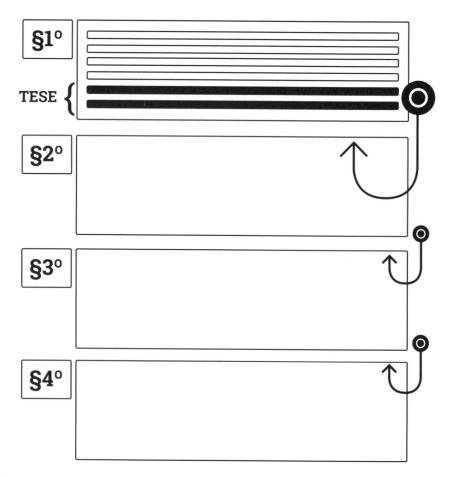

Figura 6.4 Parágrafos primeiro, segundo, terceiro e quarto, com os ganchos.

Um ponto fundamental é que essa estratégia visual de marcação das conexões entre os parágrafos pode (e deve) ser estendida para o restante do texto. Os ganchos ficam marcados na memória e no trabalho cotidiano dos alunos e permitem que se abordem as conexões internas aos parágrafos, ou seja, a conexão entre frases e orações. No Capítulo 12, referente aos desenvolvimentos, mostramos como outra estratégia visual pode facilitar o ensino dessas outras conexões.

6.3 QUINTO PARÁGRAFO: "CONCLUSÃO E PROPOSTAS DE INTERVENÇÃO"

Enfim chegamos à conclusão, outra grande dificuldade dos alunos. O fechamento do texto é desafiante porque demanda uma retomada das ideias principais – preferencialmente, sem repetir muito palavras e expressões – e, justamente, a finalização.

Se a apresentação contextualizada do tema e da tese são as principais funções da introdução, e se estabelecer conexões entre parágrafos, frases e orações é a função do desenvolvimento do texto, a função da conclusão é pontuar seu fim.

Isso, claro, parece evidente, mas marcamos esta obviedade porque boa parte dos textos chega à corretora ou ao corretor sem o devido fechamento. Muitas vezes, os alunos não retomam as ideias centrais. Em outras, acrescentam informações novas, o que chamamos em sala de "pecado redacional".

O Capítulo 14, "Conclusões, propostas de intervenção e o problema do humanismo", alinhava os parâmetros que utilizamos para o trabalho com as conclusões. Nesta explanação acerca de nosso modelo, a intenção é apenas mostrar como marcamos estruturalmente os pontos fundamentais da conclusão.

Esses pontos devem ser pensados a partir da Competência V do ENEM, que indica ser necessário "Elaborar proposta de intervenção para o problema abordado, respeitando os direitos humanos", e que essa intervenção seja "detalhada, relacionada ao tema e articulada à discussão desenvolvida no texto" (nível 5).

Uma redação sem as propostas de intervenção *definitivamente não conseguirá uma boa nota*. É muito importante que isso seja frisado constantemente para os alunos. E, apesar de em nenhum momento, no edital do ENEM, se pontuar *onde* deve estar a proposta de intervenção, optamos por alocar *sempre* as intervenções no parágrafo de conclusão.

Esse procedimento obedece à orientação estrutural de nosso método e cria, quase automaticamente, uma instrução para o fechamento do texto. Se a conclusão deve ter a retomada do tema tratado e a colocação das propostas de intervenção, representamos essas duas necessidades graficamente.

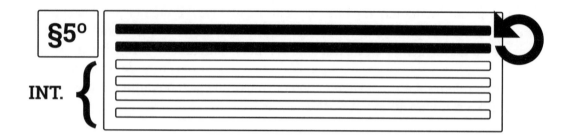

Figura 6.5 Quinto parágrafo, com ênfase na retomada e na colocação das propostas de intervenção.

Na Figura 6.5, é fácil notar a retomada, representada pela seta circular, semelhante às imagens de reciclagem de resíduos (uma metáfora que, por sinal, pode ser utilizada). O lugar das propostas de intervenção também está marcado, evidenciado pela chave à esquerda. Notadamente, a seta circular se diferencia dos ganchos que unem os parágrafos de 1 a 4, o que referenda a diferenciação do processo de ligação entre o quarto e o quinto parágrafos dos demais.

E assim chegamos ao final da explicação sobre o modelo estrutural que adotamos. Nos capítulos seguintes, cada uma das partes aqui apresentada será examinada separadamente, ainda que sempre mantida sua relação com o todo. Nossa aposta nesse modelo estrutural rendeu bons frutos e, por isso, acreditamos nele e dissecamos aqui sua aplicação.

A aplicação dessa estrutura base é muito simples. Utilize os seguintes passos:
- desenhe a estrutura no quadro e/ou a distribua impressa;
- faça uma exposição do tema e de suas linhas gerais (com o apoio ou não de uma coletânea);
- faça uma breve discussão e/ou *brainstorming*;
- preencha, com os alunos, cada um dos parágrafos.
- oriente os alunos para que escrevam suas redações com base no modelo feito em sala, incluindo, se for o caso, referências adicionais advindas de seus repertórios pessoais.

CAPÍTULO 7

O FUNIL

Ao mesmo tempo que trabalhamos com a aplicação constante de nosso modelo, outra perspectiva de acerto da estrutura geral dos textos é necessária. Nosso modelo, como exposto, fornece a divisão ideal para as redações em cinco parágrafos: um de introdução, três de desenvolvimento e um de conclusão com as propostas de intervenção.

O novo desafio é construir um guia que funcione subjacentemente ao modelo e que mostre não apenas a divisão dos parágrafos em termos de partes e funções, mas de acordo com a orientação geral do texto. Mais difícil ainda é que o teor dessa nova orientação não esteja no âmbito de palavras e frases, mas no estrutural.

É preciso gerar outra estrutura, adaptável e inserível à estrutura modelo, mas trabalhando subordinada a ela. Uma pergunta guia a criação deste novo recurso: "o que é preciso mostrar aos alunos?".

É preciso mostrar que o texto deve ser direto e sem rodeios. Isso quer dizer que é preciso mostrar que o texto não deve ser cíclico, ou seja, não pode "dar voltas". É necessário, mais uma vez citando o filme *Tropa de elite*, um "papo reto". E não apenas reto, mas INCISIVO, direcionado.

Mais uma vez, a solução vem da própria estrutura da redação. Já que obrigatoriamente no primeiro parágrafo se deve fazer a apresentação e a contextualização do tema – sem esquecer a tese, nas duas últimas linhas –, temos a certeza de que as redações devem começar com uma visão mais geral, dada pela introdução.

E, se a introdução oferece um panorama geral, a tese cria uma especificidade, e é a partir dela que se deve construir os recortes cada vez mais específicos dos segundo, terceiro e quarto parágrafos, pensados para justificar a tese. A nova estrutura que planejamos inserir em nosso modelo geral deve ser capaz de claramente dar conta dessas necessidades.

Além disso, precisa ser simples, extremamente simples. Falar em aula de "uma estrutura dentro de outra estrutura" pareceria certamente um tópico avançado de um curso específico sobre linguagem, muito distante do repertório dos alunos. O que, então, é suficientemente simples e ao mesmo tempo eficiente? Um funil.

Mais especificamente, a imagem de um funil demonstra graficamente a orientação do geral para o específico que a redação deve ter. Um funil, objeto do cotidiano, com sua boca aberta (generalista) e sua forma triangular cada vez mais estreita (específica) é definitivamente o que procuramos.

Figura 7.1 Desenho esquemático de um funil.

A adaptação da Figura 7.1 para nossa estrutura de trabalho com as redações é a seguinte:

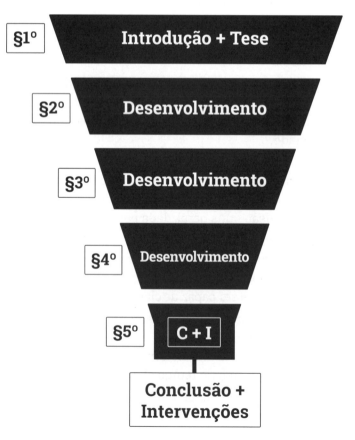

Figura 7.2 Divisão dos parágrafos na estrutura de funil.

Ainda, faz-se necessário aplicar a "estrutura de funil" ao modelo estrutural. Como não parece prático trabalhar com duas estruturas ao mesmo tempo, após apresentar o afunilamento, simplesmente adicionemos ao modelo estrutural uma seta para baixo, partindo da introdução e até o quinto e final parágrafo.

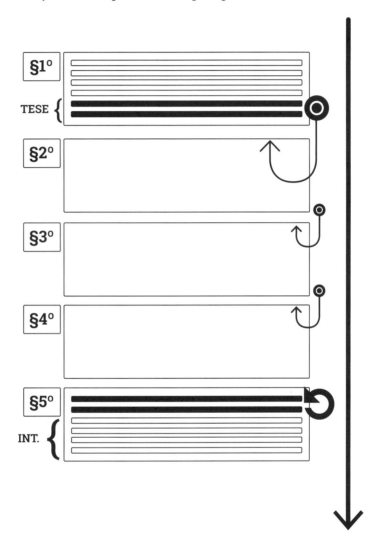

Figura 7.3 Aplicação do direcionamento do funil à estrutura modelo.

É esse, portanto, o modelo estrutural mais completo. A cristalização dele na mente dos alunos se provou efetiva e gerou ótimos resultados, com constante progresso na capacidade de estruturação e de desenvolvimento de textos, não importando de que nível de escrita se partia.

Para deixar exemplos práticos dessa aplicação, vamos agora desenvolver dois temas com a utilização dessa estrutura: "consumismo" (com o apoio da introdução do exemplo de número 4 do Capítulo 10, "Introduções", reproduzida na sequência) e "mobilidade urbana" (derivado de uma exposição feita em sala e do diálogo com os alunos). É fácil notar, nessas demonstrações, tanto a organização geral dos textos quanto a estrutura de funil.

> O Tio Patinhas é um personagem mundialmente conhecido das histórias em quadrinhos. Criado em 1947 por Carl Barks, tornou-se um dos emblemas da Disney. Conhecido pela avareza e pelo amor incondicional pelo dinheiro, não perde oportunidades para aumentar sua fortuna ou para economizar qualquer centavo. Exageros à parte, Patinhas poderia ser tomado como modelo num mundo de gastadores compulsivos movidos a impulsos midiáticos.

Figura 7.4 Modelo geral aplicado ao tema do consumismo.

O tema da mobilidade urbana, que foi trabalhado diretamente em sala com os alunos, sem o apoio de coletânea ou de algum texto de referência, gerou o seguinte modelo estrutural:

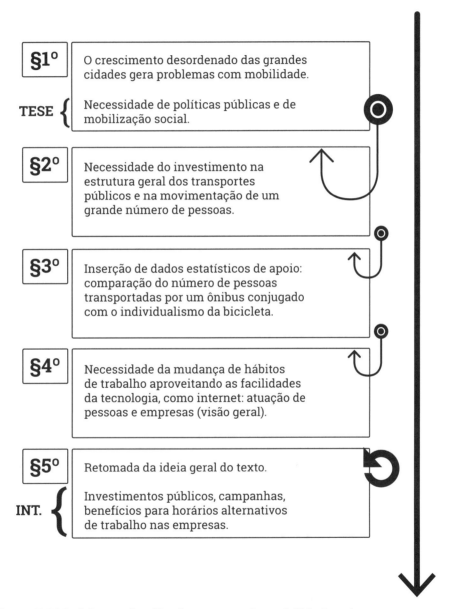

Figura 7.5 Modelo geral aplicado ao tema da mobilidade urbana.

A aplicação do modelo geral com a especificidade do funil adicionada gera, ao longo do tempo e da produção constante, grande consciência de estruturação das redações e uma intensa familiaridade com o atendimento a todas as necessidades de composição típicas do ENEM.

7.1 PROPOSTA DE EXERCÍCIOS

> Aplique o modelo geral com a utilização paralela da seta que indica o afunilamento dos textos na discussão e na produção de todas as redações em sala de aula. Enfatize que os alunos devem usar essa estrutura-base também quando forem produzir textos fora da sala de aula.

1) Use os editais e as coletâneas anteriores do ENEM e proponha a construção de estruturas de redação fundamentadas em nosso modelo, com ênfase no afunilamento.

Use as introduções do Capítulo 10 para estruturar, em sala de aula, redações com temas e desenvolvimentos delas derivados.

CAPÍTULO 8
O LEITOR UNIVERSAL

Na elaboração de uma redação, para o ENEM ou para qualquer outro exame ou vestibular, o leitor universal é um dos elementos que mais deve ser levado em conta. Por isso, é preciso defini-lo bem.

O sentido dicionarizado de "universal" está ligado a generalidade, igualdade e abrangência, conceitos aplicáveis a uma série de situações, ocorrências e produtos, mas não específicos para a definição de leitor universal. Não se pode pensar, por exemplo, que o leitor universal seja um leitor que lê de tudo, desde enciclopédias a bulas de remédio, passando por histórias em quadrinhos e romances clássicos. O problema é justamente o contrário: o leitor universal não lê *nada*.

Aliás, o leitor universal *nunca* leu nada. A única coisa que ele lerá é a redação a ser produzida pelo aluno. E é exatamente nesse sentido que ele ganha importância. O leitor universal é PARA QUEM se deve escrever a redação.

Sem repertório nem cultura, ele nunca viu um filme, nunca assistiu a um programa de televisão, não sabe o que significam as siglas mais conhecidas (nem mesmo EUA ou ONU), quem é o atual presidente brasileiro ou dos Estados Unidos, não conhece as manchetes de destaque na última semana, não sabe onde ficam os países, nem a nacionalidade de Freud. Não leu a coletânea e não conhece o tema da proposta.

A melhor estratégia para mostrar aos alunos a perspectiva correta com relação ao destinatário de seus textos está na TV: Homer Simpson.

Nas aulas, para resgatar uma figura conhecida que permita uma clara associação por parte dos alunos, definimos que "o leitor universal é o Homer Simpson". Uma das mais evidentes vantagens dessa associação é justamente o fato de o personagem ser "universal" no sentido presente no dicionário, ou seja, globalmente conhecido.

Todavia, a vantagem mais importante de falarmos a respeito de Homer Simpson é o fato de ele ser, basicamente, um personagem "burro". Uma de suas imagens bastante divulgadas representa-o por meio de uma suposta radiografia de sua cabeça que mostra um cérebro diminuto e bastante desproporcional, que seria supostamente um sinal de ignorância extrema. Obviamente, trata-se de um estereótipo, mas de um estereótipo muito útil.[1]

Homer, ou o leitor universal, não sabe de nada. Ele é tão desconhecedor de tudo que nem chega a pensar que a capital brasileira é Buenos Aires ou que por aqui se fala espanhol. É uma página em branco, seu universo de conhecimento é a redação produzida pelos alunos, e é por esse motivo que, nas redações, se deve explicar tudo. Não se pode pressupor *nenhum* conhecimento.

É preciso, nas aulas e nas correções de texto, grande atenção a isso. Mesmo figuras mundialmente conhecidas, como Steve Jobs, Bill Gates, Shakespeare ou John Lennon, precisam ser referenciadas. Não é preciso traçar biografias desses personagens, mas contextualizá-los como fundadores de suas empresas e produtores de sua arte é extremamente necessário.

"Mas eu preciso explicar tudo?", é o que os alunos perguntam. É preciso, sim! E, ainda que pareça entediante no começo, esse posicionamento perante o leitor universal será um agregador de qualidade na redação. Além disso, tratar o leitor universal como um "desconhecedor de tudo" cria um direcionamento benéfico para a redação como um todo. A necessidade/vontade de esclarecer todos os elementos, mesmo os de conhecimento mais geral, cria uma predisposição à clareza que se espalha pela construção dos textos.

Além disso, pensando em esclarecer tudo para o leitor universal, os alunos treinam usar construções frasais mais diretas e vocabulário mais simples, uma vez que ele só entende linguagem simples e direta. Nosso Capítulo 4, "Linguagem simples e direta, racionalidade e uso do impessoal", trata disso.

Despir-se de conhecimentos prévios e corrigir as redações como se nada soubesse é a tarefa do professor ao incorporar o leitor universal, além de fazer com que os alunos escrevam para ele. Essa dupla abordagem correta com relação ao leitor universal certamente agregará valor aos textos, adicionando mais uma camada de procedimentos corretos às redações, direcionando-as a uma boa nota.

Enfim, este talvez seja o 13º trabalho de Hércules: se dissemos no "Prefácio" que o professor de redação é como o Professor Ludovico (o personagem da Disney que é "especialista em tudo"), quando corrige as redações, o professor tem de se tornar também o leitor universal, ou seja, um "especialista em nada".

8.1 PROPOSTA DE EXERCÍCIOS

1. Uma vez que as dificuldades em lidar com o leitor universal são a definição das coisas mais simples e a construção de explicações breves e claras sobre quaisquer tópicos ou

---

[1]. Aposte na associação do leitor universal com Homer Simpson. Os alunos entendem de imediato e ainda se ganha um momento de descontração. Diga que se deve escrever com tal clareza que até o Homer entenda. A mensagem estará dada e cristalizada.

exemplos que possam ser citados, aconselhamos que o professor estimule os alunos a produzir frases (de até três linhas) explicando alguns temas. Esses temas podem ser bem simples, pois o que importa é a clareza das explicações.

- Instituições (Ibama, Ibope, ONU, Instituto Butantã, USP).
- Personagens históricos (Napoleão, Abraham Lincoln, princesa Isabel).
- Livros (*Romeu e Julieta*, *O alienista*, *Grande Sertão Veredas*).
- Escritores (Italo Calvino, Machado de Assis, Clarice Lispector).
- Cientistas (Richard Dawkins, madame Curie, Richard Feynman).
- Políticos (Fernando Henrique Cardoso, Barack Obama, Margaret Thatcher).
- Contextos históricos (Revolução Francesa, Lei Áurea, Primavera Árabe).
- Eventos históricos (Peste Negra, Guerra Fria, Diretas Já).
- Figuras proeminentes (Gandhi, Martin Luther King, Fidel Castro).
- Artistas famosos (Charles Chaplin, J. K. Rowling, Freddie Mercury).

Obviamente, outros tópicos e exemplos podem e devem ser propostos e trabalhados. O que importa é a concisão e a efetividade das definições, dentro da metragem de três linhas, porque, como explicitamos no Capítulo 13, "Referências internas/ilustrações, citações, paráfrases, analogias e a construção do repertório", além de explicativas, as definições devem ser econômicas.

2. Trabalhando no mesmo sentido do exercício anterior, e para enfatizar o caráter pragmático das definições para o leitor universal, sugerimos pedir aos alunos descrições sucintas e claras de objetos e lugares do cotidiano, de até três linhas. A ideia deste exercício é posicionar o leitor universal quase como um alienígena, que chega à Terra não conhecendo nada da cultura humana e que, por isso, precisa ser cuidadosa e meticulosamente apresentado a ela (essa metáfora é bastante esclarecedora).

- Objetos (chaleira, computador, relógio, cadeira, óculos).
- Lugares (posto de gasolina, padaria, supermercado, *cyber* café, *shopping center*).

Obviamente, outros objetos e lugares podem e devem ser elencados como exemplos.

3. Há uma série de jogos de tabuleiro publicada pela Grow chamada Perfil, que já teve várias edições numeradas, nos quais os jogadores recebem o desafio de identificar uma **pessoa**, um **lugar**, uma **coisa** ou um **ano**, a partir de um conjunto de até vinte dicas.

É possível jogar Perfil com os alunos, o que desenvolve repertório e percepção, mas também é possível, após uma sessão de jogo ou mesmo sem ela, usá-lo e mais especificamente suas cartas para o treinamento de definições para o leitor universal.

Escolha qualquer carta (recomendamos mais as cartas das categorias pessoa, lugar e coisa, pois raramente o aluno precisará definir um ano em seu texto) e peça aos alunos que escrevam definições sucintas e claras a partir de três a cinco dicas dadas pelo jogo. Não é preciso definir quais os números das dicas, mesmo porque muitas delas são ações de jogo, como "Perca sua vez".

Este exercício, além de trabalhar a criatividade, treina os alunos em sua capacidade de aglutinação e de organização das informações.

CAPÍTULO 9
DUAS REGRAS GERAIS DA COMPOSIÇÃO DE TEXTOS

Este capítulo tem um duplo objetivo, derivado de percepções levantadas em sala de aula, em conjunto com os alunos. O primeiro é tratar de um "tom geral" de composição das redações. O segundo, discorrer a respeito do que chamamos de "não generalização".

Para falar sobre o tom geral, ou simplesmente tom, usaremos duas das definições que podem ser encontradas online na página do *Dicionário Priberam da Língua Portuguesa*, cujo uso por professores e alunos referendamos: "modo de falar" e "teor, sentido". Mais especificamente, é o modo de falar que dá ao texto boa parte de seus sentidos.

Um sábio provérbio árabe diz: "Se a voz forte servisse para algo, o asno possuiria palácios". Um dito popular brasileiro reitera essa sabedoria popular com outras palavras e contexto: "Quem grita perde a razão".

Não "grite" no texto, é o que dizemos aos alunos. Se a voz forte é inútil e faz perder a razão, ela não deve ser usada em uma dissertação argumentativa cuja intenção é defender um determinado ponto de vista com argumentos sólidos, o mais próximo possível de científicos.

Na defesa dos posicionamentos, em especial relacionados a temas espinhosos como política, aborto, exploração infantil e exploração das mulheres, é comum que se confunda postura com agressividade. É uma percepção bastante equivocada pensar que palavras fortes e algo insultantes servem para solidificar a argumentação.

É só pensar nos costumeiros ataques entre políticos, em especial em épocas de campanhas ou de discussões acirradas, para ter uma clara medida disso. Palavras grosseiras não são sinônimo de pensamento bem construído, muito pelo contrário.

O tom dos textos, portanto, não deve ser agressivo. Em uma redação sobre política, o aluno O. P. escreveu: "Esses políticos *malditos* deveriam ser severamente punidos com leis mais duras e com a devida aplicação das mesmas". Não resta dúvida quanto ao merecimento dos castigos citados, mas o problema dessa argumentação está na palavra destacada "malditos", que carrega o texto de um tom condenatório descabido.

Além disso, esse tipo de orientação aproxima o texto do lugar-comum. É a conversa de bar, o comentário superficial e descompromissado que se apresenta, e isso é algo que não se deseja para uma dissertação argumentativa. A agressividade, ao contrário de ser uma força, é uma fraqueza.

Em uma redação sobre a exploração da mulher, a aluna L. S. escreveu: "A mutilação genital feminina, como *ato vil e desprezível* que é, deveria ser banida de todas as partes do mundo". A aluna não está errada em sua revolta, e não consideramos a mutilação genital feminina algo justificável culturalmente. O problema é que o "grito" da expressão "ato vil e desprezível" é um julgamento de valor desprovido de análise.

Muito mais sólido e contundente seria, por exemplo, que a redação contemplasse a atitude como "uma subjugação da mulher por uma clara manifestação do poder patriarcal sobre seu corpo e vontade", conforme orientamos a aluna a reescrever.

No mesmo sentido, a redação do aluno P. G. atacava a legalização do aborto com as seguintes palavras: "esta atitude *condenável* e *medonha*". A rigor, toda atitude é condenável, seja ou não essa condenação correta. O termo, conforme usado, parece esquecer o contexto que pode ser inerente a alguns casos, como estupro, incesto ou risco de vida à gestante, além da autonomia feminina.

A palavra "medonha", que remete a medo e pavor, é imprecisa e excessivamente emocionalizada. Muito melhor o texto ficaria se fosse escrito assim: "esta atitude que, sob o ponto de vista da valorização da vida, pode ser entendida como contestável".

Em um texto, a aluna K. P. queria estabelecer uma discussão a respeito da exploração infantil, tratando os exploradores como "os *monstros ignóbeis* que maltratam as crianças". Obviamente, pessoas envolvidas com esse tipo de comportamento não são modelos de ética, e os maus tratos citados infelizmente são reais e mais comuns do que gostaríamos, mas a "monstruolização" dos agressores não tem nenhum efeito que não o da atribuição de características quase ficcionais.

Se, então, um dos objetivos básicos de uma redação é persuadir, podemos resgatar as raízes etimológicas e os significados originais da palavra e lembrar que o convencimento deve ser realizado *per suad*, ou seja, "por meio da suavidade".

A questão da não generalização toca em um ponto menos grave da produção dos textos. Não se criarão enganos conceituais graves com a generalização que aqui orientaremos que não seja cometida, e sim menções equivocadas de uma maneira que se pode considerar leve, mas que devem – e, principalmente, podem – ser evitadas.

O que chamamos de não generalização é o procedimento de não atribuir qualidades ou comportamentos a todas as pessoas, a toda a humanidade, a todo mundo. É também não trabalhar com acontecimentos absolutos no tempo, como "coisas que acontecem desde sempre", além de não criar categorias universais com características idem, como na afirmação "todas as sociedades".

O problema desse tipo de construção textual é que ela resulta em afirmações supostamente válidas para o todo que contempla. E isso *nunca* é verdade. Em redações, encontramos com frequência afirmações como "Todas as pessoas tendem a privilegiar seus próprios interesses", como escrito por A. M. em um texto sobre corrupção.

Da mesma forma, frases como "toda a humanidade busca o acúmulo de bens materiais" e "todo mundo busca segurança financeira por meio de concursos públicos" *sempre* estarão equivocadas, e não é necessária uma pesquisa profunda e longa para evidenciar a inverdade desses postulados.

Por mais que boa parte das pessoas busque realmente o acúmulo de bens materiais e a estabilidade dos concursos públicos, isso não se aplica em 100% dos casos.

Corrigir esses textos é muito simples: basta relativizar. Se não se podem usar expressões como "todas as pessoas", "toda a humanidade", "todo mundo", "desde sempre" e "todas as sociedades", a correção é a relativização dessas afirmações equivocadas.

Como dissemos anteriormente, basta reescrever os textos: "boa parte das pessoas", "uma grande parcela", "um número bastante considerável", "a maioria" ou "a vasta maioria", "em alguns períodos da história", "em algumas sociedades".

E é preciso também, a todo custo, evitar os estereótipos. Noções como "português é burro", "alemão é frio", "japonês é metódico", "baiano é preguiçoso" e semelhantes são construções coletivas preconceituosas e reducionistas.

Essas definições carregam julgamentos de valor não válidos, construídos sobre falsas noções, como a falsa suposição de que "todo brasileiro gosta de *funk*", como certa apresentadora de televisão queria apregoar. Mesmo que a generalização não incorra em erros grosseiros severamente imputáveis e que, em geral, não seja marcada como um problema, ela gera significados indesejáveis que podem ser evitados.

Se expressões como "todo mundo" e "sempre" não são totalmente corretas, o mesmo vale para "ninguém" e "nunca". Frases como "ninguém realmente acha que uma vida com pouco dinheiro vale a pena" ou "na história humana, nunca houve um governo justo" incorrerão certamente em imprecisões.

Relativizações como "presumivelmente, poucas pessoas acham que uma vida com pouco dinheiro vale a pena" e "é provável que, na história humana, haja poucos casos de governos justos" garantem uma boa construção de raciocínio.

A necessidade de se construir a argumentação com um tom mais ameno e as benesses da relativização devem ser pontuadas constantemente, em nome de um acerto mais fino de texto que incorra em uma melhoria na consistência da defesa dos pontos de vista.

9.1 PROPOSTA DE EXERCÍCIOS

1. Peça aos alunos que reconstruam os textos a seguir, amenizando seu tom e deixando-os mais ponderados.

- "A política brasileira infelizmente vem sendo marcada pela maldição da corrupção."
- "Deve-se banir a horrenda prática da mutilação genital feminina, pois é um ato vil e desprezível."
- "O aborto é uma prática aviltante, condenável e medonha."
- "Pessoas que exploram crianças sexualmente ou as obrigam a trabalhar são monstros que devem ser enjaulados."

2. Peça que os alunos recomponham as frases abaixo, tornando-as mais relativizadas.
- "Todas as pessoas buscam o enriquecimento fácil."
- "Todo mundo procura acumular a maior quantidade de bens possível."
- "Todo político é corrupto."
- "Desde sempre houve, nas sociedades humanas, a exploração do mais fraco."
- "Todas as sociedades são injustas e pouco permitem o progresso social."
- "Todos os japoneses são metódicos, por isso o Japão é um país avançado."
- "Ninguém é capaz de discordar de uma afirmação como esta."
- "Na história humana, nunca houve períodos de paz."

CAPÍTULO 10
INTRODUÇÕES

Para boa parte dos alunos, redigir a introdução das redações é a tarefa mais difícil. Isso evoca a "síndrome da página em branco", que muitos artistas, em especial escritores, costumam relatar. No contexto da escritura de um livro e particularmente de livros de ficção, essa dificuldade em iniciar um texto está ligada à falta de ideias. Todavia, o que percebemos nas aulas foi que não era esse o problema.

Em exames e vestibulares, os alunos recebem uma coletânea. Em sala de aula, o professor fornece um material-base e/ou faz apontamentos e apresenta referências. E há ainda o repertório particular dos alunos, seu conhecimento de mundo e das diferentes disciplinas. Portanto, falta de ideias não é exatamente a maior dificuldade.

Alguns alunos dizem não saber o que colocar no papel, dentre tantos dados de que dispõem. Por isso, ensinar a levantar as informações mais relevantes e que propiciem um bom aproveitamento na escrita da redação também é uma das tarefas do professor. Nos Capítulos 3 e 13, "As três leituras da coletânea" e "Referências internas/ilustrações, citações, paráfrases, analogias e a construção do repertório", apresentamos abordagens capazes de ajudar nessa tarefa.

Para vencer a síndrome da página em branco, procuramos enfatizar maneiras diversificadas de se construir o texto introdutório. Uma forma clara e objetiva de realizar esse trabalho é fornecer introduções-modelo que possam ser seguidas em termos de conceito, referências e estrutura.

Sempre com o modelo geral exposto no quadro, é importante reforçar que se escreve para o leitor universal e que a introdução deve ser a apresentação do tema, com a devida contextualização e apresentação da tese (sempre nas duas últimas linhas do primeiro parágrafo).

Essas introduções são úteis aos alunos de diversas maneiras, fazendo-os notar, por exemplo, quanta diferença faz para a composição de um bom texto uma introdução que cumpra bem suas funções, tanto abrindo-o quanto o direcionando.

Uma boa introdução é capaz de prover a linha diretiva de construção dos textos, ou seja, sua orientação geral. Para provar isso, podem-se fazer exercícios para derivar os argumentos de todos os parágrafos e as propostas de intervenção diretamente das introduções dadas, relacionando-os dentro do modelo estrutural (veja o exercício 5, no fim deste capítulo).

Além disso, as introduções-modelo devem ser pensadas para fornecer aos alunos referências importantes e consolidadas, que ajudem a formar e a fortalecer seu repertório. Ainda, os alunos podem parafrasear os textos apresentados, reconstruindo os argumentos da introdução em seu próprio estilo, muitas vezes acrescentando considerações e referenciais importantes (veja o exercício 4, no fim deste capítulo).

A introdução deve apresentar o tema sem pressuposições de conhecimento prévio, pois é direcionada a um leitor que nada conhece a respeito dele. Ou seja, a introdução é escrita para o leitor universal, nosso Homer Simpson que nada leu, nada ouviu, nada percebeu e nada pensou a respeito do assunto, qualquer que seja ele.

A metáfora já citada de que a redação deve ser como a apresentação do tema para um suposto leitor alienígena que acabou de chegar à Terra também é muito eficiente (ver Capítulo 8, "O leitor universal"). Tudo para cristalizar no aluno que o leitor universal não pode terminar a leitura da introdução sem estar perfeitamente inteirado do assunto tratado, tampouco sem conhecer a opinião do autor a respeito do tema.

Para que possamos cumprir todas essas metas, criamos os modelos estruturais que serão a seguir apresentados e explanados. Esses modelos, como se notará, cumprem duas funções essenciais: contextualizar sem deixar dúvidas e apresentar a tese em suas duas últimas linhas. Nenhuma das introduções a seguir passa de sete linhas, e apenas uma das frases (marcada como exceção) tem mais de três linhas completas de extensão (devidamente "quebradas" por um ponto e vírgula), para que possam ser respeitadas as métricas apresentadas no Capítulo 1, "A estrutura do ENEM".

10.1 MODELOS DE INTRODUÇÃO

Os três primeiros modelos apresentados são baseados no tema "Internet – definições e significados culturais". As referências utilizadas para a construção desses modelos são obras de teoria da comunicação e o livro *Os inovadores – uma biografia da revolução digital*, de Walter Isaacson (leitura recomendadíssima, citada no Capítulo 22, "Referências para a construção de repertório").

10.1.1 DEFINIÇÕES

> A internet é a rede mundial de computadores. Definida erroneamente como sinônimo do universo virtual, na verdade é formada por uma miríade de conexões físicas e não físicas que interligam servidores e máquinas. Formada a partir de redes militares, acadêmicas e privadas, a internet fornece base sólida para a *world wide web* – essa sim a contraparte virtual – se desenvolver. A internet, portanto, é peça fundamental para o desenvolvimento do mundo moderno e também um modelo das relações humanas e sociais.

Essa introdução, ao trabalhar com as definições e as distinções precisas e claras entre "internet" e "*world wide web*", faz o texto escapar do lugar-comum de definir esses termos como sinônimos, diferenciando o autor e criando condições para uma nota também diferenciada. Além disso, a palavra "miríade", que em sentido figurado remete a grandes números, pode ser elucidada e, assim, acrescentada aos recursos de escrita dos alunos.

A tese, "A internet, portanto, é peça fundamental para o desenvolvimento do mundo moderno e também um modelo das relações humanas e sociais", vincula a internet com a sociedade como um todo e permite a exploração do tema das conexões pessoais e sociais – é nesse sentido que dissemos que uma boa introdução pode fornecer a orientação geral do texto.

O tema das relações sociais pode ser desenvolvido tendo como base a abordagem de Steven Johnson no livro *Cultura da interface – como o computador transforma nossa maneira de criar e comunicar*, em especial o Capítulo 4, "Links", no qual o autor desenvolve uma associação criativa e profunda com o romance *Grandes esperanças*, de Charles Dickens.

10.1.2 CONCEITOS

> Nos anos 1960, o pesquisador canadense Marshall McLuhan publicou o livro *Os meios de comunicação como extensão do homem*. Nele, o autor previu que o desenvolvimento de grandes redes de transmissão de informação geraria uma espécie de "aldeia global": um mundo interligado e com acesso equânime à educação e ao conhecimento. Infelizmente, tal perspectiva foi relegada à condição de utopia, mas deve ser retomada como meta para pensarmos o desenvolvimento da comunicação no mundo moderno.

Essa introdução, como a do modelo 1, faz com que o texto se destaque na questão da referência diferenciada. Para tratar de um tema típico de várias esferas de discussão de nossa sociedade, utilizamos um autor consagrado, um dos pilares clássicos dos estudos de comunicação.

A tese – "Infelizmente, tal perspectiva foi relegada à condição de utopia, mas deve ser retomada como meta para pensarmos o desenvolvimento da comunicação no mundo moderno" – traz apontamentos para a estruturação do texto, ao propor a retomada da meta do acesso universal ao conhecimento.

Baseado nos desenvolvimentos da internet e da *world wide web* no mundo de hoje, essa perspectiva permite, inclusive, que se construam propostas de intervenção calcadas na utilização educacional do universo digital, por exemplo. Ainda, o termo "equânime", em seu sentido de "igualdade", pode ser trabalhado e acrescentado ao repertório dos alunos.

10.1.3 LIÇÃO DAS PALAVRAS

> A palavra "internet" é formada pela junção de "inter", que significa "entre", e "net", que significa "rede". Essa formação é apropriada, pois define a rede física de suporte às ligações virtuais da *world wide web*. Os dicionários *Houaiss* e *Aurélio* recomendam a grafia com inicial minúscula e a adicionam ao léxico da língua portuguesa, o que é emblemático: a internet, originalmente militar e acadêmica, hoje se tornou tão parte do cotidiano quanto geladeiras e telefones.

Nesse modelo, a exposição da raiz formativa da palavra "internet" é autoexplicativa e direta. Além disso, cria espaço para a separação conceitual entre "internet" e web, como no modelo 1. A menção à grafia-padrão com minúsculas é culta e, por isso, acresce muito valor ao texto.

A tese, "a internet, originalmente militar e acadêmica, hoje se tornou tão parte do cotidiano quanto geladeiras e telefones", instala no texto a internet como um instrumento do dia a dia e abre espaço para comparações e citações de desenvolvimentos tecnológicos modernos, como óculos com informações em tempo real nas lentes e a internet das coisas.

Além disso, a tese permite que se posicionem os benefícios da utilização universal da internet e a necessidade de se eliminar o problema da falta de acesso, que atinge ainda parcela considerável da população mundial. Mais que isso, ela ainda aponta para propostas de intervenção que visem levar acesso a regiões que sofrem com a escassez de recursos, como alguns projetos propõem, com a utilização de *drones* e balões estratosféricos.

10.1.4 REFERÊNCIA ARTÍSTICA

> O Tio Patinhas é um personagem mundialmente conhecido das histórias em quadrinhos. Criado em 1947 por Carl Barks, tornou-se um dos emblemas da Disney. Conhecido pela avareza e amor incondicional pelo dinheiro, não perde oportunidades para aumentar sua fortuna ou para economizar qualquer centavo. Exageros à parte, Patinhas poderia ser tomado como modelo num mundo de gastadores compulsivos movidos a impulsos midiáticos.

Essa introdução difere das três primeiras por evocar uma referência que não é, no mais das vezes, considerada culta. A discussão sobre o que é e o que não é alta cultura, ou a validade do que muitos nomeiam – pejorativamente – como "*pop*" ou "baixa cultura" não é pertinente aqui. O que nos importa é demonstrar como *qualquer* referência pode ser trabalhada e como se deve apresentar uma referência artística.

A primeira frase simplesmente descreve o personagem em seu universo. A segunda cita o criador, o que configura uma diferenciação de conhecimento e, por isso, adiciona pontos ao placar do autor. Ademais, exacerba a importância do personagem, o que é uma estratégia inteligente, pois valoriza a referência citada.

A terceira frase descreve particularidades do personagem, preparando o terreno para a tese e seu conteúdo. Aqui, é importante apontar que o Tio Patinhas foi escolhido por conta de sua relevância para a discussão do tema "consumo compulsivo". Nesse sentido, sua avareza pode ser posicionada como símbolo de sabedoria e/ou planejamento financeiros, com a devida ressalva, "Exageros à parte".

Portanto, a tese, "Patinhas poderia ser tomado como modelo num mundo de gastadores compulsivos movidos a impulsos midiáticos", dá o gancho para a discussão acerca dos exageros do consumismo e para sua crítica.

10.1.5 PONTOS CRUCIAIS

> A ciência é responsável por "quatro grandes decepções" da humanidade. Em 1514, Copérnico deslocou a Terra do centro do universo. Em 1859, com a teoria da evolução das espécies, Darwin rompeu com a origem divina. No século XX, Freud construiu a noção de inconsciente e afirmou que não controlamos nossos pensamentos; e a neurociência descobriu que a maioria da atividade cerebral foge de nosso controle. Todavia, esses tópicos podem ser usados para aumentar uma qualidade que muito nos falta: a autoconsciência.

Essa introdução foi pensada premeditadamente para ser difícil. Obviamente, não exigiríamos esse nível de repertório dos alunos, mas o que queríamos era expor esses tópicos. Optamos, inclusive, por estender uma frase para cinco linhas (a quarta), o que não recomendamos geralmente, mas com a inclusão de uma quebra grande instalada por um ponto e vírgula, recurso que trabalhamos em sala como uma possibilidade, desde que não utilizada o tempo todo.

A intenção desse texto é colocar em discussão as descobertas de Copérnico, de Darwin, de Freud e da neurociência, além de construir uma relação de raciocínio entre esses assuntos. Isso certamente elevou o repertório dos alunos e promoveu suas habilidades de construção de pensamento e estruturação de texto.

O que é importante perceber é que uma introdução como essa, com o apontamento preciso de datas (1514, 1859 e o século XX) e de acontecimentos relacionados a elas, gera precisão e grande valor para o texto, iniciando a redação em um patamar bastante elevado.

Esse nível de construção e precisão é muito diferente de começos comuns e consagrados, como os que tentam dar conta do desenvolvimento histórico de todo um país ou de todo um saber ou tecnologia, como no caso de introduções que tentam contar toda a história do Brasil – ou pior, da humanidade – ou traçar toda a história do desenvolvimento da escrita ou do automóvel.

Chamamos essa introdução de "pontos cruciais" porque ela funciona com quatro referências claras e objetivas, localizadas em um mesmo nicho de conhecimento (a ciência) e, por isso, integráveis. Os pontos cruciais escolhidos têm significado tanto individual quanto em conjunto.

A tese, "Todavia, esses tópicos podem ser usados para aumentar uma qualidade que muito nos falta: a autoconsciência", por conta do uso de um conector de contrariedade, "todavia", deixa claro que a perspectiva de "quatro grandes decepções" será contrariada.

Esse posicionamento de embate pode, inclusive, gerar todo o restante do texto, uma vez que as referências podem ser trabalhadas nos parágrafos (por isso, usamos essa introdução como exemplo no Exercício 5 deste capítulo). Em sala, traçamos nosso modelo estrutural no quadro e posicionamos Copérnico e Darwin no segundo parágrafo, Freud no terceiro e a neurociência no quarto.

10.1.6 DITADOS POPULARES

> É melhor dar o peixe ou ensinar a pescar? Na atual conjuntura brasileira, este ditado popular pode ajudar em uma discussão importante, relacionada ao programa Fome Zero. Excelente criadora de números e estatísticas positivas, a iniciativa é utilizada como ferramenta política, mas na verdade gera falsas ilusões de prosperidade. Depender de auxílio financeiro não é sinônimo de melhoria de vida e é um vício perigoso que pode trazer consequências graves.

Se o modelo 4, com o Tio Patinhas, não é dos mais "oficiais", este é menos ainda. E com razão: ditados populares são, em geral, o máximo do lugar-comum e, por isso, não devem ser usados como argumento. Um ditado popular não tem força argumentativa e, por ser generalização baseada em observações não científicas, não tem valor algum para a defesa de um ponto de vista.

Usar concepções como "mente vazia, oficina do diabo" numa redação sobre a importância do trabalho, ou "água mole em pedra dura, tanto bate até que fura" em uma redação sobre a persistência ou a falta dela, como se essas concepções fossem argumentos ou provas, simplesmente não vai funcionar.

Todavia, às vezes um ditado popular é tão adequado para discutir um determinado assunto ou situação que, *se bem contextualizado*, pode render bons apontamentos. O "adequado" da frase anterior significa "profundamente conectado e relevante para o que está sendo discutido".

Em nosso modelo, a consideração popularesca entre qual dos dois procedimentos é o mais válido, "dar o peixe" ou "ensinar a pescar", é uma metaforização da discussão sobre o programa Fome Zero. "Dar o peixe" seria o equivalente a "conceder o benefício". "Ensinar a pescar" seria o mesmo que "ensinar a procurar emprego e ter autossuficiência financeira".

O desenrolar do parágrafo deixa bastante claro que a posição defendida será a de que "ensinar a pescar" é melhor. A segunda frase relaciona o ditado popular com o contexto político brasileiro e com o programa de assistência social que está sendo discutido. A terceira claramente constrói a opinião do autor, a de que o programa é assistencialista e um gerador de números "maquiados" com finalidades políticas e eleitoreiras.

A tese, "Depender de auxílio financeiro não é sinônimo de melhoria de vida e é um vício perigoso que pode trazer consequências graves", explicita em definitivo o ponto de vista e abre espaço para o combate às falsas estatísticas de prosperidade e para a argumentação sólida de que prosperidade e estabilidade se constroem não com parcos auxílios financeiros a título de esmola e de sobrevivência, mas com estímulo à autossuficiência, à iniciativa e mesmo ao empreendedorismo.

10.1.7 APRESENTAÇÃO DE PERSONALIDADE RELEVANTE

> Marta Suplicy tem uma trajetória política de mais de 35 anos. Ex-ministra, ex-prefeita de São Paulo e senadora, anunciou recentemente sua saída do Partido dos Trabalhadores (PT), que ajudou a fundar. Segundo ela, a legenda "se distanciou de seus princípios éticos, de suas bases e de seus ideais". É difícil discordar, uma vez que fatos que vêm sendo investigados parecem estabelecer que o PT, assim que assumiu o poder, apenas repetiu o que mais condenava.

Essa introdução, sabemos, pode ser polêmica para muitos professores e alunos. Por isso, é preciso cuidado em sua utilização, que deve ser pontuada com a ressalva de que se a está utilizando como um bom instrumento e não apenas para o ataque a um partido ou a seus filiados. Introduções semelhantes poderiam ser feitas sobre outros políticos, como Michel Temer, José Serra e Fernando Henrique Cardoso.

O texto se baseia numa entrevista concedida por Marta Suplicy à revista *Veja*, em 24 de abril de 2015.[1] O texto da introdução se vale de palavras da política e de informações constantes da entrevista.

Como estratégia de construção de texto, a primeira frase valoriza a entrevistada, pontuando uma longa trajetória de trabalho, o que caracteriza muita experiência. Essa valorização é transferida para a argumentação. A segunda frase detalha a experiência política da entrevistada e introduz um elemento surpresa, de contrariedade e embate: a saída do PT (muito marcada por ser a saída de um partido que Marta ajudou a fundar). Isso instala uma sensação de conflito e gera questionamentos.

A terceira frase utiliza uma citação de Marta, enfatizando o rompimento com o partido e explicitando seus motivos, de acordo com a visão da entrevistada. A expressão "É difícil discordar" relativiza a argumentação, não criando um direcionamento de julgamento sumário sem a devida investigação baseada em processos jurídicos validados (essa relativização é tema de discussão no Capítulo 9, "Duas regras gerais da composição de textos").

A tese, "uma vez que fatos que vêm sendo investigados parecem estabelecer que o PT, assim que assumiu o poder, apenas repetiu o que mais condenava", também é montada com a relativização não condenatória, por meio da expressão "parecem estabelecer". A repetição do "que mais condenava" é o núcleo da opinião do autor, que assume claramente uma posição contrária ao PT.

10.1.8 COMPARAÇÃO ENTRE PERSPECTIVAS E FATOS

Não apenas no futebol a Alemanha ultrapassa com folga o Brasil. Na contabilidade dos prêmios Nobel, o amargo 7 × 1 da última Copa do Mundo soa como um alento: são 103 para os alemães e nenhum para os brasileiros (os Estados Unidos têm 338). O incentivo à pesquisa e à ciência no país tem melhorado, mas ainda falta uma prática integradora fundamental: o trabalho conjunto das instituições públicas, das universidades e da iniciativa privada.

---

1. LEITE, Pedro Dias. Marta Suplicy: "O PT traiu os brasileiros". *Veja*. 24 abr. 2015. Disponível em: <http://veja.abril.com.br/brasil/marta-suplicy-o-pt-traiu-os-brasileiros/>. Acesso em: 31 ago. 2018.

Essa introdução resgata uma memória dolorida para a grande maioria dos brasileiros, a derrota por 7 × 1 para a Alemanha na Copa do Mundo de 2014, que muitos consideram humilhante e mesmo a maior vergonha da história do futebol mundial. É uma estratégia de lidar com emoções, o que cria automaticamente um gancho temático forte.

Aproveitando a emotividade do tema, a segunda frase insere dados mais práticos ligados ao desenvolvimento do país, em especial nas áreas da pesquisa e da ciência. A comparação de números, 103 a zero, é forte, e ainda mais reforçada pelo 338 a zero, se a comparação for feita com os Estados Unidos.

A terceira frase resgata o incentivo à pesquisa, que tem melhorado, mas ainda é deficiente. A tese, "mas ainda falta uma prática integradora fundamental: o trabalho conjunto das instituições públicas e da iniciativa privada", coloca claramente a posição do autor e dá margem para o desenvolvimento dos parágrafos seguintes com base na integração de governo, instituições de ensino e corporações, que notadamente é prática comum e traz bons resultados em países desenvolvidos, como a Alemanha e os Estados Unidos.

Ainda, é possível trabalhar a palavra "alento" com os alunos, para aumento de seu repertório lexical, nos sentidos de fôlego, respiração e alívio.

10.1.9 DADOS ESTATÍSTICOS

> Segundo o Ministério da Saúde, os acidentes fatais envolvendo motocicletas cresceram 9,1% em 2012, com um total de 12.480 motociclistas mortos. Tal crescimento acompanha o aumento da porcentagem de veículos de duas rodas nas vias e estradas do país na última década: 300%, segundo o Departamento Nacional de Trânsito. Com mais de 16 milhões de motocicletas circulando, é imprescindível que mais políticas públicas abarquem a questão.

Essa introdução tem a função de ensinar a lidar com a coleta e a apresentação de dados, uma grande dificuldade dos alunos. A primeira questão a ser enfatizada é a não pressuposição de conhecimento, pois muitas vezes os textos produzidos contêm trechos como "de acordo com o gráfico dado" ou "como demonstra a tabela". Dados estatísticos devem ser apresentados com a indicação clara das fontes e como se o leitor universal não conhecesse de antemão essas informações.

A validade dos dados é importante, por isso a citação das fontes é primordial. Em coletâneas, as fontes são sempre indicadas. Se os alunos trazem dados extracoletânea para os textos, as fontes também devem ser definidas e, preferencialmente, reconhecidas como relevantes.

Nessa introdução, as fontes, fortes e consolidadas, são o "Ministério da Saúde" e o "Departamento Nacional de Trânsito". Citações como "uma pesquisa" e "dados apontam" não têm nenhuma validade por não provir de pesquisas referendadas.

A estratégia que utilizamos foi apresentar números impactantes. Oriundos de fontes sólidas, esses dados apelam tanto ao racional quanto ao emotivo do leitor universal: 9,1%, 12.480, 300% e 16 milhões são, mesmo isoladamente e em qualquer contexto, números grandes e de peso. Isso confere poder de persuasão ao parágrafo.

A tese, "é imprescindível que mais políticas públicas abarquem a questão", é simples e eficiente. Desse modo, vê-se que uma tese pode ser apenas o apontamento da necessidade de medidas sérias para se lidar com o problema abordado, se o restante do parágrafo foi bem construído. Além disso, ela permite, juntamente com os dados estatísticos apresentados, que os problemas do grande aumento do número de veículos de duas rodas e, principalmente, do grande número de acidentes sejam discutidos e combatidos ao longo do texto.

10.1.10 ELUCIDAÇÃO DE ENGANO COMUM

> Quando se fala em "Frankenstein", a imagem de um monstro disforme e ameaçador é em geral evocada. Todavia, poucos sabem que o título da obra de Mary Shelley, Frankenstein ou o Moderno Prometeu, não se refere ao monstro, mas a seu criador. Tal engano é típico de objetos culturais que se tornam populares. No seio da sociedade da informação, este tipo de engano parece evidenciar uma "cultura do saber superficial" que deve ser combatida.

Essa introdução, como a do modelo 5, tem também a intenção de formação de repertório e de raciocínio. Ela resgata "o caso Frankenstein", que é a nomeação da criatura considerada monstruosa no livro de Mary Shelley com o sobrenome de seu criador. Como evidenciado no texto, no romance da autora inglesa é o estudante de medicina que se chama Victor Frankenstein, e não a criatura por ele gerada, que não possui nome.

O filme de 1931 de James Whale, *Frankenstein*, uma adaptação do romance, tinha em seus cartazes o título e uma imagem do monstro, protagonizado por Boris Karloff. Esse cartaz e o amplo sucesso do filme são, provavelmente, uma das causas da confusão citada nessa introdução.

Ao longo de diversos cursos de níveis variados e em instituições de naturezas distintas, percebemos que esta é uma confusão comum. Portanto, quando propomos que o aluno discorra em seu texto sobre ela e a esclareça, estamos fazendo com que ganhe credibilidade, de modo semelhante às introduções dos modelos 1, 2 e 3.

A primeira frase chama a atenção para a imagem típica que se tem da criatura protagonista do romance de Mary Shelley e dos filmes que o adaptaram, preparando o terreno para a constituição de um engano a esclarecer, com a expressão "é em geral evocada". A frase 2 esclarece o engano e, com a expressão "poucos sabem", instala o autor em uma esfera de conhecimento diferenciado que o destaca da massa.

A frase 3 coloca em questão a popularização da arte, sem efetivamente condenar o popular, mas definindo uma esfera de problematização. A tese, "No seio da sociedade da informação, este tipo de engano parece evidenciar uma 'cultura do saber superficial' que deve ser combatida", ataca um problema corrente na sociedade em rede, em que o fácil e, principalmente, o não orientado acesso a ferramentas como o Google e a Wikipédia criaram uma cultura da informação superficial e não verificada que causa enganos grandes e muitas vezes constrangedores.

Além disso, é possível evidenciar que a expressão "cultura do saber superficial" está entre aspas porque não é culturalmente estabelecida ou conhecida no meio científico, mas uma criação do autor do texto.

Esses dez modelos de introdução são nossos esteios para ensinar aos alunos como começar bem um texto. A intenção não é fazer com que decorem os textos e os reproduzam em uma redação, se por acaso o tema pedido o permitir. O importante nesse trabalho é ensinar o aluno a pensar as introduções de maneira estrutural e correta, dentro dos parâmetros pedidos no ENEM.

É importante deixar claro para os alunos a *necessidade incontornável* de contextualizar o tema de modo a não deixar dúvidas para o leitor universal, além de deixar claro seu posicionamento e o ponto de vista a ser defendido, em especial com o apoio da tese (sempre, sempre, sempre nas duas últimas linhas do primeiro parágrafo). Para o bom desenvolvimento de nosso método, evidenciamos todos esses pontos cotidianamente.

Além disso, as introduções dos modelos foram formatadas especialmente para fazer crescer e consolidar o repertório dos alunos. Todas essas introduções-modelo podem ser expandidas em discussão em sala de aula, por meio da exploração de sua rede semântica, preferencialmente fazendo a ligação com objetos culturais mais modernos.

Explorar relações de cultura à medida que vão surgindo, com base nessas introduções, é muito produtivo. A introdução do modelo 10, por exemplo, pôde ser explorada na relação com o filme *Victor Frankenstein*, de Paul McGuigan, que conta com a participação do ator Daniel Radcliffe, famoso com os jovens por ser o protagonista da série de filmes *Harry Potter*.

10.2 PROPOSTA DE EXERCÍCIOS

Há cinco abordagens distintas que podem ser trabalhadas com base em nossas introduções-modelo:

1. Desenvolver outra introdução de mesmo modelo, com tema associado ou não.

a) As introduções dos modelos de 1 a 3 podem ser trabalhadas de maneira mais livre, pedindo aos alunos que resgatem em seu repertório outras definições, outros conceitos e outras lições das palavras (esses pedidos foram um teste premeditado de repertório, para poder formatar as aulas em função disso).

b) A introdução do modelo 4 pode ser trabalhada sobre quaisquer artistas, mesmo os da cultura de massa. O que importa é a clareza da exposição e uma congruente confecção de tese. Os alunos podem trabalhar com nomes como Katy Perry, Anitta, Brad Pitt e Ivete Sangalo, por exemplo.

c) A introdução do modelo 5 pode ser trabalhada tecendo pontos fundamentais da história do Brasil, como o descobrimento, a colonização, a transformação em república e as Diretas Já.

d) A introdução do modelo 6 pode ser trabalhada com base em outros ditados populares ou provérbios, como o provérbio árabe: "Se a voz forte servisse para algo, o asno possuiria palácios".

e) A introdução do modelo 7 pode ser trabalhada com outras figuras políticas, como Fernando Henrique Cardoso ou José Serra (para mudança do paradigma político), ou ainda figuras da mídia, como Jô Soares e escritores e artistas famosos, como Neil Gaiman ou John Green.

f) A introdução do modelo 8 pode ser trabalhada com outras comparações, como índice de desenvolvimento humano e taxa de alfabetização.

g) A introdução do modelo 9 pode ser trabalhada com toda e qualquer tabela ou gráfico que se queira, sobre qualquer assunto. Basta apresentar os dados aos alunos e pedir que coloquem as informações mais relevantes em forma de texto, valorizando números impactantes.

h) A introdução do modelo 10 pode resgatar outros enganos comuns, como o fato de as pessoas acharem que a Jamaica fica na África, por causa do *reggae* e da grande influência da cultura africana naquele país.

2. Desenvolver um segundo parágrafo a partir de qualquer introdução dada, com especial atenção para o gancho – a passagem do primeiro parágrafo para o segundo (como prévia do trabalho com o desenvolvimento).

3. Desenvolver uma redação a partir de qualquer introdução dada, focando na defesa bem fundamentada da tese e na confecção de propostas de intervenção efetivas.

4. Desenvolver uma paráfrase, ou seja, reescrever qualquer uma das introduções com base nas próprias palavras do aluno, adicionando e/ou suprimindo referenciais, se for o caso.

5. Desenvolver a estrutura, com base em nosso modelo geral, diretamente dos argumentos de cada um dos modelos de introdução dados neste capítulo. Trata-se da colocação de argumentos presentes nas introduções-modelo nos segundo, terceiro e quarto parágrafos, tendo, portanto, as introduções dadas como primeiro parágrafo dos textos. Os argumentos básicos de cada uma das introduções devem ser aproveitados como linhas de argumentação nos parágrafos de desenvolvimento, de acordo com o modelo a seguir:

Introdução citada no item 10.1.5 – pontos cruciais

> A ciência é responsável por "quatro grandes decepções" da humanidade. Em 1514, Copérnico deslocou a Terra do centro do universo. Em 1859, com a teoria da evolução das espécies, Darwin rompeu com a origem divina. No século XX, Freud construiu a noção de inconsciente e afirmou que não controlamos nossos pensamentos; e a neurociência descobriu que a maioria da atividade cerebral foge de nosso controle. Todavia, esses tópicos podem ser usados para aumentar uma qualidade que muito nos falta: a autoconsciência.

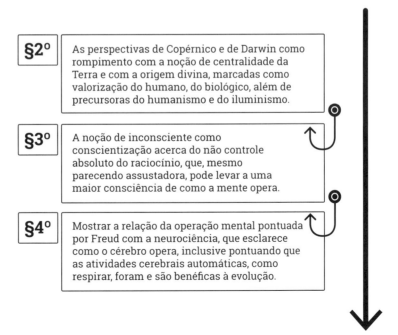

§2º As perspectivas de Copérnico e de Darwin como rompimento com a noção de centralidade da Terra e com a origem divina, marcadas como valorização do humano, do biológico, além de precursoras do humanismo e do iluminismo.

§3º A noção de inconsciente como conscientização acerca do não controle absoluto do raciocínio, que, mesmo parecendo assustadora, pode levar a uma maior consciência de como a mente opera.

§4º Mostrar a relação da operação mental pontuada por Freud com a neurociência, que esclarece como o cérebro opera, inclusive pontuando que as atividades cerebrais automáticas, como respirar, foram e são benéficas à evolução.

Figura 10.1 Modelo de desenvolvimento dos parágrafos de desenvolvimento.

INTRODUÇÕES

CAPÍTULO 11
TESES

Não há, no edital do ENEM, nenhuma menção a uma forma específica de produção de uma tese, mas a Competência III define que é necessário defender "um ponto de vista". Por isso, é preciso fazê-lo, e o recurso mais prático e eficiente para iniciar essa defesa é justamente a tese.

Como evidenciamos nos Capítulos 6 e 10, "Modelo geral" e "Introduções", respectivamente, a tese é um ponto fundamental nas redações. É ela que define o ponto de vista do aluno, sua visão em relação ao problema abordado na coletânea.

É a partir da tese – depois de sua apresentação – que se pode começar a argumentação, cujo objetivo é convencer o leitor universal. Portanto, sempre nos pareceu de extrema importância a localização da tese. No desenvolvimento de nosso modelo, elencamos a frase final do primeiro parágrafo como seu lugar ideal.

A justificativa para isso é calcada em dois fatos: 1) o primeiro parágrafo, de introdução, deve apresentar o assunto tratado com clareza, contextualizando-o; e 2) uma tese definida e inserida na frase final do parágrafo introdutório cria, naturalmente, a chamada para os argumentos de sua defesa, a serem apresentados nos segundo, terceiro e quarto parágrafos.

Escrever uma introdução que corretamente apresente o tema e o contextualize sem deixar dúvidas já é difícil e um grande mérito, e muitas vezes isso é considerado suficiente. Todavia, esse não é o melhor uso da introdução. Insistimos na colocação da tese no final do primeiro parágrafo porque isso cria um movimento benéfico de especialização: parte-se da apresentação de um tema para a definição de um ponto de vista a respeito dele.

A tese conclui o primeiro parágrafo e fecha seu ciclo. Isso feito, a primeira e a segunda grandes tarefas da redação já estão cumpridas, e mais: o gancho para a defesa do ponto de vista já está colocado. No Capítulo 12, "Desenvolvimentos", apresentamos como fazer argumentações eficientes no modelo de dissertação argumentativa que adotamos, com o uso de conexões de texto e/ou termos conectores para a ligação das partes, mas a primeira grande conexão é dada pela tese.

A tese é o primeiro e o maior gancho. Por isso, em nosso modelo estrutural, a conexão da tese com o segundo parágrafo é marcada por um gancho maior e mais expressivo que aqueles que ligam o segundo com o terceiro e o terceiro com o quarto parágrafos.

Figura 11.1 Introdução com tese no final e gancho para o segundo parágrafo.

Na Figura 11.1, o gancho até parece exagerado, mas esta é mesmo sua função: evidenciar graficamente a importância da tese para a construção do texto. Isso porque, como sempre enfatizamos em sala e como mostramos no Capítulo 10, "Introduções", a tese serve para "disparar o OK" para a apresentação dos argumentos em sua defesa.

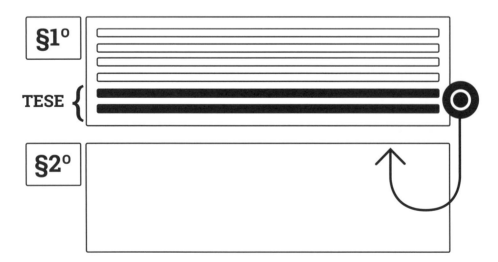

Figura 11.2 Ligação da tese com o segundo parágrafo.

Não há sentido em começar a argumentar sem a apresentação da tese. Basta imaginar uma conversa entre amigos em que um quer convencer o outro de alguma coisa, qualquer que seja ela. Antes da apresentação de um ponto de vista definido, não se pode defendê-lo.

Em nossa experiência, vimos muitas redações sem tese ou com uma tese tímida, pouco assertiva. Outras vezes, a tese era colocada no segundo ou até no terceiro parágrafos. A não existência de tese é irrecuperável, ou seja, é um defeito do texto que não tem contorno e que custa muito, inclusive em pontos. Uma tese pouco assertiva pode ser recuperada com palavras ou termos de afirmação, como "deve-se", "é preciso", "é necessário", "é de vital importância" e correlatos.

Uma tese colocada no segundo ou no terceiro parágrafos só não é tão ruim quanto sua inexistência. Ela está lá, mas em lugar errado, ineficiente. Se a argumentação só pode ser corretamente feita a partir da tese, sua inserção em momento posterior ao do fim do parágrafo introdutório cria um atraso.

Basta imaginar a redação como uma corrida de 100 metros: a tese é a largada, e os competidores que a colocam no lugar certo saem correndo o máximo que podem logo depois do tiro. Não colocar a tese é não largar. Construir uma tese fraca e pouco assertiva é sair andando ou em trote lento. Uma tese no segundo parágrafo seria como o competidor só começar a correr a partir do 20º ou 30º metro. Uma tese no terceiro parágrafo seria o equivalente a iniciar a corrida a partir do 40º ou 50º metro, e assim por diante. Nem é preciso que haja um Usain Bolt na pista para que o resultado seja previsível.

Portanto, quando desenhamos ou exibimos nosso modelo estrutural, invariavelmente devemos marcar o lugar da tese e insistir para que ela seja colocada na última frase do primeiro parágrafo. Esse procedimento fica muito marcado na mente dos alunos, cristalizando-se em pouco tempo.

Passemos então às exemplificações, recuperando alguns textos do Capítulo 10, "Introduções", e apresentando textos de alunos. A introdução do modelo 1 é a seguinte:

> A internet é a rede mundial de computadores. Definida erroneamente como sinônimo do universo virtual, na verdade é formada por uma miríade de conexões físicas e não físicas que interligam servidores e máquinas. Formada a partir de redes militares, acadêmicas e privadas, a internet fornece base sólida para a *world wide web* – essa sim a contraparte virtual – se desenvolver. A internet, portanto, é peça fundamental para o desenvolvimento do mundo moderno e também um modelo das relações humanas e sociais.

A última frase, "A internet, portanto, é peça fundamental para o desenvolvimento do mundo moderno e também um modelo das relações humanas e sociais", constitui a tese. A partir desse texto, é possível notar que a tese não precisa ser uma opinião inédita ou contundente, apenas uma opinião clara e bem apresentada.

Como falamos de ausência da tese, vejamos o efeito de sua substituição por uma frase genérica, que não constitua uma opinião:

> A internet é a rede mundial de computadores. Definida erroneamente como sinônimo do universo virtual, na verdade é formada por uma miríade de conexões físicas e não físicas que interligam servidores e máquinas. Formada a partir de redes militares, acadêmicas e privadas, a internet fornece base sólida para a *world wide web* – essa sim a contraparte virtual – se desenvolver. A história de sua criação pode ser conferida no livro *Os inovadores – uma biografia da revolução digital*, de Walter Isaacson.

Como é fácil perceber, a frase "A história de sua criação pode ser conferida no livro *Os inovadores – uma biografia da revolução digital*, de Walter Isaacson" é genérica e apenas apresenta uma nova informação, sem constituir o ponto de vista do autor. Portanto, a representação gráfica dessa introdução e do segundo parágrafo seria a que segue:

Figura 11.3 Introdução sem tese e seus efeitos.

Como é fácil notar, as diferenças são muitas. A falta da tese faz com que o primeiro parágrafo, se bem escrito, cumpra apenas uma de suas funções, a de apresentação e contextualização do tema. O gancho forte que pode definir todo o texto e que dá a largada para a argumentação, nosso maior trunfo, está ausente, o que constitui uma perda grande.

Uma tese fraca e pouco assertiva também não presta um bom serviço. Retomemos o modelo 1 de introdução, com uma tese desse tipo:

> A internet é a rede mundial de computadores. Definida erroneamente como sinônimo do universo virtual, na verdade é formada por uma miríade de conexões físicas e não físicas que interligam servidores e máquinas. Formada a partir de redes militares, acadêmicas e privadas, a internet fornece base sólida para a *world wide web* – essa sim a contraparte virtual – se desenvolver. A internet, portanto, pode ser usada para o bem, se explorada da maneira correta.

É fácil notar que a tese "A internet, portanto, pode ser usada para o bem, se explorada da maneira correta" é ineficiente. "Usada para o bem" é um raciocínio muito genérico, que não especifica nada. Do mesmo modo, "se explorada da maneira correta" é uma construção ruim, pois não define qual é essa maneira correta. Uma tese desse tipo geraria uma representação gráfica como a da Figura 11.4:

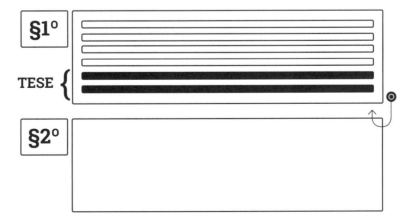

Figura 11.4 Introdução com tese mal desenvolvida.

Pensando na redação como uma corrida a partir da tese, é fácil pensar como sua colocação em outros parágrafos que não o primeiro atrapalha o desenvolvimento do texto:

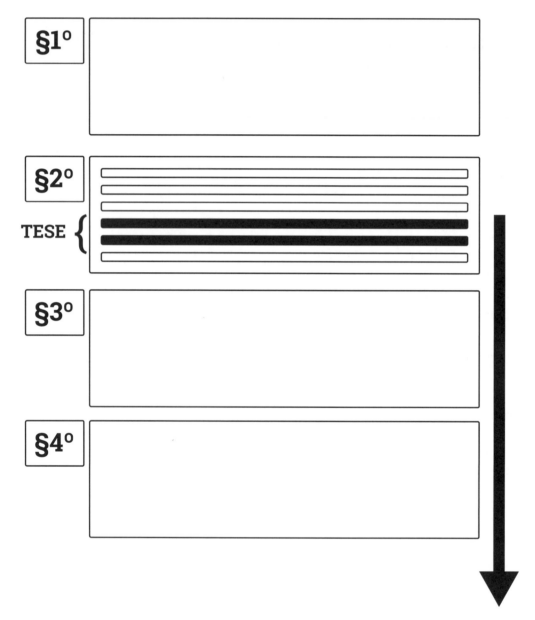

Figura 11.5 Colocação da tese no segundo parágrafo.

A colocação da tese no terceiro parágrafo seria ainda mais problemática:

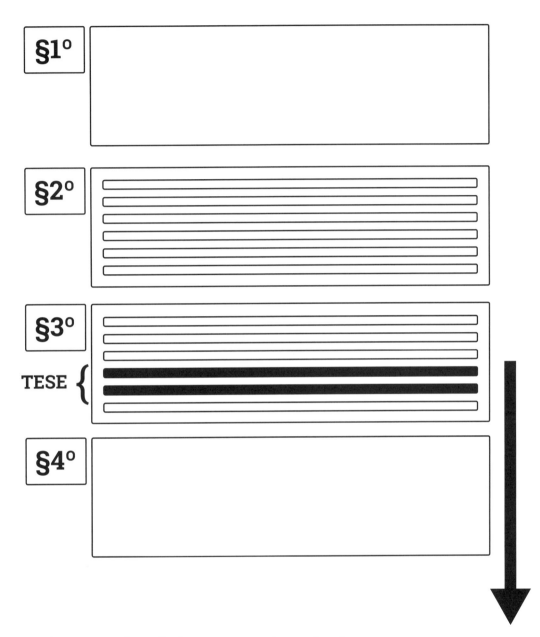

Figura 11.6 Colocação da tese no terceiro parágrafo.

As consequências da colocação da tese no quarto parágrafo nem precisam ser demonstradas graficamente, mas é fácil imaginar que o resultado seria ainda pior. Se a tese dá a partida para a argumentação, a demora em apresentá-la gera o péssimo efeito de encurtar o espaço da defesa do ponto de vista, que, como se viu, é de vital importância nas redações.

Agora que já estabelecemos os parâmetros de análise, vamos estudar redações feitas pelos alunos, pontuando pontos fortes e fracos.

O tema do trote universitário foi proposto e contextualizado, com referências históricas que resgatam suas raízes na Idade Média e em preocupações de caráter sanitarista. A aluna J. M. produziu a seguinte introdução:

> Desde a Idade Média, com o surgimento das primeiras universidades, o trote se tornou uma espécie de ritual para ajudar os calouros e os veteranos a se enturmarem. Porém, essas brincadeiras vêm se tornando grandes problemas para novos universitários, já que cada vez seu grau de violência aumenta.

O que se percebe são duas coisas: que a aluna não usa as referências históricas fornecidas devidamente, porque a raiz do trote não são movimentos de integração entre calouros e veteranos, mas a preocupação com infecções que os calouros poderiam portar, e que *não há tese*.

O apontamento enganado da raiz dos trotes pode não ser notado pelo corretor e não atrapalhar a construção do tema para o leitor universal, mas a falta de tese é, como dissemos, incontornável e muito cara, em termos de custos para a estrutura do texto e para a elaboração da defesa e das significações.

Uma vez que a aluna trata de um caso de morte associado aos trotes no segundo parágrafo, de supostas justificativas para trotes violentos no terceiro e da existência de trotes solidários no quarto, propondo a adoção destes e a criação de leis severas no quinto, sua redação fica sem a exposição declarada e inequívoca de sua opinião, que pode ser apenas subentendida.

Inclusive, há espaço para a tese na introdução feita pela aluna, logo após a segunda frase. A colocação da tese nesse local tornaria clara a linha de argumentação da aluna e permitiria a ela a construção de um texto mais focado e com maior credibilidade. Como não há tese, a ideia geral que se depreende da redação é de generalidade, e esse é o elevado custo de sua ausência.

Em uma das aulas, apresentamos a ideia do panóptico, um modelo prisional criado no século XVIII pelo filósofo utilitarista inglês Jeremy Bentham. Além disso, desenvolvemos sua rede semântica, que passa pelo livro *1984* (a inspiração para um dos exemplos do Capítulo 19, "Referências-base"), de George Orwell, e pelo programa de TV *Big Brother Brasil*.

Uma das analogias feitas foi a do poder de vigilância com a suposta onisciência divina. Inspirado nessa analogia e adotando um modelo de texto dado em sala como referência, o aluno P. A. produziu a seguinte introdução sobre o tema "Excesso de exposição nas redes sociais":

> Deus é onisciente, tudo vê e vigia. Essa percepção pode ter inspirado Jeremy Bentham, filósofo e jurista inglês, que, no século XVIII, projetou o panóptico, um modelo prisional no qual os prisioneiros convivem com a possibilidade de serem constantemente vigiados. As redes sociais podem ser tratadas sob estes termos, pois tanto a "onisciência" quanto a ampla visibilidade oferecidas por elas como benesses vêm se tornando problemas sérios de convívio social.

Obviamente, há de se elogiar a construção da analogia, que culmina em uma diferenciação do autor por demonstração de cultura e pensamento estruturado. Além disso, para os objetivos deste capítulo, é importante perceber que a tese, que pode ser identificada como "tanto a 'onisciência' quanto a ampla visibilidade oferecida por elas como benesses vêm se tornando problemas sérios de convívio social", oferece um panorama preciso e, ao mesmo tempo, muito aproveitável em termos de desenvolvimento de texto.

"Onisciência" remete obviamente à captação e à exposição desmesurada de dados pessoais, e "ampla visibilidade" resgata os sentidos de abrangência de visão, que, no contexto da *web*, é sinônimo de possibilidade de vigilância e superexposição. Casos como os de celebridades que têm sua intimidade desvelada são emblemáticos dos problemas apontados.

O que é bom nessa tese é, portanto, sua especificidade técnica e analogista, marcada pela utilização dos termos "onisciência" e "ampla visibilidade". Além disso, a ironia construída no trecho "oferecidas por elas como benesses vêm se tornando problemas sérios de convívio social" faz a posição do autor surgir e se firmar, pontuando que haverá a construção de uma crítica que sabe pensar fora do eixo comum de raciocínio. Ainda, a tese permite uma longa série de associações de rede semântica e, por isso, o desenvolvimento a ela relacionado do texto todo, o que gera coesão e coerência.

Em um texto sobre os limites do humor, a aluna N. S. produziu a seguinte introdução:

> As discussões estabelecidas sobre os limites do humor e da censura vêm se tornando comuns em programas de TV, com a intenção de debater sobre possíveis ofensas e sobre a ridicularização de pessoas e personagens. Esse assunto é delicado e profundo e por isso demanda atenção urgente.

Expomos esse exemplo porque, nele, a aluna usa um recurso que ensinamos em sala de aula para textos em que não se tenha uma ideia mais específica de construção de tese: o simples apontamento de que o problema demanda atenção.

A aluna ainda comentou, inteligentemente, que o assunto é "delicado e profundo", o que é muito bom porque evoca a natureza do problema: não se faz piada sem depreciação, e esta pode ser altamente ofensiva. Portanto, a solução sempre parece ser alguma forma de censura, o que é apontado na primeira linha e nem de longe é desejável, ainda mais em um país que já viveu sob o jugo de ditaduras.

Uma tese tão simples, ainda que possa ser aplicada a outros temas, permitiu que N. S. discutisse com mais propriedade dois casos de exacerbação dos limites do humor no segundo parágrafo e discorresse sobre a desnecessidade das ofensas pessoais no terceiro, no qual ainda cita o jornalista, ensaísta e filósofo francês Émile-Auguste Chartier, em uma frase sobre o bom humor.

No quarto parágrafo, a aluna faz a conclusão e as propostas de intervenção, não adotando nosso modelo ideal de cinco parágrafos. Não está errado, embora seja menos eficiente. O fato é que mesmo uma simples tese, quase apenas formal, pode provocar uma grande melhoria na redação, tornando-a mais focada e mais bem direcionável, no sentido de construção da argumentação e de convencimento do leitor universal.

11.1 PROPOSTA DE EXERCÍCIOS

No Capítulo 10, "Introduções", fornecemos dez modelos de primeiros parágrafos ideais. Todos eles podem ser utilizados para apontar os corretos posicionamento e construção das teses e também para, com a supressão das últimas frases, pedir que os alunos façam as teses para esses parágrafos, já com seu correto e inequívoco posicionamento.

Sugerimos a seguir alguns exercícios e recomendamos que não se abra a possibilidade de colocação das teses em nenhum outro local que não a última frase do parágrafo introdutório.

1. Utilize a introdução a seguir para demonstrar as funções de fechamento de parágrafo e especificação do ponto de vista. Depois, peça que os alunos construam outra tese, de sua própria autoria, que também seja concludente e determinante da visão dos autores.

> Quando se fala em "Frankenstein", a imagem de um monstro disforme e ameaçador é em geral evocada. Todavia, poucos sabem que o título da obra de Mary Shelley, *Frankenstein ou o Moderno Prometeu*, não se refere ao monstro, mas a seu criador. Tal engano é típico de objetos culturais que se tornam populares. No seio da sociedade da informação, este tipo de engano parece evidenciar uma "cultura do saber superficial" que deve ser combatida.

2. Com base na introdução a seguir, já comentada neste capítulo e agora exposta sem a tese, faça dois pedidos aos alunos, expressos nos itens a) e b).

> As discussões estabelecidas sobre os limites do humor e da censura vêm se tornando comuns em programas de TV, com a intenção de debater sobre possíveis ofensas e sobre a ridicularização de pessoas e personagens.

a) Construção de uma tese funcional e simples, no mesmo modelo feito pela aluna N. S. e citado anteriormente: "Esse assunto é delicado e profundo e por isso demanda atenção urgente".

b) Escrita de uma nova tese, com a especificação clara e inequívoca do ponto de vista.

3. Utilize duas das introduções que citamos como exemplo no Capítulo 10, sem suas teses, para pedir que os alunos construam para elas teses em que manifestem com clareza e eficácia suas opiniões. Na correção, compare o texto original com os produzidos pelos alunos.

4. Sugerimos, ainda, que sejam colhidas boas introduções na internet ou em publicações especializadas e que, para esses textos, seja aplicado o mesmo processo do exercício 3, também com a possível comparação de resultados.

CAPÍTULO 12
DESENVOLVIMENTOS

Desenvolvimentos são, em nosso método de trabalho, os parágrafos de argumentação. Como em nosso modelo estrutural propomos cinco parágrafos, e como o primeiro é a introdução e o quinto a conclusão com as propostas de intervenção, o desenvolvimento abarca os parágrafos segundo, terceiro e quarto.

Como os parágrafos de argumentação têm de ser diretamente derivados da tese, que deve estar nas duas últimas linhas do primeiro parágrafo, a ligação do parágrafo introdutório com o segundo parágrafo é de extrema importância e deve ser muito bem construída, por meio de uma continuidade lógica e suave de texto ou com o apoio de bons e adequados termos conectores.

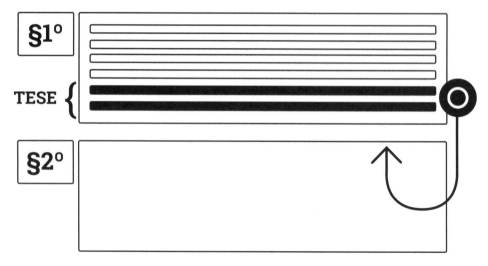

Figura 12.1 Ligação forte entre tese e segundo parágrafo.

Outro ponto importante é com relação à exposição de argumentos. Em nosso método de trabalho, ela deve, obrigatoriamente, terminar no quarto parágrafo, uma vez que na conclusão se faz a retomada das ideias e se apresentam as propostas de intervenção.

Portanto, é importante perceber que todas as referências internas e externas à coletânea e todos os argumentos de apoio à tese devem ser distribuídos do segundo ao quarto parágrafos.

Se a ligação entre o primeiro e o segundo parágrafos tem de ser bem constituída, não é diferente com as ligações entre o segundo e o terceiro e entre o terceiro e o quarto parágrafos. Em nosso modelo estrutural, temos ganchos que demarcam as ligações entre os parágrafos e evidenciam sua importância.

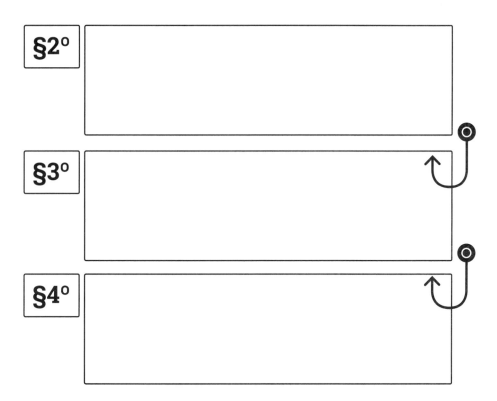

Figura 12.2 Ganchos entre os parágrafos segundo, terceiro e quarto.

E é preciso, ainda, falar a respeito das ligações internas aos parágrafos, das conexões frase a frase e das amarrações no interior das frases. Em uma redação ideal, todas as partes do texto são muito bem conectadas e funcionam tanto individualmente como em conjunto. O aspecto gráfico de nosso modelo estrutural comprovadamente faz com que os alunos visualizem essa necessidade de conexão entre as partes e a cristaliza em seu processo de trabalho.

Esse ganho já é bastante relevante e, com o apoio do Capítulo 13, "Referências internas/ilustrações, citações, paráfrases, analogias e a construção do repertório", temos todo um instrumental eficiente para a construção adequada do desenvolvimento.

O modelo estrutural traça as linhas gerais das ligações, o Capítulo 11 ensina como escrever teses eficientes e este capítulo trabalha com as ligações internas entre frases e parágrafos. Essa linha de trabalho permite a discussão objetiva e o aprendizado metódico e organizado da macroestrutura e da microestrutura de uma redação, o que apoia muito a construção dos textos.

Ainda, é muito importante apontar que as ligações entre os parágrafos devem ser feitas obedecendo à lógica do funil, que estabelecemos no Capítulo 7. Ou seja, a construção de texto deve obedecer à passagem do geral para o específico.

A introdução apresenta a visão geral de texto e a especifica na tese, e, como idealmente o segundo parágrafo é derivado da tese, deve ser obrigatoriamente mais específico que ela. No mesmo sentido, o terceiro parágrafo deve ser mais específico que o segundo, e o quarto deve ser mais específico que o terceiro. O quinto parágrafo faz a retomada das ideias, e por isso é também generalista em seu início (como a introdução), seguido pelas propostas de intervenção.

Ser mais específico que o parágrafo anterior significa recortar cada vez mais o tema, como demonstramos no Capítulo 7, "O funil". E significa, também, uma lógica que pode ser definida como "relação de descendência". É possível pensar nessa relação e a explicar com base em uma árvore genealógica: pai e mãe (primeiro parágrafo) que geram filhos (segundo parágrafo), filhos que geram netos (terceiro parágrafo), netos que geram bisnetos (quarto parágrafo) e a família toda reunida (e resumida) na retomada do quinto parágrafo.

Essa lógica parental elucida muito, pois é facilmente entendível por ser algo do cotidiano. Por seus parâmetros, é relativamente simples entender que o parágrafo seguinte deve nascer do parágrafo anterior, com exceção da conclusão. Esse nascimento é "ter o mesmo sangue", é "herdar genes".

"Ter o mesmo sangue" significa estar preso à mesma discussão. "Herdar genes" significa desenvolver conteúdos correlatos e não repetitivos. Como na genética, em que os catálogos genéticos dos filhos são fusões dos genes do pai e da mãe, um parágrafo que segue corretamente o anterior tem com ele forte ligação, mas não o repete.

Vejamos um exemplo, retirado de um texto da aluna E. M. Vamos inicialmente reproduzir um parágrafo de uma redação sobre "Poder da mídia", seguido de um parágrafo fictício que repete seus argumentos.

> Então, a globalização e o rápido acesso às informações possibilitaram que diversos processos fossem desencadeados usando a internet como ferramenta. A Primavera Árabe em 2011 e o *impeachment* de Dilma em 2016 representam bem como a internet e a imprensa podem ser capazes de divulgar e potencializar informações, interferindo assim nos acontecimentos.
>
> Portanto, é possível notar que o avanço das comunicações propicia a ampla e rápida divulgação de informações, além de permitir ações coordenadas que redundem em intervenções sociais. Eventos políticos, por exemplo, podem ser cobertos pela mídia e acompanhados pelo público, que se beneficia da elevada capacidade de divulgação de informações nas redes digitais.

Como se pode notar, com palavras diferentes, o segundo parágrafo do excerto apenas repete as informações do anterior, o que caracteriza uma ciclicidade altamente prejudicial. O texto não progride e, consequentemente, a defesa do ponto de vista adotado na tese também não. As cinco linhas do segundo parágrafo são perdidas, e cinco linhas são 1/6 do total de uma redação modelo ENEM. Esse mau uso do espaço tem graves consequências.

Vejamos, então, o mesmo primeiro parágrafo do exemplo anterior seguido do parágrafo efetivamente escrito pela aluna.

> Então, a globalização e o rápido acesso às informações possibilitaram que diversos processos fossem desencadeados usando a internet como ferramenta. A Primavera Árabe em 2011 e o impeachment de Dilma em 2016 representam bem como a internet e a imprensa podem ser capazes de divulgar e potencializar informações, interferindo assim nos acontecimentos.
>
> Além disso, a propaganda é, em geral, bastante atraente e persuasiva. O público infantil, por exemplo, muitas vezes é influenciado por peças publicitárias que utilizam recursos variados e até mesmo apelativos para atingir o encantamento infantil, para fazê-lo em grande número, criando para marcas e produtos amplas perspectivas de consumo, em boa parte excessivo.

Nesse segundo excerto, há a decorrência de argumentação e de sentidos. O segundo parágrafo descende do primeiro, na medida em que continua a discutir o tema sem repetir conteúdo. O tema da publicidade infantil aparece como continuidade do poder da internet e da imprensa. O elo temático do poder da mídia é bem marcado nesses dois parágrafos, e a aluna desenvolve bem seus argumentos de apoio, com lógica, coesão e coerência.

Para que se chegue nesse nível de produção, é preciso ensinar as conexões. Já discorremos sobre os sentidos mais gerais das ligações, sobre a crescente especificação e sobre a descendência. Os bons efeitos que desejamos serão gerados basicamente por dois tipos de procedimentos: ligação por continuidade de texto e ligação por termos conectores, como explicado a seguir.

12.1 CONTINUIDADE DE TEXTO E TERMOS CONECTORES

Ainda utilizando como exemplo o texto da aluna E. M., é possível perceber, no primeiro parágrafo reproduzido, que, na passagem da primeira frase para a segunda, a estudante usa a ligação por continuidade de texto. O início da segunda frase, "A Primavera Árabe em 2011 e o *impeachment*...", continua a argumentação da primeira, inserindo exemplos que são concernentes ao conceito previamente apresentado ligado à globalização e ao rápido acesso às informações.

Os dois parágrafos escritos por E. M., em seus inícios, se valem dos termos conectores "Então" e "Além disso". O primeiro termo carrega o sentido de esclarecimento e, por isso, se encaixa bem: a aluna está continuando a argumentação a partir das informações que forneceu previamente. O segundo termo traz o sentido de adição e faz com que as informações que a aluna fornece a seguir sejam percebidas dentro de um contexto de soma às informações anteriores, bem adequado.

Não há categorização entre a ligação por continuidade de texto e a ligação por termos conectores. Um tipo não é melhor que o outro, os dois são funcionais. Nas aulas, sempre sugerimos seu equilíbrio, principalmente nos inícios de parágrafo. Ou seja, se falamos de cinco parágrafos, é sábio pensar em dois que sejam abertos com termos conectores e três que sejam abertos por continuidade de texto, ou vice-versa.

Todavia, não é preciso grande policiamento nesse sentido, pois é natural que os textos se equilibrem. A exceção fica para o quinto parágrafo, que recebe muito bem termos conectores que marquem bem a recuperação das ideias centrais, como "Em suma" (ver Capítulo 14, "Conclusões, propostas de intervenção e o problema do humanismo").

Vamos, então, discutir um pouco mais os dois tipos de conexão, apresentando uma redação da aluna L. D. sobre o tema "Novos imigrantes". Ela nos fornece bons exemplos dos dois tipos de conexão textual.

Publicada em 1938, a obra *Vidas secas*, de Graciliano Ramos, retrata o movimento migratório na busca por uma vida melhor. Esse tipo de motivação foi o gatilho para pessoas de várias nacionalidades imigrarem para o Brasil, desde os primeiros anos da colonização. Porém, hoje, em boa parte das vezes, a chegada dos estrangeiros ocorre de maneira ilegal. Esse processo prejudica a economia e os próprios imigrantes, e por isso merece grande atenção.

Haitianos, bolivianos, chilenos e nigerianos chegam diariamente ao território nacional, buscando uma vida melhor e oportunidades de emprego. Todavia, ao chegarem aqui, são submetidos a péssimas condições de moradia e de trabalho, sendo explorados, por exemplo, em fábricas clandestinas, com salários baixos e condições degradantes.

Ultimamente, o Brasil também tem recebido refugiados de guerras civis, principalmente vindos da Síria. Esses imigrantes buscam o país por duas razões principais: a busca por melhores condições de vida e a liberdade religiosa. Os sírios são muçulmanos e muitas vezes sofrem preconceito na Europa.

Por conta de todos esses movimentos, é possível notar uma maior atenção da legislação brasileira para este problema. Porém, essas medidas ainda não são suficientes para legalizar a situação desses indivíduos. O movimento imigratório, ao que parece, só tende a aumentar e, se não houver ações efetivas, a situação dos imigrantes tende a piorar.

> Em suma, movimentos imigratórios são uma constante na história do Brasil, e seu novo contexto deve ser apoiado por medidas que os humanizem. É preciso a elaboração e a promulgação de leis que apoiem os imigrantes quando de sua chegada e estabelecimento, além da extensão dos benefícios trabalhistas para este grupo. Assim, condições de vida dignas podem ser oferecidas a trabalhadores que ajudaram a construir a história do país.

O primeiro parágrafo tem quatro frases. Três delas são iniciadas por continuidade de texto e uma, pelo termo conector "porém". A amarração das ideias é muito bem-feita e eficiente. Vejamos como as conexões se dão: a segunda frase recupera a motivação referenciada na obra literária citada na primeira frase, pontuando seu perdurar histórico. A terceira frase coloca uma contrariedade com o conector "porém", marcando a questão da ilegalidade. A quarta frase recupera o contexto da terceira, falando de prejuízos econômicos e sociais e formando a tese.

A passagem entre o primeiro e o segundo parágrafos é feita por continuidade de texto. É fácil notar que a última frase do primeiro parágrafo gera a primeira frase do segundo parágrafo. Se a imigração ilegal prejudica "a economia e os próprios imigrantes", "Haitianos, bolivianos, chilenos e nigerianos", grupos que continuamente entram no Brasil, são citados.

O segundo parágrafo tem apenas duas frases. A passagem entre elas é marcada pelo termo conector "todavia", que carrega sentido de contrariedade. Isso é justificado porque, mesmo buscando uma vida melhor e oportunidades de emprego, os imigrantes encontram péssimas condições.

A passagem entre o segundo e o terceiro parágrafos é feita por um conector que é um marcador de temporalidade, "ultimamente". Esse advérbio coloca na redação uma nova temporalidade, mas conectada aos tradicionais movimentos imigratórios elencados no parágrafo anterior. As duas outras passagens entre frases são dadas por continuidade de texto. "Esses imigrantes" refere-se aos sírios citados na primeira frase e abre espaço para a definição das motivações mais gerais de sua imigração. "Os sírios são muçulmanos" dá margem para a explicação do preconceito que sofrem na Europa.

O quarto parágrafo tem três frases: a primeira e a terceira apresentam ligações de continuidade de texto e a segunda usa um termo conector. A ligação entre o terceiro e o quarto parágrafos, feita pelas palavras "Por conta de todos esses movimentos", recupera os contextos de imigração apontados no segundo e no terceiro parágrafos, pontuando o consequente aumento de atenção da legislação brasileira para o problema. O conector "porém", na passagem da primeira frase para a segunda, traz a noção de contrariedade e insere a perspectiva de não suficiência das ações tomadas. A passagem entre a segunda e a terceira frases, voltando à questão do "movimento imigratório", trabalha com um termo alternativo para reforçar a continuidade das imigrações e a possível piora da situação, deixando clara a necessidade de ações efetivas, o que "chama" as propostas de intervenção.

A retomada das ideias gerais da redação é feita corretamente na conclusão, com seu iniciar marcado pelo conector "em suma", um dos melhores para a geração de tal efeito. O quinto parágrafo tem mais duas frases. A segunda é introduzida por continuidade de texto com "é preciso", uma ótima forma de deixar claro que se trata de uma necessidade, o que é muito eficiente para introduzir as duas propostas de intervenção. O conector "assim", que liga a terceira frase com a segunda, tem caráter de continuidade e dá condições para que o restante da frase pontue que as propostas oferecidas podem trazer benefícios.

Nesse detalhado exame, é possível perceber o quanto conexões bem montadas podem ajudar na construção de um texto lógico e coeso. Também é possível notar que tanto as ligações por continuidade de texto quanto aquelas feitas por termos conectores são eficientes.

A seguir, vamos apresentar versões alteradas da mesma redação para discorrer a respeito de alguns problemas que a falta de ligações bem construídas pode causar. Em especial, falaremos de frases e parágrafos flutuantes.

12.2 FRASES E PARÁGRAFOS FLUTUANTES

Uma frase flutuante é uma frase desconexa do texto, em qualquer parágrafo ou posição que esteja. Um pouco antes, demonstramos como as ligações por continuidade de texto e pelo uso de termos conectores vinculam as frases e seus sentidos. A frase flutuante quebra esse eixo de conexões, prejudicando a fluência do texto e, portanto, sua coesão.

Em especial, notamos que muitos alunos são propensos a escrever frases flutuantes na apresentação das propostas de intervenção. Isso provavelmente acontece porque há uma confusão entre apresentação e enumeração. Enumerar é criar uma lista, como as coisas que se precisa trazer do supermercado. Apresentar, em um texto e ainda mais em um texto dissertativo-argumentativo, demanda a aposição progressiva, conectada e coerente.

No Capítulo 14, "Conclusões, propostas de intervenção e o problema do humanismo", discutimos o que é essa necessária coerência, em termos de efetividade e possibilidade de implantação. Neste capítulo, o que nos importa é a construção do texto. Nesse aspecto, o que as frases flutuantes fazem é apenas a exposição de propostas de intervenção, não sua apresentação.

A conclusão da redação da aluna L. D., utilizada no exemplo anterior, é um ótimo modelo, que pode ser adotado como referência para a composição de conclusões e para a montagem da apresentação das intervenções. Vejamos novamente:

> Em suma, movimentos imigratórios são uma constante na história do Brasil, e seu novo contexto deve ser apoiado por medidas que o humanizem. É preciso a elaboração e a promulgação de leis que apoiem os imigrantes quando de sua chegada e estabelecimento, além da extensão dos benefícios trabalhistas para este grupo. Assim, condições de vida dignas podem ser oferecidas a trabalhadores que ajudaram a construir a história do país.

Há a retomada e a apresentação das propostas de intervenção de forma integrada, com as devidas conexões lógicas e de texto. Vamos agora mostrar o que seria essa conclusão se a apresentação das propostas de intervenção não fosse coordenada e simplesmente enumerasse as propostas, como em uma lista.

> Em suma, movimentos imigratórios são uma constante na história do Brasil, e seu novo contexto deve ser apoiado por medidas que o humanizem. Elaborar e promulgar leis que apoiem os imigrantes quando de sua chegada e estabelecimento. Extensão dos benefícios trabalhistas para este grupo. Assim, condições de vida dignas podem ser oferecidas a trabalhadores que ajudaram a construir a história do país.

Como se pode perceber claramente, as passagens entre a primeira e a segunda frases e entre a segunda e a terceira são ineficientes. Na verdade, não são passagens, são buracos de texto. Há uma quebra na continuidade lógica, e a coesão fica muito prejudicada. As frases soltas parecem tópicos em uma lista de tarefas, que poderia ter a seguinte forma:

1. Elaborar e promulgar leis que apoiem os imigrantes quando de sua chegada e estabelecimento.
2. Extensão dos benefícios trabalhistas para este grupo.

Em um parágrafo do miolo do texto, esse problema também pode aparecer. Lembremos como o segundo parágrafo da redação estudada é originalmente e, em seguida, vejamos uma alteração em seu conteúdo para mostrar o estrago que frases flutuantes podem fazer.

> Haitianos, bolivianos, chilenos e nigerianos chegam diariamente ao território nacional, buscando uma vida melhor e oportunidades de emprego. Todavia, ao chegarem aqui, são submetidos a péssimas condições de moradia e de trabalho, sendo explorados, por exemplo, em fábricas clandestinas, com salários baixos e condições degradantes.

Como demonstramos anteriormente, o conector "todavia" cria a relação de sentido necessária, de contrariedade, pois a informação da segunda frase traz uma perspectiva oposta à da primeira. Um texto que não tivesse essa conexão bem-feita poderia tomar a seguinte forma:

> Haitianos, bolivianos, chilenos e nigerianos chegam diariamente ao território nacional, buscando uma vida melhor e oportunidades de emprego. Eles encontram no Brasil condições pouco melhores. São submetidos, aqui, a péssimas condições de moradia e de trabalho, sendo explorados, por exemplo, em fábricas clandestinas, com salários baixos e condições degradantes.

A frase inserida, "Eles encontram no Brasil condições pouco melhores", tem a ver com o contexto, mas quebra a conexão, impondo ao texto um sentido de enumeração, de lista, certamente prejudicial. Já a passagem da segunda para a terceira frase é muito dura, pois a retirada do "E" cria, com a colocação direta da palavra "São", uma lacuna no texto, que fica muito evidenciada.

Esse exemplo ainda pode nos fornecer outro parâmetro, ligado ao uso dos conectores. É muito comum que os alunos, mesmo com a intenção correta, usem conectores errados para ligar frases e parágrafos. Isso pode custar muito caro, pois uma só palavra enganada pode inserir no texto uma desconexão de ideias tão forte que é capaz de reduzir o desempenho de duas competências citadas no edital do ENEM, no mínimo (em especial, as Competências II e IV).

12.3 USO ERRADO DE CONECTORES

Para evidenciarmos os males do uso enganado de conectores, vejamos outra alteração do texto do segundo parágrafo da redação da aluna L. D., citada anteriormente, feita premeditadamente para demonstrar o problema.

> Haitianos, bolivianos, chilenos e nigerianos chegam diariamente ao território nacional, buscando uma vida melhor e oportunidades de emprego. Por conta disso, ao chegarem aqui, são submetidos a péssimas condições de moradia e de trabalho, sendo explorados, por exemplo, em fábricas clandestinas, com salários baixos e condições degradantes.

No início da segunda frase, o termo original "Todavia" foi substituído por "Por conta disso". O efeito é devastador. A relação de contrariedade da segunda frase com relação à primeira, que se quer estabelecer, desaparece ou, no mínimo, é muito diminuída. "Por conta disso" traz o sentido de derivação, ou seja, a situação relatada na segunda frase seria derivada do contexto apresentado na primeira.

Porém, tal relação não existe. Se os imigrantes vêm ao Brasil "buscando uma vida melhor e oportunidades de emprego", isso não gera automaticamente sua submissão a condições degradantes e sua exploração. Não há esse automatismo. O "por conta disso" tece uma noção de determinismo profundamente errada, que prejudica imensamente o texto.

Um caso específico de uso enganado dos conectores merece atenção: o uso do termo "contudo". Percebemos que alguns estudantes entendem "contudo" como equivalente a "com tudo", percepção que gera erros graves.

Como "contudo" tem o mesmo sentido de "todavia", o termo poderia ser utilizado como substituto: "Haitianos, bolivianos, chilenos e nigerianos chegam diariamente ao território nacional, buscando uma vida melhor e oportunidades de emprego. Contudo, ao chegarem aqui [...]".

A relação de continuidade calcada na oposição continua intacta e, portanto, a coesão é mantida. A passagem do terceiro para o quarto parágrafo de nosso exemplo, se alterada para o uso do conector "contudo" com o sentido de "com tudo", expressa bem o alcance que essa utilização equivocada pode proporcionar.

> Ultimamente, o Brasil também tem recebido refugiados de guerras civis, principalmente vindos da Síria. Esses imigrantes buscam o país por duas razões principais: a busca por melhores condições de vida e a liberdade religiosa. Os sírios são muçulmanos e muitas vezes sofrem preconceito na Europa.
>
> Contudo, é possível notar uma maior atenção da legislação brasileira para este problema.

O termo "contudo", ao introduzir o quarto parágrafo, cria uma quebra de coerência. As informações relativas à "maior atenção da legislação brasileira" para o problema da imigração não contradizem as do terceiro parágrafo. Então, o uso de "contudo" com o sentido de "com tudo" cria uma relação falha, que pode ser penalizada na Competência I, ligada ao correto uso da norma culta, e também na Competência IV, ligada aos "mecanismos linguísticos necessários para a construção da argumentação".

Além disso, até mesmo a Competência II pode ser afetada, pois o desenvolvimento do tema, "dentro dos limites estruturais do texto dissertativo-argumentativo em prosa" é prejudicado, uma vez que a coerência ficou diminuída.

Isso nos leva à questão do parágrafo flutuante. Nesse último exemplo, o problema é a conexão enganada, mas muitas vezes o que acontece nos textos é que os parágrafos não são conectados. Não falamos aqui da ligação por continuidade de texto ou por termos conectores, mas da ligação de sentido mais geral.

12.4 PARÁGRAFOS FLUTUANTES

O que chamamos de parágrafo flutuante é um parágrafo desconexo do texto, que quase não apresenta ou que não apresenta nenhuma relação com ele. Isso pode levar a sérios danos na avaliação da Competência III, calcada na relação e na organização dos argumentos. A Competência II fica prejudicada de maneira colateral, pois os limites estruturais também são afetados.

A seguir, vamos reproduzir o primeiro e o terceiro parágrafos da redação que avaliamos, inserindo um segundo parágrafo desconexo, flutuante.

> Publicada em 1938, a obra *Vidas secas*, de Graciliano Ramos, retrata o movimento migratório na busca por uma vida melhor. Esse tipo de motivação foi o gatilho para pessoas de várias nacionalidades imigrarem para o Brasil, desde os primeiros anos da colonização. Porém, hoje, em boa parte das vezes, a chegada dos estrangeiros ocorre de maneira ilegal. Esse processo prejudica a economia e os próprios imigrantes, e por isso merece grande atenção.
>
> No mesmo sentido, é possível pensar na exploração de trabalhadores chineses e vietnamitas para a fabricação de vários tipos de produtos com baixíssimo custo, recurso largamente utilizado por muitas marcas de eletrônicos e de vestuário. Como se sabe, esses trabalhadores recebem baixos salários e trabalham às vezes até 14 horas por dia, em condições degradantes.
>
> Ultimamente, o Brasil também tem recebido refugiados de guerras civis, principalmente vindos da Síria. Esses imigrantes buscam o país por duas razões principais: a busca por melhores condições de vida e a liberdade religiosa. Os sírios são muçulmanos e muitas vezes sofrem preconceito na Europa.

Como se nota, mesmo que o tema da exploração de trabalhadores na China e no Vietnã seja um sério problema, ele não tem a ver com a imigração no Brasil. Portanto, o segundo parágrafo, ao desenvolver uma linha de argumentação desconexa, quebra completamente a coesão e a coerência da redação. Um parágrafo como esse pode levar a nota atribuída a um decréscimo grande, capaz de atingir facilmente mais de 200 pontos.

12.5 EVIDENCIANDO GRAFICAMENTE AS CONEXÕES

O estudo dos termos conectores e o constante monitoramento de seu uso são extremamente importantes. Uma vez que adotamos um modelo estrutural que tem no aspecto gráfico uma de suas maiores qualidades, pois cria condições para sua cristalização na mente dos estudantes, costumamos marcar as conexões de texto também de forma gráfica.

O quarto parágrafo da redação que estamos examinando nos servirá de exemplo:

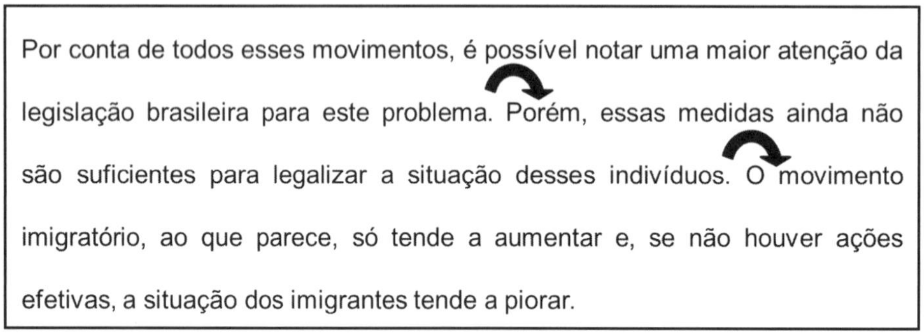

> Por conta de todos esses movimentos, é possível notar uma maior atenção da legislação brasileira para este problema. Porém, essas medidas ainda não são suficientes para legalizar a situação desses indivíduos. O movimento imigratório, ao que parece, só tende a aumentar e, se não houver ações efetivas, a situação dos imigrantes tende a piorar.

Figura 12.3 Marcação da conexão entre frases.

Como as setas são muito efetivas para o entendimento das conexões, é possível apontar todas as conexões de texto e sentido, esmiuçando em detalhes a construção das frases:

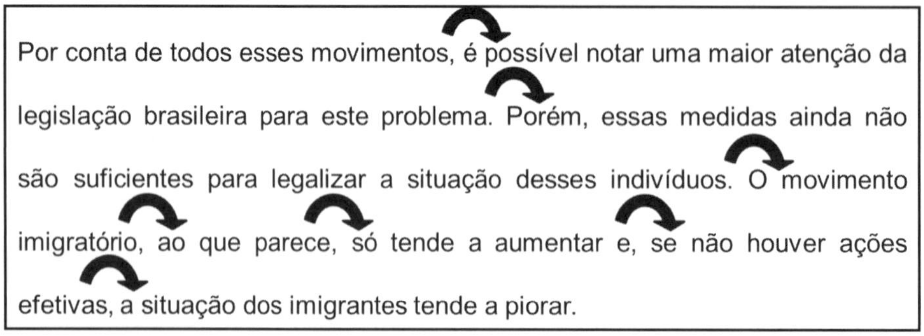

> Por conta de todos esses movimentos, é possível notar uma maior atenção da legislação brasileira para este problema. Porém, essas medidas ainda não são suficientes para legalizar a situação desses indivíduos. O movimento imigratório, ao que parece, só tende a aumentar e, se não houver ações efetivas, a situação dos imigrantes tende a piorar.

Figura 12.4 Marcação de todas as conexões.

A exposição anterior propicia que os alunos visualizem em detalhes as conexões entre frases e no interior delas. Com isso, a noção de que um texto tem muito a ganhar com sua estruturação bem amarrada se cristaliza e vai se formando um modelo de criação a ser constantemente aplicado. Por isso, recomendamos que estudos semelhantes de texto sejam feitos com frequência.

Para encerrar, sugerimos que constantemente se trabalhe em sala os termos conectores e que, na correção das redações e na sugestão de construção de texto com base em nosso modelo estrutural, as ligações por meio de continuidade de texto sejam também evidenciadas. Boas listas de conectores podem ser encontradas em boas gramáticas, cuja consulta deve ser sempre recomendada.

12.6 PROPOSTA DE EXERCÍCIOS

1. Preencha as lacunas do texto a seguir com ligações por termos conectores e por continuidade de texto. As partes em branco marcadas por parênteses devem ser preenchidas por termos conectores. As partes em branco marcadas por colchetes devem ser preenchidas por continuidade de texto.

§1º
Publicada em 1938, a obra *Vidas secas*, de Graciliano Ramos, retrata o movimento migratório na busca por uma vida melhor. [_____] para pessoas de várias nacionalidades imigrarem para o Brasil, desde os primeiros anos da colonização. (_____), hoje, em boa parte das vezes, a chegada dos estrangeiros ocorre de maneira ilegal. [_____] prejudica a economia e os próprios imigrantes, e por isso merece grande atenção.

§2º
[_____], chilenos e nigerianos chegam diariamente ao território nacional, buscando uma vida melhor e oportunidades de emprego. (_____) ao chegarem aqui, são submetidos a péssimas condições de moradia e de trabalho, sendo explorados, por exemplo, em fábricas clandestinas, com salários baixos e condições degradantes.

§3º
[_____], o Brasil também tem recebido refugiados de guerras civis, principalmente vindos da Síria. [_____]: a busca por melhores condições de vida e a liberdade religiosa. Os sírios são muçulmanos e muitas vezes sofrem preconceito na Europa.

128 DESENVOLVIMENTOS

§4º

[_____], é possível notar uma maior atenção da legislação brasileira para este problema. (___), essas medidas ainda não são suficientes para legalizar a situação desses indivíduos. [_____
_____], ao que parece, só tende a aumentar e, se não houver ações efetivas, a situação dos imigrantes tende a piorar.

§5º

(_____), movimentos imigratórios são uma constante na história do Brasil, e seu novo contexto deve ser apoiado por medidas que o humanizem. [_____] a elaboração e a promulgação de leis que apoiem os imigrantes quando de sua chegada e estabelecimento, além da extensão dos benefícios trabalhistas para este grupo. (_____), condições de vida dignas podem ser oferecidas a trabalhadores que ajudaram a construir a história do país.

2. Nos parágrafos a seguir, crie frases que façam as conexões faltantes. Faça uma das ligações por continuidade de texto e a outra por termo conector.

I.

Ultimamente, o Brasil também tem recebido refugiados de guerras civis, principalmente vindos da Síria. [_____
_____]. Os sírios são muçulmanos e muitas vezes sofrem preconceito na Europa.

II.

Por conta de todos esses movimentos, é possível notar uma maior atenção da legislação brasileira para este problema. [_____
_____]. O movimento imigratório, ao que parece, só tende a aumentar e, se não houver ações efetivas, a situação dos imigrantes tende a piorar.

3. Construa dois parágrafos de ligação (que seriam o terceiro e o quarto parágrafos da redação dada como exemplo) entre os dois parágrafos a seguir, que são, respectivamente, o segundo e o quinto. Use, em cada uma das frases iniciais, um termo conector ou uma ligação por continuidade de texto.

§2º

Haitianos, bolivianos, chilenos e nigerianos chegam diariamente ao território nacional, buscando uma vida melhor e oportunidades de emprego. Por conta disso, ao chegarem aqui, são submetidos a péssimas condições de moradia e de trabalho, sendo explorados, por exemplo, em fábricas clandestinas, com salários baixos e condições degradantes.

§3º

{ _____
_____
_____
_____
_____ }

§4º

{ _____
_____
_____
_____
_____ }

§5º

Em suma, movimentos imigratórios são uma constante na história do Brasil, e seu novo contexto deve ser apoiado por medidas que o humanizem. É preciso a elaboração e a promulgação de leis que apoiem os imigrantes quando de sua chegada e estabelecimento, além da extensão dos benefícios trabalhistas para este grupo. Assim, condições de vida dignas podem ser oferecidas a trabalhadores que ajudaram a construir a história do país.

CAPÍTULO 13
REFERÊNCIAS INTERNAS/ ILUSTRAÇÕES, CITAÇÕES, PARÁFRASES, ANALOGIAS E A CONSTRUÇÃO DO REPERTÓRIO

A Competência II, que elencamos como a mais importante, é sobre a aplicação de conceitos de diversas áreas do conhecimento no desenvolvimento do tema, e as propostas de redação em geral evocam a utilização de conhecimentos construídos ao longo da formação dos alunos.

Essas exigências trazem a necessidade de um diálogo com o conteúdo das diferentes disciplinas, bem como o acionar do repertório. Literatura, biologia, física, geografia e história são, em geral, as matérias que mais podem apoiar a construção dos textos, pois seus conteúdos podem fornecer referências e bases de raciocínio interessantes. Já o repertório extraescolar tem de vir de outras fontes, como jornais, livros, revistas, filmes, música, séries de TV e internet.

É comum que os professores façam os alunos se atentarem para a construção do repertório, e é muito fácil perceber que os estudantes que o têm mais consolidado têm mais facilidade para escrever e construir raciocínios sólidos e bem direcionados. Isso se relaciona fortemente com as bases de pensamento que as diferentes linguagens e os diversos conteúdos fornecem: quanto mais modelos e argumentos houver à disposição, mais recursos há para a escrita.

Por isso, uma parte considerável das aulas é normalmente dedicada a fornecer repertório, o que é inerente ao trabalho do professor, dentro da perspectiva de ser um "especialista em tudo" que fornecemos no "Prefácio".

Fornecer referências ao trabalhar os temas é básico, mas é preciso também dar parâmetros para a construção de um conhecimento de mundo vasto e que seja capaz de ajudar a construir o olhar e a argumentação quando necessário.

Por essas razões, em todas as oportunidades é preciso fazer crescer o universo referencial dos estudantes, para muito além da exposição dos temas a serem trabalhados. Comentários culturais no início e no fim das aulas serão sempre úteis, bem como apontamentos específicos derivados da correção das redações. Ainda, é possível aproveitar as referências de cada um dos alunos, descobertas em conversas ou intervenções pessoais em sala de aula, para estimular o crescimento intelectual.

A construção cultural nunca foi monocórdica, pois a cultura é um emaranhado de saberes, linguagens, conteúdos e posicionamentos. A formação se dá com informação, e os dados podem ter origem em uma série de fontes. Não existe alguém cuja formação seja oriunda apenas do cinema ou da literatura, ou ainda que só tenha visto filmes ou lido revistas. O contato com a cultura é plural, ainda mais para as novas gerações, que cresceram em meio ao universo digital.

Ao contrário da maioria dos professores, as novas gerações que estão aprendendo a escrever (seja ou não para o ENEM) são multimidiáticas de nascença, pois cresceram em um mundo já interconectado pela internet e pela *world wide web*. Esse público tem uma característica que seus predecessores não tinham: são dotados de uma capacidade natural, instintiva e muito apurada de conectar conteúdos.

Essa peculiaridade pode e deve ser bem aproveitada, mas também orientada. O fornecimento de referenciais é um ótimo primeiro passo, mas, se o objetivo é ensinar o aluno a cumprir as exigências da Competência II e imprimir no texto conceitos de outras áreas e de seu repertório, é preciso fornecer bases concretas para que isso seja feito.

Nas redações, o transporte dos conteúdos é feito por meio de referências internas/ilustrações, analogias, citações e paráfrases. Como cada um desses tópicos tem suas especificidades, vamos discorrer um pouco sobre elas.

Antes, é preciso esclarecer que usamos a terminologia "referências internas" porque, na nomenclatura comum, ilustrações, analogias, citações e paráfrases são chamadas globalmente de "referências". As referências internas, como logo se verá, têm sua lógica própria.

13.1 REFERÊNCIAS INTERNAS/ILUSTRAÇÕES

O sentido que adotamos aqui para as referências internas é o de ilustrações. Nos textos, a inserção de uma referência de qualquer campo do saber cria uma referência interna, que na prática é uma ilustração.

O termo "ilustrar", latino, remete a "brilhante", "distinto", "brilhar", "iluminar" e está ligado a um sentido de "ornamento", "decoração". Não se trata apenas de "deixar bonito", mas de "jogar luz sobre". Portanto, uma ilustração é uma referência interna que lança luz sobre o texto, reforçando a argumentação e solidificando seus significados.

É imprescindível que a ilustração seja feita acertadamente, respeitando os conteúdos originais e suas fontes, com a indicação correta de autores, contextos e grafias.

Além disso, é de importância capital a adequação. Não basta mencionar Shakespeare; é preciso escrever corretamente seu nome, saber e pontuar que ele foi um dramaturgo inglês considerado, senão o maior, um dos maiores da história. Ainda, é vital usar suas obras apenas quando realmente fornecerem subsídios para a argumentação, como ao acionar *Romeu e Julieta* para discorrer a respeito dos preconceitos sociais de união entre classes. Essas considerações valem para todos os outros tipos de referência.

Não há uma forma específica das ilustrações. Todavia, elas não são a comparação de dois acontecimentos ou contextos (analogia), a transposição de frases (citação) ou a reescrita das citações (paráfrase). As ilustrações são mescladas ao texto sem a necessidade de que sejam apontadas ou separadas por aspas.

Trata-se do dissertar, por exemplo, quando da escrita de uma redação sobre o uso de obras de novos autores literários nos exames vestibulares, sobre o valor artístico de escritores mais modernos, como Chico Buarque, Gabriel García Márquez ou John Green.

Notadamente, uma ilustração – como toda referência – abre espaço para a análise: uma obra de qualquer dos escritores nomeados no parágrafo anterior poderia ser usada para argumentar que autores modernos têm linguagem mais fácil e fluida em comparação a clássicos como Machado de Assis e Eça de Queiroz, e que por isso são mais próximos dos jovens e capazes de fomentar a leitura mais efetivamente.

No Capítulo 10, "Introduções", elencamos dez possíveis primeiros parágrafos para redações, e seis daqueles textos têm ilustrações (2, 4, 5, 6, 7 e 10). Reproduzimos abaixo o texto do modelo 4, "Referência artística", para que a exemplificação seja eficiente:

> Tio Patinhas é um personagem mundialmente conhecido das histórias em quadrinhos. Criado em 1947 por Carl Barks, tornou-se um dos emblemas da Disney. Conhecido pela avareza e amor incondicional pelo dinheiro, não perde oportunidades para aumentar sua fortuna ou para economizar qualquer centavo. Exageros à parte, Patinhas poderia ser tomado como modelo num mundo de gastadores compulsivos movidos a impulsos midiáticos.

Como se nota, não há, na construção da ilustração, a comparação de dois acontecimentos ou contextos, nem a transposição de frases ou a reescrita das citações, mas a inserção de uma referência com o objetivo de jogar luz sobre a argumentação.

Em uma redação sobre os avanços da ciência, a aluna L. E. escreveu:

> O cérebro humano sempre foi considerado um mistério. Todavia, há alguns anos, pesquisas conseguiram elucidar seu funcionamento. Além disso, obras de neurocientistas como David Eagle têm prestado um serviço à sociedade, divulgando os avanços científicos em linguagem leiga e, portanto, acessível.

Mais uma vez, não há comparação, tampouco a transposição ou a reescrita de textos. Nas ilustrações, as referências inseridas trabalham quase sem destaque, integradas na escrita.

13.2 CITAÇÕES

Citações são inserções de texto. Simples assim. Trechos de frases ou frases inteiras de figuras de referência reconhecidas, que trazem ao texto validação. E, como no caso das referências internas/ilustrações, as citações devem ser pertinentes ao assunto tratado.

Uma de suas particularidades é a questão da fonte, que precisa ser bem definida e acertada. Ou seja, é preciso dizer quem é o criador ou criadora da frase inserida, mesmo que o texto seja oriundo de uma propaganda de TV (caso no qual se considera como autora a empresa anunciante) ou semelhante.

Não é preciso nem recomendável uma explicação longa sobre a identidade, até porque isso ocasionaria desperdício de espaço. A citação não é o tema da redação, por isso não é recomendável gastar um parágrafo inteiro com ela. Mas é vital dizer, ao menos sucintamente, quem é a pessoa citada, mesmo que ela seja mundialmente conhecida, como Barack Obama. O leitor universal não conhece ninguém.

Bastam poucas palavras, como "*O ex-presidente dos Estados Unidos*, Barack Obama, em reunião do conselho...", para que a citação seja devidamente identificada.

Além disso, é preciso acertar o nome da pessoa citada e também sua grafia.

Isso pode parecer um mero detalhe, mas não é. Uma grafia incorreta como "Barrak Obama" ou uma citação do filósofo alemão "Nitche" não serão bem vistas, bem como a menção a "Schopenrauer" (as respectivas grafias corretas dos últimos dois nomes são "Nietzsche" e "Schopenhauer").

Nomes difíceis como esses ou mesmo mais fáceis, como "Bauman" (precedido de um também difícil "Zygmunt"), muitas vezes são escritos de forma equivocada e causam má impressão. Ainda mais pensando num contexto de pressão psicológica durante as provas, é preciso prestar muita atenção a esse aspecto.

As citações devem ser introduzidas por aspas. Elas podem ser de frase inteira ou de trechos de frases, mas, principalmente no caso da segunda opção, não devem ser descontextualizadas. É preciso cuidado para, ao recortar uma citação, não transformar seus sentidos.

Uma frase do escritor e crítico literário Mário de Andrade pode nos servir de exemplo: "*Escrevo sem pensar*, tudo o que o meu *inconsciente grita*. Penso depois: não só para corrigir, mas para justificar o que escrevi" (grifos meus). Uma citação que recorte esse texto e não o contextualize muda seu sentido.

Vejamos um exemplo. "Mário de Andrade disse: 'Escrevo sem pensar'". Um recorte como esse pode dar a falsa impressão de que o escritor afirmou que não raciocina quando escreve.

A seguir, vamos usar algumas frases oferecidas no Capítulo 2, "Conscientização", para exemplificar a forma correta de construir citações, mostrando a frase original acompanhada de sua inserção integral e, depois, de sua inserção parcial.

Exemplo 13.1: Frase do escritor e filósofo iluminista francês Voltaire

Frase original

"Escrevo-vos uma longa carta porque não tenho tempo de a escrever breve."

Inserção integral

O escritor e filósofo iluminista francês Voltaire disse: "Escrevo-vos uma longa carta porque não tenho tempo de a escrever breve".

Inserção parcial

Discorrendo sobre uma carta que estava escrevendo, o escritor e filósofo iluminista francês Voltaire disse que a escreveria longa, pois não tinha "tempo de a escrever breve".

Exemplo 13.2: Frase do escritor italiano Cesare Pavese

Frase original

"É bom escrever porque reúne as duas alegrias: falar sozinho e falar a uma multidão."

Inserção integral

Cesare Pavese, escritor italiano, afirmou que "É bom escrever porque reúne as duas alegrias: falar sozinho e falar a uma multidão".

Inserção parcial

Escritor italiano e combatente antifascista, Cesare Pavese tinha uma perspectiva peculiar sobre a escrita. O autor afirmava que o ato de escrever lhe agradava porque lhe permitia "falar sozinho e falar a uma multidão".

13.3 PARÁFRASES

Paráfrases são reconstruções de frases, em geral empregadas para usar o conteúdo das citações sem que seja necessário repetir exatamente as mesmas palavras. São muito úteis quando se sabe o sentido geral de uma afirmação e sua fonte, mas não se lembra exatamente de sua construção redacional. Também é possível usá-las quando a frase a ser citada é muito longa ou complexa. Para um exame como o ENEM, exigente e com elevadíssimo índice de pressão, esse é um recurso muito útil.

Todas as regras que elencamos anteriormente para as citações são válidas para as paráfrases. Ou seja, é preciso principalmente identificar a fonte e saber o contexto, para que a paráfrase feita seja adequada. Como se trata de uma reconstrução de estrutura do pensamento, é preciso muito cuidado para que o conteúdo não seja alterado.

O etólogo e biólogo evolutivo inglês Richard Dawkins, famoso por livros como *O gene egoísta* e *Deus, um delírio*, sempre reclama da descontextualização de suas frases. O cientista aponta que esta é uma estratégia de seus detratores, ansiosos por minar sua combatividade em prol do ateísmo.

Uma de suas frases mais conhecidas, presente no livro *O capelão do diabo*, nos servirá de exemplo: "A natureza não é bondosa nem cruel – é indiferente".

Uma paráfrase deturpadora dos sentidos poderia ser construída da seguinte maneira: "O etólogo e biólogo inglês Richard Dawkins costuma deixar bastante claro que a natureza é indiferente aos humanos". O erro na reconstrução é considerar a natureza como indiferente com relação aos humanos, o que não está afirmado na frase do autor ou em sua obra. Uma paráfrase correta seria dizer que, segundo Dawkins, não há sentido em julgar a natureza como bondosa ou cruel, pois esses são parâmetros ineficazes para medi-la.

A seguir, vamos usar algumas frases oferecidas no Capítulo 2, "Conscientização", para exemplificar a forma correta de construir paráfrases, mostrando a frase original e, posteriormente, sua versão parafraseada.

Exemplo 13.3: Frase da intelectual e filósofa francesa Simone de Beauvoir

Frase original

"Não se pode escrever nada com indiferença."

Paráfrase

Simone de Beauvoir dizia que é impossível escrever qualquer coisa com indiferença, o que pode ser pensado como uma declaração de que as opiniões pessoais sempre transparecem em um texto.

Exemplo 13.4: Frase do escritor alemão Thomas Mann

Frase original

"O escritor é um homem que mais do que qualquer outro tem dificuldade para escrever."

Paráfrase

O ato de escrever pode parecer fácil para escritores profissionais. Todavia, para Thomas Mann, os escritores são as pessoas que mais têm dificuldade com a escrita.

13.4 ANALOGIAS

O *Dicionário Priberam da Língua Portuguesa* (online, gratuito e recomendável) define "analogia" como "relação de semelhança entre objetos diferentes". Ou seja, trata-se de uma comparação feita com base no encontrar e no apontar de pontos em comum.

De maneira geral, essa comparação é feita com conceitos, objetos ou eventos, mas a analogia, respeitado o paradigma da comparação, pode ser desenvolvida de maneiras diversas.

Em termos de construção do raciocínio, a analogia é exigente, pois demanda uma elaboração estruturada do pensamento. Ela é, com certeza, muito mais complexa que as referências internas/ilustrações, as citações e as paráfrases.

Essa complexidade, entretanto, é bem-vinda, uma vez que confere muito valor ao texto. Uma boa analogia conta muitos pontos, tanto em termos de nota quanto com relação à imagem do autor, pois construí-la e inseri-la corretamente no texto é sinal de capacidade cognitiva elevada.

Não há exatamente uma regra sobre "onde" se colocar a analogia. Ela pode ser usada para começar uma redação, emoldurando toda a introdução. Pode ser inserida em qualquer dos parágrafos de desenvolvimento (do segundo ao quarto), e fica em especial muito bem no terceiro, após a introdução que contextualiza o tema e apresenta a tese e um parágrafo argumentativo.

O texto a seguir é uma introdução que foi construída para mostrar a forma da analogia e expor uma referência importante, que evoca uma série de conexões conceituais e faz parte do Capítulo 22, "Referências para a construção de repertório".

> No século XVIII, o filósofo e jurista inglês Jeremy Bentham propôs o modelo prisional do panóptico, no qual guardas poderiam vigiar ininterruptamente os prisioneiros. Tal projeto, semelhante estruturalmente às prerrogativas de onisciência, onipresença e onipotência divinas, pode ser acionado para se tratar as redes sociais, em especial no que diz respeito a um problema tão complexo quanto pouco comentado: o excesso de visibilidade.

Essa analogia é construída pela comparação entre o panóptico e as modernas redes sociais e sua estrutura de ampla visibilidade, da qual a maioria dos usuários não é ciente.

A tese é a proposição do pensamento a respeito das redes sociais e a exposição do problema do "excesso de visibilidade", que pode ser discutido nos parágrafos de desenvolvimento com a retomada do referencial da introdução e com o agregar de referências internas/ilustrações, como o livro *1984*, de George Orwell, e o filme *Fahrenheit 451*, de François Truffaut (que é uma adaptação da obra homônima de Ray Bradbury).

Apesar de esse exemplo ser originalmente uma introdução, pode ser adaptado como texto de qualquer dos parágrafos de desenvolvimento. Portanto, é claro que uma boa analogia pode tanto fornecer a linha geral do texto quanto prover argumentação sólida de apoio à tese.

Dadas essas possibilidades e a enorme diferença que uma analogia pode fazer no texto, e para ensinar corretamente a forma de construção das analogias, desenvolvemos uma tabela muito simples. Ela é baseada na contraposição entre semelhança de estrutura e diferença de conteúdo, apresentada a seguir. O exemplo dado é ancorado na analogia feita entre o panóptico de Bentham e as redes sociais, apresentada na introdução citada anteriormente.

Objetos	Semelhança de estrutura	Diferença de conteúdo
Panóptico de Bentham	Ampla visibilidade	Modelo prisional
Redes sociais	Ampla visibilidade	Exposição exacerbada

Tabela 13.1 Construção de analogia entre o panóptico de Bentham e as redes sociais.

A Tabela 13.1 mostra claramente as semelhanças e as diferenças entre o panóptico de Bentham e as redes sociais, posicionando-as. Em todas as analogias que se possa construir, essa semelhança estrutural e essa diferença de conteúdo se manterão. Portanto, o professor pode usar essa tabela vazia em sala para construir boas analogias em conjunto com os alunos.

O tema do ENEM de 2016, "Caminhos para combater a intolerância religiosa no Brasil", poderia gerar a seguinte tabela:

Objetos	Semelhança de estrutura	Diferença de conteúdo
Santa Inquisição	Condenação de crenças não adotadas pelos dominantes ou grupos sociais mais estabelecidos	Caça às bruxas, mortes na fogueira, livro *O martelo das feiticeiras*, de Heinrich Kramer e James Sprenger
Preconceito religioso	Condenação de crenças não adotadas pelos dominantes ou grupos sociais mais estabelecidos	Condenação de crenças oriundas de religiões africanas, isolamento, religiosidade cristã como "quase oficial", mesmo num país teoricamente laico

Tabela 13.2 Construção de analogia entre a Santa Inquisição e o preconceito religioso

Obviamente, na analogia sugerida, que não é a única possível, há uma contraposição quase exagerada. Notadamente, contextos e proporções têm de ser guardados, mas em termos estruturais a comparação é definitivamente válida.

A citação do livro *Martelo das bruxas*, obra de Heinrich Kramer e James Sprenger, publicada em 1486-1487 e baseada em uma bula papal assinada pelo papa Inocêncio VIII, que postulou parâmetros radicais para o interrogatório e a condenação dos então chamados "hereges", é cultíssima e, por isso, diferenciadora.

Com a inserção dessa referência, está aberto o caminho para se falar de uma violência mais sutil, mas também presente: a da condenação de religiosidades que não a cristã no Brasil, país teoricamente laico, conforme definido na Constituição Federal. O fato de a frase "Deus seja louvado" estar presente nas cédulas de real pode ser evocado como argumento, bem como ataques contra pessoas e práticas.

Para que toda essa exposição tenha um guia rápido de utilização, que possa ser usado como um instrumento de ensino e aprendizado em sala de aula, criamos um quadro-resumo das características e das funções de referências internas/ilustrações, citações, paráfrases e analogias. Lembramos que todos os recursos citados a seguir devem ser sempre associados ao tema e coerentes com as discussões desenvolvidas.

Recurso	Característica	Função
Referências internas/ ilustrações	Comentários críticos e relacionais acerca de obras ou eventos.	Propiciar uma visão diferenciada do tema discutido, com base em algo reconhecido cultural e socialmente.
Citações	Inserção de frases de forma integral ou parcial (como ditas pelos autores).	Validar o ponto de vista do escritor, aproveitando o valor social e cultural da pessoa citada. Além disso, usar o conteúdo da citação como base de argumentação.
Paráfrases	Reconstrução do texto de uma citação, com liberdade no uso das palavras, mas com foco na manutenção dos sentidos originais.	Como na citação, validar o ponto de vista do escritor e usar o conteúdo para construir argumentos. Ainda, a paráfrase demonstra habilidade em manipular conceitos e escrever com clareza.

Analogias	Comparação entre fatos, eventos e conceitos, valendo-se de semelhanças estruturais e diferenças conceituais.	Construir a percepção do autor como muito consciente e estruturada, uma vez que a analogia é um pensamento complexo. Propiciar um eixo de argumentação sólido e com bases sociais e históricas bem estabelecidas.

Tabela 13.3 Características e funções de referências internas/ilustrações, citações, paráfrases e analogias

Estabelecidos todos esses parâmetros, esperamos que a inserção de referências nas redações possa ser facilitada. As orientações deste capítulo e os exercícios propostos têm, além de seu caráter instrumental, a intenção de ajudar a construir o repertório. O Capítulo 22, "Referências para a construção do repertório", pode e deve ser acionado a todo o tempo, como apoio a este e aos demais capítulos.

13.5 PROPOSTA DE EXERCÍCIOS

1. Exponha as referências dos livros *O alienista* e *Os chifres de Filomena*, respectivamente de Machado de Assis e David Small, e do filme *A chegada*, de Dennis Villeneuve, e peça que os alunos desenvolvam parágrafos em que apresentem essas referências, valendo-se dos parâmetros fornecidos para a construção de referências internas e vinculando-as ao tema da "rejeição ao diferente" (as três obras aqui indicadas encontram-se referenciadas no Capítulo 22, "Referências para a construção do repertório").

2. Peça aos alunos que insiram as frases sobre preconceito a seguir fornecidas em uma frase ou parágrafo, fazendo sua inserção integral e parcial, conforme os modelos apresentados anteriormente no item 13.2, "Citações".

- "Triste época! É mais fácil desintegrar um átomo do que um preconceito", de Albert Einstein.
- "Prefiro ser um homem de paradoxos que um homem de preconceitos", de Jean-Jacques Rousseau.
- "A ignorância não fica tão distante da verdade quanto o preconceito", de Denis Diderot.

3. Peça aos alunos que parafraseiem as frases sobre trabalho a seguir fornecidas em uma frase ou parágrafo, conforme os modelos apresentados anteriormente no item 13.3, "Paráfrases".

- "O único lugar onde o sucesso vem antes do trabalho é no dicionário", de autor desconhecido. (A ausência precisa da fonte não é um problema se essa frase for pontuada como "sabedoria popular" e originar um bom raciocínio.)
- "Pensar é o trabalho mais difícil que existe. Talvez por isso tão poucos se dediquem a ele", de Henry Ford.
- "O trabalho poupa-nos de três grandes males: tédio, vício e necessidade", de Voltaire.

4. Peça aos alunos que, utilizando a estrutura das Tabelas 13.1 e 13.2, de construção de analogias, realizem as comparações entre:

- Maio de 1968 francês e manifestações recentes contra o governo brasileiro.
- Vigilância contínua da sociedade no livro *1984*, de George Orwell, e no programa televisivo *Big Brother Brasil*.
- Índice dos livros proibidos e não universalização do acesso à educação.

CAPÍTULO 14
CONCLUSÕES, PROPOSTAS DE INTERVENÇÃO E O PROBLEMA DO HUMANISMO

O objetivo de uma redação dissertativo-argumentativa é expor e sustentar um ponto de vista autoral e válido, e é preciso respeitar a estrutura do texto, como expresso na Competência II. Portanto, é necessário que haja introdução, desenvolvimento e conclusão.

Neste capítulo, falaremos dessa última parte e de uma função e uma estruturação que atribuímos a ela. Tradicionalmente, apenas se pensam e desenvolvem as conclusões com base na necessidade de retomada das ideias centrais do texto, o que está correto.

Todavia, como trabalhamos com um modelo estrutural a ser seguido preferencialmente à risca, imbuímos a conclusão da funcionalidade de conter as propostas de intervenção. No ENEM, como aponta a Competência V, é preciso desenvolver propostas de intervenção que possam apresentar soluções para o problema abordado.

Um breve exame do texto do edital do ENEM em relação às intervenções tem muito a elucidar a respeito de sua natureza desejada. O Nível 0 de nota é atribuído a redações sem a proposta de intervenção ou com proposta desarticulada do tema.

Uma vez que o ENEM tem características estruturais, é de se presumir que uma avaliação nesse nível também reflita nas atribuições de nível das Competências II e III, ao menos. Isso porque a Competência II exige que se desenvolva o texto "dentro dos limites estruturais do texto dissertativo-argumentativo em prosa" e a Competência III pede que esse desenvolvimento seja feito organizando "informações, fatos, opiniões e argumentos".

Então, se uma redação não tem as propostas de intervenção, ela não respeita os limites estruturais específicos do exame e, também, falha na organização pedida como a ideal, pois as intervenções são certamente parte imprescindível dessa organização.

Uma redação sem as propostas de intervenção é, portanto, um desastre para o aluno. E propostas de intervenção que sejam desarticuladas do problema abordado não fazem o menor sentido. Afinal de contas, não há por que tentar resolver dilemas que não fazem parte do desafio apresentado na coletânea.

No Nível 1, que recebe uma nota 40, a intervenção é vaga ou precária, e essas duas palavras são *muito* importantes. A ação de intervir é definida pelo *Dicionário Priberam* como "Tomar parte em, participar", e carrega o sentido de produzir uma mudança efetiva. Se a proposta é pouco definida, como na clássica proposição de "conscientizar a população", ou se é precária, como propor "a valorização da arte no sistema de ensino", não serve de muita ajuda.

O Nível 2 fala de uma proposta "insuficiente", cujo sentido é correlato ao da vaguidão e da precariedade do Nível 1, e que, ainda, é "não articulada com a discussão desenvolvida no texto". Ou seja, se a argumentação aponta determinados pontos de vista, eles devem ser levados em consideração na concepção das intervenções.

Uma redação que, por exemplo, discorra sobre as vantagens das energias limpas e renováveis sobre as fontes finitas e poluentes, deve necessariamente ter propostas de intervenção fundadas no desenvolvimento e no incentivo para a utilização desse tipo de energia.

Os Níveis 3, 4 e 5 falam, respectivamente, de elaborar "de forma mediana", "bem" e "muito bem" a proposta de intervenção. Aqui, fica evidente a gradação, e resta definir o que são intervenções adequadas. Mas, antes disso, vamos pensar sobre o contexto e a alocação da intervenção dentro de nossa proposta estrutural.

Da mesma forma que adotamos as duas frases finais do primeiro parágrafo como o lugar ideal para a colocação da tese, para que uma firme ligação com o segundo parágrafo possa ser estabelecida ao mesmo tempo que se realiza um forte direcionamento do texto, apontamos o quinto parágrafo como o local ideal de inserção das propostas de intervenção.

Dessa maneira, cria-se espaço para a argumentação nos parágrafos de desenvolvimento (segundo, terceiro e quarto) e o texto termina com as intervenções, as quais criam um final natural e efetivo que contém as respostas para o problema levantado. Além disso, a concatenação das propostas de intervenção cria um sentido de organização do texto e do pensamento que é muito benéfico para o posicionamento do autor como dono de um raciocínio organizado.

Antes que se parta para a exposição das propostas de intervenção, entretanto, é preciso realizar uma manobra de composição típica das redações dissertativo-argumentativas: a retomada das ideias centrais. É necessário que o parágrafo de conclusão recupere o que foi falado no texto, preferencialmente variando palavras e expressões.

Essa retomada é feita sobre o sentido mais generalista da redação, e não sobre suas especificidades. Não se retomam citações ou exemplos nem se volta a eventos ou casos, mas ao ponto de vista do autor. Ou seja, a conclusão retoma a tese, e por isso é tão difícil de escrever, principalmente para aqueles cujo repertório lexical é menos vasto.

E é preciso atentar para o fato de que a passagem do quarto para o quinto parágrafo é diferente das outras, justamente por conta da retomada. É por esse motivo que, em nosso modelo estrutural, a seta que indica essa ligação é circular e não um gancho, como nas outras passagens. É possível, ainda, fazer a conexão de sentido entre a seta circular e símbolos de reciclagem de materiais e de carregamento de páginas da web, que os alunos conhecem muito bem.

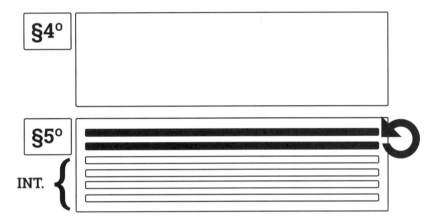

Figura 14.1 Passagem do quarto parágrafo para a conclusão.

Conforme pontuamos no Capítulo 12, "Desenvolvimentos", conexões de texto podem ser de dois tipos: textuais ou por conectores. Obviamente, é possível fazer uma conexão muito bem-feita apenas por meio da construção de um bom texto, mas no início da conclusão, em especial, os conectores encaixam-se muito bem, facilitando bastante o caráter de retomada que o parágrafo deve ter.

Conectores eficientes são: portanto, assim, enfim, dessa forma, em suma, nesse sentido, dessa maneira, diante disso, em síntese (lista não exaustiva). Os mais interessantes são "em suma" e "em síntese", pois esses termos de imediato inserem no texto o caráter de retomada, de forma bastante específica.

Preferencialmente, o conector escolhido para a conclusão deve ser inédito na redação, ou seja, não deve ter sido usado antes.

Um ponto importantíssimo é sempre lembrar que *não se colocam informações novas na conclusão*. Em uma hipotética redação sobre urbanização, não se citam na conclusão novos dados sobre a migração do campo para a cidade; em um texto sobre a redução da pobreza, não se menciona um projeto social que vise gerar empregabilidade sobre o qual nada se falou antes.

As informações novas, até por uma questão de espaço, vão fazer duas coisas: a primeira é gerar *incompletude*, pois não haverá como tecer uma boa contextualização que não deixe dúvidas; e a segunda, atrapalhar a efetividade da retomada e das propostas de intervenção, que deverão ser construídas em um espaço menor. Portanto, devemos lembrar constantemente aos alunos que informações novas só podem ser inseridas do primeiro ao quarto parágrafos.

Além desses parâmetros, há outra questão com a qual se deve lidar, advinda de uma exigência da Competência V: "o problema do humanismo". Claro, isso não está assim definido no texto do edital, sendo unicamente o nome que damos a ele para enfatizar que, em geral, se lida muito mal com uma exigência da Competência V, a de que as propostas de intervenção sejam elaboradas "respeitando os direitos humanos".

Não há dúvida de que seja bom e mesmo primordial esse respeito. O problema são os significados inerentes à concepção de humanismo nele contidos. Os direitos humanos não são difíceis de ser entendidos como direitos concedidos a qualquer ser humano (no sentido de substantivo composto), pelo simples fato de ser humano (como designativo de espécie).

Já o conceito de humanismo não é assim tão claro, em boa parte porque é mesmo mais amplo e também porque seu estudo em nível escolar geralmente traz concepções por demais generalistas que se cristalizam como falsas noções precisas.

O humanismo, como uma doutrina centrada no homem e no desenvolvimento de suas potencialidades, foi, ao longo do tempo, quase desvinculado de seus conceitos originais de valorização de um estado cultural capaz de fomentar as capacidades individuais e coletivas e reposicionado erroneamente como uma espécie de "estado de graça", em que todos são bons e desejam o bem, as pessoas são tolerantes e a sociedade é justa.

Isso, claro, traz sérios problemas, pois aponta para o mito do bom selvagem e para a construção de um humanismo "fraco", "genérico" e irrelevante, uma vez que constrói o ser humano como puro, bom, elevado, sem camadas nem reentrâncias.

Muitas redações do ENEM apresentam propostas de intervenção que parecem ter anjos tocando flauta e duendes felizes pulando de alegria e contentamento ao redor! O que se perde, nessas proposições, é a objetividade, pois em geral elas apresentam soluções muito difíceis de implantar, que exigiriam mudanças gigantescas e altamente improváveis de serem concretizadas.

Textos como "por conta disso, as pessoas devem mudar suas concepções e valorizar mais os outros seres humanos e sua diversidade, para que assim seja possível construir um mundo melhor para as futuras gerações" são filhos fofinhos, mas deficientes, mancos e nada eficazes dessa concepção generalista e profundamente enganada de humanismo.

E, como é possível perceber, não respondem a nenhum problema, justamente porque respondem a todos. Essa proposta de intervenção serviria a todos os temas já exigidos em uma redação do ENEM. Para ficarmos apenas nas coletâneas de 2012 a 2016, certamente essa "solução" serviria para os problemas da intolerância religiosa, para combater a violência contra a mulher, para fornecer parâmetros mais protetores de publicidade infantil, para justificar a Lei Seca e para gerar políticas justas para lidar com a imigração.

Mudar concepções, valorizar as pessoas e construir um futuro melhor não são orientações específicas para nada. Quais concepções? Valorizar o que nas pessoas? Melhor em que sentido? As propostas de intervenção que o ENEM pede, como evidenciamos, devem ser capazes de solucionar o problema de forma específica.

Para que pudéssemos chegar ao cerne dessa necessidade, fizemos um estudo com os alunos acerca da própria definição de humanismo, que sugerimos que seja repetido.

Contextualizamos historicamente o conceito, apontando suas raízes desde a Renascença, e o definimos como uma doutrina centrada no homem e no *desenvolvimento das capacidades humanas*. É isso o que deve ser o eixo orientador da construção das propostas de intervenção: o fomento e o desenvolvimento das potencialidades das pessoas, quaisquer que sejam elas.

Para isso, é necessária a construção de um olhar objetivo e, para conseguir isso, apresentamos a definição da palavra "humanidade", de acordo com o *Dicionário Priberam*: "1. O conjunto dos homens; 2. Natureza humana; 3. Gênero humano; 4. Bondade; 5. Benevolência, compaixão".

A armadilha é que é muito fácil ir para uma conjuração de um sentido global (1) ou para a noção de uma bondade inerente ao espírito humano (2). As acepções 4 e 5 também devem ser evitadas, pois são derivações genéricas e inoperantes que geram sentidos imprecisos de uma suposta "boa vontade geral entre os seres".

A acepção 3, "Gênero humano", é a única que nos serve. O foco deve ser no desenvolvimento das pessoas nos âmbitos biológico, cultural e social, no fornecimento de condições dignas de vida, integrais. É preciso falar de desenvolvimento, aprimoramento, segurança, ensino e valorização de habilidades específicas, e tudo o mais que possa favorecer o progresso das pessoas e da sociedade, apontando claramente *como* isso deve ser feito.

Propostas genéricas não funcionam porque, em geral, requerem uma mudança global ou impossível como esta: "os homens devem deixar seu ego de lado e ser mais colaborativos".

Por isso, não se pode propor que haja "paz e união entre os homens de boa vontade", mas que leis novas ou que a aplicação efetiva de leis preexistentes garantam a coexistência pacífica e justa. Propor "a mudança da mentalidade das pessoas" contra o racismo não funciona, mas é possível sugerir oficinas valorizadoras da diversidade racial nas escolas, para que as novas gerações sejam formadas sob princípios de igualdade.

Além disso, é preciso que as propostas de intervenção sejam factíveis. Ou seja, elas devem ser realizáveis. Como paradigma para essa questão, sempre apontávamos um exemplo premeditadamente exagerado: a implantação de um salário mínimo de R$ 5.000.

Claro que o aumento da renda sempre soa favorável, mas não é preciso ser economista ou financista para prever os resultados desastrosos de tal proposição, como uma inflação desenfreada e a quebra generalizada das empresas, incapazes que seriam de sustentar os pagamentos e os impostos gerados pelo aumento dos salários.

Falar da implantação de aulas de empreendedorismo e educação financeira nas classes de Ensino Básico e Médio, por exemplo, seria uma solução real, que atenderia a necessidades específicas das pessoas, gerando ganhos reais. Promove desenvolvimento, aprimoramento e ainda instaura um legado que tende a durar e ser replicado. Essas são propostas de intervenção bem concebidas.

Uma vez que nosso modelo estrutural divide o texto em cinco parágrafos, com uma média de seis linhas para cada parágrafo, o espaço para se construir as propostas de intervenção não é grande. Por isso, sugerimos de duas a três propostas por redação, com a perspectiva de que uma só proposta é muito pouco e quatro ou mais dificultaria tremendamente a adequação ao espaço de texto.

Como a objetividade é primordial, e buscando sempre elucidar de maneira prática os conhecimentos, cristalizando nossas concepções de trabalho nos alunos, sugerimos que eles assistam ao programa *O sócio*, do canal de TV por assinatura History Channel. Exibições de trechos dos episódios em sala de aula também são recomendadas.

Nesse programa, Marcus Lemonis, empresário e investidor, procura empresas com potencial, mas que estão com problemas de gestão e sob risco de fechamento. Então, propõe a cessão de uma soma financeira, na maior parte das vezes bastante considerável, com a prerrogativa de comandar sem questionamentos as operações da empresa por determinado período.

O que Lemonis faz são intervenções que alteram profundamente a estrutura de trabalho das empresas. Como usa um paradigma triplo de "pessoas, produto e processo", e como suas intervenções são marcadas por um profundo conhecimento de gestão de pessoas, abordando cargos, funções e capacidades pessoais, sua atuação pode ensinar muito a moldar intervenções para o ENEM.

Com suas intervenções, Lemonis quer retorno, ou seja, lucro. Ele mesmo deixa isso muito claro. Ele faz um investimento que tem de trazer resultados. Como as propostas de intervenção do ENEM também demandam investimentos, muitas vezes de órgãos públicos, devem ser pensadas para interferir e melhorar situações que não são favoráveis às pessoas e ao desenvolvimento humano, ou até mesmo à economia e ao país como um todo, trazendo também resultados mensuráveis.

O que o programa evidencia é justamente a objetividade das intervenções, que devem ser montadas de maneira a serem aplicáveis e específicas. Propostas como "mudar a mentalidade das pessoas", "é preciso maior bom senso", "é necessário que as pessoas deixem de ser preconceituosas" não dão certo, porque exigem mudanças de espectro geral e quase impossíveis de serem alcançadas.

Um ponto fundamental é que as intervenções do empresário, ao mesmo tempo que valorizam as pessoas, são muito objetivas. Muitas vezes, parecem até mesmo frias, mas são sempre baseadas em uma lógica empresarial que visa à objetividade. É uma lição importante notar que, mesmo sendo simpático na maior parte das vezes e sempre profundamente empático, colocando-se no lugar das pessoas, Lemonis faz suas intervenções "sem ter dó de quem as recebe".

Muitas vezes, quando os alunos escrevem as intervenções, surge uma "perspectiva do coitadinho", ligada à percepção de que as pessoas são incapazes de lidar com suas vidas e que precisam de um apoio que as livre de qualquer responsabilidade.

É preciso ensinar os alunos que as propostas devem ser, sim, construtoras de uma qualidade de vida maior, mas devem proporcionar subsídios para o aprendizado e a independência, não para a dependência. *O sócio* é todo construído com intervenções que se tornam efetivas não porque fazem tudo pelos outros, mas porque ensinam cada um a tomar as rédeas da própria vida. Intervir não é passar a mão na cabeça, é fornecer bases para o desenvolvimento humano.

Por isso, é sempre vital que, como as de Lemonis, as intervenções das redações ENEM sejam pontuais. Uma ação X, feita por Y, em local Z, com objetivo A. Todas as propostas têm de ser, idealmente, montadas assim individualmente, além de serem integradas em termos de texto.

O texto "É preciso montar, em escolas públicas e particulares (Z), oficinas de discussão do preconceito (X) ministradas por professores ou por convidados (Y), para que crianças e jovens sejam formados respeitando as diferenças étnicas e culturais (A)" tem todos os atributos necessários.

A frase "É necessário, então, que o preconceito seja diminuído e que as pessoas mudem seus padrões de comportamento" é um A quase inalcançável "O preconceito também deve ser discutido nas escolas" é um A pouco preciso. Essas duas construções, além de apresentarem objetivos generalistas, não têm a definição das ações, dos atores e dos locais, e por isso são muito ineficientes.

Um último ponto a examinar é o da natureza das intervenções. Em geral, se fala em "atores sociais envolvidos": pessoas, empresas, Estado. Como são estratos importantes da estruturação social, esses três pilares devem ser abordados, em especial os dois últimos.

Uma vez que os temas ENEM são ligados ao desenvolvimento da sociedade e que a educação desempenha papel primordial, é importante, quando possível, incluir escolas, públicas e particulares. As escolas compõem os quadros das empresas e do Estado.

Pensar na integração dos trabalhos entre esses três estratos também é interessante. Por isso, as propostas de intervenção não devem apenas sugerir ações isoladas para pessoas, empresas e Estado, mas ações que tenham resultados integráveis, cumulativos.

Para ensinar a pensar acerca das propostas de intervenção, sugerimos o seguinte questionário:

1. Qual é o principal problema?
2. Esse problema pode ser resolvido no curto prazo? (Se não, deve ser resolvido em médio e longo prazos, mas com ações que comecem no curto prazo.)
3. *Como* resolver esse problema? (Quais *ações* devem ser implementadas?)
4. Quais as consequências da resolução desse problema desse modo?
5. As consequências são tão boas que serão permanentes e gerarão frutos?

As perguntas 4 e 5 podem ser usadas para orientar os alunos a fazer o que denominamos "fecho de ouro", um trecho final da redação a ser colocado após as intervenções, ou seja, nas últimas linhas do quinto parágrafo, se houver espaço. Não colocamos nunca esse recurso como obrigatório, mas como útil, pois evidencia que as propostas de intervenção apresentadas terão consequências pragmáticas e permanentes, instalando processos que perdurem e mudem situações desfavoráveis.

Depois de todas essas orientações, analisaremos algumas conclusões e sua adequação ou não a nosso modelo. Os textos examinados foram produzidos sob nossa orientação ou como redação para o ENEM.

14.1 EXEMPLOS DE CONCLUSÕES

14.1.1 EXEMPLO 1 – DESMATAMENTO DA FLORESTA AMAZÔNICA

> Portanto, deve haver uma campanha para sensibilizar as comunidades, oferecer tecnologias que possam substituir as queimadas nos principais sistemas de produção e praticar o reflorestamento. Com isso, haverá a preservação do ecossistema da região. Evitando a entrada de muitas espécies em extinção. (J. M.)

Há três propostas de intervenção nessa conclusão, e é fácil notar que todas seriam efetivas contra o problema. Todavia, os atores sociais poderiam ter sido indicados. A oferta de tecnologias poderia ser vinculada com as empresas. A sensibilização das comunidades poderia ser mais específica, pois não fica claro se são as comunidades amazônicas, se a referência é feita com relação à sociedade brasileira ou se a escala é global.

Essa sensibilização poderia ainda ser especificada em seu modo de funcionamento, com a citação de ações na mídia, podendo até mesmo especificar canais, como TV, rádio e internet. Uma vez que essa responsabilidade, bem como a do reflorestamento, compete principalmente aos governos estaduais e federais, estes poderiam ter sido mencionados.

A última frase, "Evitando a entrada de muitas espécies em extinção", deveria ser integrada à frase que a antecede para uma maior fluência de texto, pois está isolada e não tem sentido sozinha.

14.1.2 EXEMPLO 2 – RÓTULOS SOCIAIS E CONSTRUÇÃO DOS PRECONCEITOS

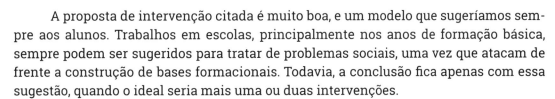

A proposta de intervenção citada é muito boa, e um modelo que sugeríamos sempre aos alunos. Trabalhos em escolas, principalmente nos anos de formação básica, sempre podem ser sugeridos para tratar de problemas sociais, uma vez que atacam de frente a construção de bases formacionais. Todavia, a conclusão fica apenas com essa sugestão, quando o ideal seria mais uma ou duas intervenções.

Uma eventual campanha publicitária com linguagem jovem e também focada no público infantil poderia ser citada, além do incentivo à formação de Organizações Não Governamentais e associações de valorização de culturas marginalizadas.

O termo "sociedade pensante" é vago demais e deveria ser substituído por "sociedade mais aberta". O fecho de ouro, "o mundo será muito mais humano, justo e fraterno", embora possa ser aplicado a outros temas, como o do maior nivelamento das classes sociais ou do combate à fome, fornece à redação um encerramento que corretamente aponta as consequências das ações propostas. Todavia, é importante apontar que o fecho de ouro poderia ser mais específico, falando, por exemplo, de uma "convivência social mais harmoniosa e com poucos conflitos", pois essa construção textual atenderia melhor à especificidade do tema.

14.1.3 EXEMPLO 3 – PARADIGMAS FAMILIARES TRADICIONAIS E A NOVA CONFIGURAÇÃO DAS FAMÍLIAS

> Portanto, faz-se necessária a adoção de crianças por casais homoafetivos. A criação de políticas públicas que reconheçam como família todo e qualquer núcleo no qual o amor e o respeito prevaleçam. E por fim, uma conscientização da sociedade por meio da "semântica" familiar, para que assim se possa constituir um ambiente no qual as diferenças sejam respeitadas e aceitas, desprendendo-se, assim, da moral religiosa. (L. D.)

As três propostas são bem montadas e pertinentes ao tema. Todavia, a passagem da intervenção 1 para a intervenção 2 deve ser mais fluida, pois o texto, como foi construído, ficou com uma configuração de lista em tópicos. A substituição do trecho inicial da segunda frase por "Além disso, é preciso criar políticas públicas..." resolveria o problema.

A palavra "semântica" é um termo novo que foi inserido na conclusão, prática que não recomendamos. Ele cria uma dificuldade de entendimento que o leitor universal certamente não acompanharia. O que a aluna quis dizer era relativo à própria definição de família, mencionada nos parágrafos de desenvolvimento como devendo ser mais ampla, para abarcar os modelos mais modernos, de famílias homoafetivas e de pais solteiros.

Nossa sugestão foi para que o texto "uma conscientização da sociedade por meio da 'semântica' familiar" fosse mudado para "uma conscientização da sociedade voltada à aceitação de variados modelos familiares".

14.1.4 EXEMPLO 4 – IMIGRAÇÃO NO BRASIL (MODELO IDEAL)

> Em suma, o acolhimento aos novos imigrantes deve ser mais receptivo e ao mesmo tempo legal, com a adoção de medidas mais amenas. O governo federal deve criar e aplicar com eficácia normas que punam severamente a exploração dos imigrantes, além de estender a eles os direitos garantidos pela Consolidação das Leis do Trabalho. Estas medidas garantiriam tanto a dignidade quanto o desenvolvimento salutar da sociedade brasileira. (Adaptado de L. D.)

Essa conclusão faz a retomada da ideia central do texto, começando com o conector "Em suma" e resumindo a suposição de que a recepção aos imigrantes deve ser mais suave e realizada com base em termos legais. A "adoção de medidas mais amenas" é integrada à retomada por uma questão de fluidez textual e de pensamento, e é a primeira intervenção.

As duas intervenções seguintes, leis mais duras e a extensão dos privilégios da Consolidação das Leis do Trabalho, têm seu ator social apontado e são concernentes ao contexto trabalhado, além de serem bem específicas.

A última frase, funcionando como fecho de ouro, alinhava a imigração com o desenvolvimento da sociedade brasileira e trata os imigrantes como sua parte constitutiva, o que amarra o texto com um humanismo inteligente que rende credibilidade e pontos.

14.2 PROPOSTA DE EXERCÍCIOS

1. Peça aos alunos conclusões constituídas de acordo com o modelo de retomada, duas ou três propostas de intervenção específicas e fecho de ouro para ao menos cinco dos seguintes problemas: violência urbana; corrupção na política; falta de água; cultura do mínimo esforço; epidemia de dengue; urbanização; redução da pobreza; lixo atômico.

2. Troque entre os alunos as conclusões feitas e peça que analisem cada uma de acordo com as cinco perguntas da página 187, pontuando-as de 0 a 200 pontos.

3. Peça aos alunos para reescreverem as seguintes conclusões de acordo com nosso modelo de retomada, com duas ou três propostas de intervenção específicas e fecho de ouro:

a) Redação sobre "Os limites do humor"

> Neste sentido, o humor é importante e eficiente, pois se encaixa perfeitamente a casos e situações sérios e constrangedores. Assim, faz-se necessário o bom senso em certas ocasiões e momentos, para não ultrapassar o limite da piada. (N. A.)

Nota: a conclusão é muito curta e genérica. O que são "casos e situações sérios e constrangedores"? Sugerir "bom senso" como intervenção não diz nada efetivo, é uma recomendação excessivamente generalista, e falta ao texto algo bem específico.

b) Redação sobre "O poder da mídia"

> Em suma, os meios de comunicação são necessários para o desenvolvimento do mundo globalizado. Então, o governo deveria montar comissões que fiscalizem e denunciem os abusos na comunicação e ainda conscientizar a população por meio de propagandas para denunciar. Ainda deveria incluir nas escolas a divulgação e o estudo da Constituição Federal, ampliando o conhecimento da lei por meio de oficinas, palestras e aulas extras. (M. L.)

Nota: a segunda frase tem o sentido incompleto: "para denunciar" o quê? O "estudo da Constituição Federal" é muito amplo, ficaria melhor o estudo de leis relativas à mídia. Oficinas, palestras e aulas extras sempre são uma boa ideia, mas poderiam ser sugeridas para escolas públicas e particulares.

c) Redação sobre "Mobilidade urbana"

> Então, para uma melhoria universal às pessoas em seu cotidiano é preciso repensar a mobilidade urbana. Sendo assim, faz-se necessário o investimento em transporte coletivo de qualidade, principalmente nos de longa distância, como os metrôs. Assim também, menos ciclovias "ocupando" o espaço de circulação dos ônibus nas cidades. Além disso, horários alternativos para funcionários de indústrias, com a política de abono fiscal para essas empresas, para assim diminuir o número de pessoas nas ruas esperando o transporte em horários de pico. (E. M.)

Nota: menos ciclovias é uma intervenção corajosa e que se torna diferencial, pois o consenso geral é que as ciclovias são uma boa opção. No corpo da redação, a aluna argumentou que as ciclovias não são eficientes em termos de transporte de massa, pois ocupam muito espaço e proporcionalmente transportam poucas pessoas. A sugestão dos horários alternativos é baseada em práticas de vários países desenvolvidos e também havia sido discutida no texto.

CAPÍTULO 15
ELIMINANDO IMPRECISÕES

A união das exigências das Competências III e IV nos dá a pista para as intenções deste capítulo. A Competência III fala sobre a "defesa de um ponto de vista", enquanto a Competência IV é sobre "os mecanismos linguísticos necessários para a construção da argumentação". Portanto, podemos perceber que há a necessidade de uma objetividade baseada na produção de um bom texto, que postule claramente seus parâmetros.

A questão toda pode ser resumida pela necessidade de geração de sentidos precisos. Isso se consegue produzindo introduções em que se apresentam corretamente tema e contexto e nas quais haja uma tese clara, com os parágrafos de argumentação coerentes e bem concatenados, e conclusões que façam a retomada das ideias e apresentem as propostas de intervenção.

Além disso, internamente ao texto, uma boa estratégia para eliminar as possibilidades de desvio da objetividade desejada é evitar palavras e expressões que carreguem sentidos de imprecisão. Muitos desses termos – ou até mesmo todos eles – não são gramaticalmente errados, mas imbuem os textos de orientações que podemos considerar ao menos indesejáveis.

Inserir dúvidas ou generalidades em uma redação que tenta provar opiniões não é sábio. E alguns recursos típicos são, justamente, plataformas para esse tipo de processo, ainda que não sejam normalmente apontadas como tal. Na revisão dos textos dos alunos, sempre apontamos essas construções textuais como prejudiciais e sugerimos sua eliminação ou substituição por termos geradores de assertividade.

Uma introdução que comece com "Desde os tempos antigos" ou "Há muito tempo", por exemplo, não é gramaticalmente incorreta, mas insere sentidos de imprecisão. De quanto "tempo antigo" se fala? Uma vez que a noção é muito abstrata, podem-se considerar períodos tão diferentes quanto cinquenta ou quinhentos anos como muito tempo.

As novas gerações, em especial, tendem a considerar períodos cada vez mais curtos como muito tempo. É preciso lembrar que, na era da internet de banda larga, esperar um minuto para o carregamento de um site pode ser considerado quase uma eternidade. Portanto, "Desde os tempos antigos" ou "Há muito tempo", recursos típicos de introduções, constroem um tipo de sentido que, na verdade, não é sentido nenhum.

Em vez de usar esses termos, é necessário delimitar mais precisamente o tempo, de acordo com o contexto histórico do tema abordado. Em uma redação sobre o trote universitário, por exemplo, é muito preferível dizer que suas raízes remontam à Idade Média do que pontuar que ele existe "há muito tempo".

"Desde sempre" também é muito ruim. Salvo o fato de os seres humanos respirarem oxigênio, muito poucas coisas podem ser efetivamente apontadas como tendo acontecido "desde sempre". Esse "sempre" nem é abstrato, pois aponta para o início dos tempos ou, ao menos, para o início da história humana ou para o início das sociedades.

O problema é que, efetivamente, aponta para coisas que aconteceram sempre, sem exceção temporal, sem brechas ou hiatos. E, na prática, nada na história tem essa característica, ou ao menos isso não se consegue provar. "Desde sempre a humanidade brigou por ascensão social"? Não é possível provar que, continuamente, em nenhum momento a humanidade tenha deixado de procurar por isso.

É preferível apontar temporalidades precisas: em vez de "Desde os tempos antigos", ou "Há muito tempo", é mais eficiente usar expressões como "Desde a Idade Média" ou "Desde o Renascimento", que resolvem muito melhor o texto e constroem um sentido preciso e culto, contando pontos para o autor.

A expressão "entre outros" também não é recomendável, pois traz sentidos de desconhecimento e enrolação. Na frase "A exposição a níveis elevados de estresse pode causar efeitos como depressão e fadiga, entre outros" não é gramaticalmente incorreta, mas é fácil perceber tanto a desnecessidade quanto os sentidos indesejáveis de falta de conhecimento de outras consequências que o termo apontado carrega.

A impressão passada é que o autor do texto ficou com preguiça de elencar outros tópicos ou os desconhece, e nenhuma dessas opções é algo que se deseje em uma redação que tem a intenção de provar determinado ponto de vista.

Sugerimos dois procedimentos: a eliminação do uso da expressão e, quando for o caso, o complementar das citações. A frase "A exposição a níveis elevados de estresse pode causar efeitos como depressão e fadiga, entre outros" seria muito mais bem construída com a supressão do termo problemático e o adicionar de outro sintoma: "A exposição a níveis elevados de estresse pode causar efeitos como depressão, fadiga e enxaquecas". Assim, está eliminado o sentido de preguiça e desconhecimento e fechado o ciclo de significação com objetividade.

Outras expressões que também causam problemas ligados à incerteza são "talvez" e "quem sabe". Muitas vezes, encontramos frases do tipo: "Se essas medidas forem tomadas, talvez o problema possa ser resolvido", ou "Quem sabe, se o governo implementar tais ações, os danos possam ser minimizados".

Mesmo um leitor pouco treinado pode perceber que os sentidos gerados nessas frases são pouco assertivos. Uma vez que, na dissertação argumentativa, se deve defender um ponto de vista com argumentações sólidas, e se isso é tão valorizado no ENEM, tudo o que não se quer é um texto que aponte que o autor não tem certeza se suas proposições terão realmente algum efeito.

Nesse sentido, é muito importante lembrar a importância das propostas de intervenção. Considerando que elas ocupam todo o escopo de uma das Competências, a V, e considerando, como deixamos claro, que uma redação ENEM não terá uma boa avaliação sem sua presença, termos que evocam incerteza como "talvez" e "quem sabe", se colocados nas propostas de intervenção, são não apenas indesejáveis, mas também prejudiciais.

Como uma boa argumentação, com argumentos sólidos e coerentes ao tema, corroborados preferencialmente por referências externas à coletânea, apoia muito a construção do autor como um pensador culto e articulado, os termos citados trabalham no sentido oposto, diminuindo o valor de suas construções de raciocínio.

É como um vendedor que diga: "É preferível comprar no concorrente, pois lá é mais barato", ou "Esse produto não é muito bom, ainda mais por esse preço". Ou, se passarmos para a esfera pessoal, é como uma pessoa que diga à outra pela qual se interessa: "Eu não recomendaria que você tivesse um relacionamento comigo, pois não valho muito a pena".

As construções textuais que usamos de exemplo – "Se essas medidas forem tomadas, talvez o problema possa ser resolvido" e "Quem sabe, se o governo implementar tais ações, os danos possam ser minimizados" – poderiam ser mudadas para: "Se essas medidas forem tomadas, certamente o problema será resolvido" e "A implementação dessas ações possibilitará que o governo diminua os danos". Essas pequenas mudanças garantem que as frases ganhem sentidos de afirmação, muito benéficos.

As raízes conceituais e psicológicas da utilização desses termos talvez possam ser rastreadas longinquamente, mas, para os objetivos deste livro, o que importa é deixar clara a inoperância que provocam. Como "talvez" e "quem sabe" são diminuidores de impacto e assertividade, sua utilização é como um boxeador usar almofadas amarradas nas mãos em vez de luvas.

O "etc." também deve ser evitado. Pior ainda que "dentre/entre outros", o "etc." parece muito artificial, quase uma abreviatura, uma não palavra. Na frase "A poluição do ar causa muitos problemas, como o aumento de doenças respiratórias, a queda na qualidade de vida etc.", o termo causa uma quebra da continuidade do texto e imprime também a impressão de desconhecimento e/ou de preguiça. Mais uma vez, sentidos indesejáveis.

Portanto, uma construção textual otimizada seria: "A poluição do ar causa muitos problemas, como o aumento de doenças respiratórias, a queda na qualidade e na expectativa de vida e alguns tipos de câncer". A eliminação do "etc." e a aposição de novas exemplificações retira os sentidos de preguiça e incompletude e posiciona o texto como mais embasado, tornando-o mais eficiente.

O uso de reticências, da mesma maneira, não se pode recomendar, pois esse recurso causa indeterminação, incompletude. Seu uso em textos poéticos ou em prosa de sentido mais aberto que uma redação é corrente e correto, mas em uma redação que tem de ser objetiva causa um estrago considerável.

Em qualquer ponto do texto as reticências são indesejáveis, mas tomemos um exemplo de frase final de uma conclusão para pontuar fortemente sua significação. Se depois da apresentação de algumas propostas de intervenção o autor afirma que "Assim, o problema da corrupção pode ser combatido e, se não eliminado, fortemente diminuído...", as reticências criam um sentido de abertura e de falta de finalização que não tem justificativa e muito menos necessidade.

No exemplo dado, a simples transformação das reticências em um ponto final resolve o problema: "Assim, o problema da corrupção pode ser combatido e, se não eliminado, fortemente diminuído.".

15.1 PROPOSTA DE EXERCÍCIOS

O importante com relação ao tema deste capítulo é o policiamento do uso dos termos citados e sua progressiva eliminação nas redações. Isso se consegue fazendo atentar para os prejuízos causados por eles, em sala de aula e principalmente nas correções que se faz presencialmente. É possível tomar exemplos dos textos dos alunos e comentá-los em sala. Também deixamos aqui propostas de reconstruções simples com análise dos efeitos, para sedimentação dessas orientações na mente dos estudantes.

1. Nas frases a seguir, elimine e substitua os termos grifados por outras palavras e expressões que construam sentidos de precisão e conhecimento. Depois, compare os significados gerados pela frase dada e pela que você produziu.

   a) <u>Desde os tempos antigos</u>, o homem busca estabelecer em sociedade uma posição privilegiada, de elevado *status*.

   b) <u>Há muito tempo</u>, o computador vem se tornando uma ferramenta essencial de trabalho.

   c) <u>Desde sempre</u>, é possível notar que a aglomeração de pessoas nos centros urbanos tem sido um problema.

   d) As grandes cidades sofrem com problemas de mobilidade urbana, como lotação excessiva do transporte público, demoras nos deslocamentos, aumento da poluição do ar, <u>entre outros</u>.

e) Se governos e iniciativa privada se unirem para tomar ações sociais significativas, <u>talvez</u> o problema da má qualidade da educação possa ser solucionado.

f) <u>Quem sabe</u>, com a promulgação de leis mais rígidas e com sua efetiva aplicação, a corrupção diminua.

g) Entre os sintomas da dengue, é possível citar dores nas articulações, febre, fadiga <u>etc</u>.

h) A crise hídrica foi causada por vários fatores: mudanças climáticas, falta de planejamento<u>...</u>

CAPÍTULO 16
SIGLAS

Este é um capítulo simples sobre um problema simples de resolver. A utilização de siglas na redação para o ENEM é frequente, porque os temas são sociais e têm, inerente a eles, a atuação de uma série de entidades de variados escopos.

Mas as siglas podem se tornar um problema sério para o leitor universal. Uma vez que ele não sabe nada, não sabe também o significado delas. Na construção do raciocínio científico em trabalhos de iniciação científica, conclusão de curso, mestrado e doutorado, uma boa regra que se adota é: quando da primeira citação de um conceito, é necessária sua explicação imediata.

É bom que se adote o mesmo raciocínio para as siglas: é preciso definir seus significados na primeira vez que aparecem. O leitor universal não sabe o que são o IBGE, a OTAN ou o IBAMA.

As siglas citadas demonstram uma peculiaridade de sua estrutura: há siglas literais e siglas não literais. A maioria das siglas é literal, como IBGE (Instituto Brasileiro de Geografia e Estatística) e OTAN (Organização do Tratado do Atlântico Norte), mas siglas como IBAMA (Instituto Brasileiro do Meio Ambiente e dos Recursos Naturais Renováveis), não literais, são mais difíceis de lembrar, e é necessário cuidado com elas.

Há, ainda, siglas em outras línguas, que, diferentemente de OTAN (originalmente NATO), são citadas em sua configuração linguística de origem, como IRA (Irish Republican Army), cuja tradução seria ERI, de Exército Republicano Irlandês. Nesses casos, o correto é citar a sigla original e sua tradução para o português: "O IRA, Exército Republicano Irlandês, declarou que [...]".

Existem duas formas básicas para a inserção das siglas no texto: a sigla seguida por sua definição ou o nome por extenso seguido da sigla. A segunda forma nos parece mais clara. Em ambas, é possível usar parênteses ou vírgulas, sendo que na primeira forma as duas opções são válidas e, na segunda, o uso dos parênteses fica melhor.

Essas formas básicas têm estas configurações:

- "O IBGE, Instituto Brasileiro de Geografia e Estatística, publicou um comunicado [...]."
- "O IBGE (Instituto Brasileiro de Geografia e Estatística) publicou um comunicado [...]."
- "O Instituo Brasileiro de Geografia e Estatística (IBGE) publicou um comunicado [...]."

Nomes de países, como Estados Unidos da América (EUA), também devem ser definidos dessa forma, e recomendamos a última estrutura textual mostrada: nome por extenso seguido da sigla.

Portanto, é preciso que o professor, ao levantar em sala de aula a necessidade ou a opção de se citar na redação uma entidade que tenha uma sigla, aponte clara e repetidamente a obrigatoriedade de sua definição.

Depois que o significado da sigla foi esclarecido, é possível usar apenas ela, caso haja a necessidade de nova citação da entidade à qual se refere. Se a sigla IBAMA já foi definida no segundo parágrafo como "Instituto Brasileiro do Meio Ambiente e dos Recursos Naturais Renováveis", no terceiro é possível usar apenas "IBAMA". Essa também é uma regra da pesquisa acadêmica.

Ainda, é importante dizer que as siglas devem ser grafadas em maiúsculas, pois, uma vez que as redações são escritas a mão, assim elas se destacam no texto. Numa redação, escrever siglas com apenas a inicial maiúscula não as destaca no texto, apesar de, em alguns casos, ser uma convenção do mercado editorial, como é o caso de Unesp (Universidade Estadual Paulista "Júlio de Mesquita Filho") e PUC-Rio (Pontifícia Universidade Católica do Rio de Janeiro).

Como destacar as siglas é uma boa prática, é muito melhor usar sempre as maiúsculas. Portanto, nada de escrever "O presidente dos *eua* [...]", e sim "O presidente dos *EUA* [...]".

Como se nota, as siglas são simples. É interessante que o aluno saiba suas definições corretas e as utilize, e é bem comum o esquecimento de algum significado ou até mesmo da própria sigla durante a prova, por conta da pressão. Por isso, esse é mais um ponto ao qual o professor de redação deve dedicar sua atenção.

16.1 PROPOSTA DE EXERCÍCIOS

Oriente os alunos para que criem frases de apresentação das siglas abaixo, cada uma em suas três configurações possíveis: a) sigla seguida por sua definição entre vírgulas;

b) sigla seguida por sua definição entre parênteses; c) nome por extenso seguido da sigla entre parênteses.

- MINC (Ministério da Cultura)
- BNDES (Banco Nacional de Desenvolvimento)
- BRICS (Brasil, Rússia, Índia, China e África do Sul)
- FARC (Forças Armadas Revolucionárias da Colômbia)
- MERCOSUL (Mercado Comum do Sul)

CAPÍTULO 17
TABELAS, GRÁFICOS E ESTATÍSTICAS

Nas provas de todos os tipos de exame e nas coletâneas, é muito comum que tabelas, gráficos e infográficos sirvam como material de apoio e que estatísticas sejam apresentadas dentro dos textos de referência. Saber fazer a interpretação desses dados é vital tanto para as questões quanto para a produção de textos.

Para a escrita da redação, além de saber interpretar as informações, é preciso saber utilizá-las, dissertando sobre elas e usando-as como alavancas da argumentação.

Ao fazer a correção de textos, o primeiro problema que percebemos é a pressuposição de conhecimento: a citação dos dados como se o leitor universal os conhecesse ou conhecesse sua fonte de antemão. Textos como "baseado na tabela dada, é possível perceber [...]" ou "de acordo com as informações fornecidas no gráfico anexo [...]" são encontrados frequentemente.

A primeira ação, então, é cortar isso definitivamente, lembrando e relembrando o caráter "página em branco" do leitor universal, que tem a redação como única fonte de informações disponível e não conhecerá nada além do texto a ele fornecido, nem mesmo a coletânea.

Por isso, "tabela dada" e "gráfico anexo" não fazem nenhum sentido. A redação deve ser autossuficiente, pois o leitor universal não tem como consultar os textos de apoio. Assim, é muito grande a necessidade de se fazer o apontamento da fonte, com o maior número de detalhes possível e sem a pressuposição de conhecimento. Por exemplo: "Segundo uma pesquisa de 2015 do Datafolha, a quantidade [...]".

Além das evidentes vantagens da definição da fonte para o leitor universal, esse parâmetro da clara identificação traz outra vantagem: a de gerar credibilidade para o autor. Provavelmente, as coletâneas trarão apenas dados concretos e certificados, que podem e devem ser utilizados.

Uma das perguntas tradicionais em sala de aula é: "mas eu posso usar esses dados na redação, sem parecer cópia do texto?". "Sim, pode. Mas...", respondemos. E o "Mas..." quer dizer: uso inteligente dos dados, com a construção de raciocínio sobre eles.

Não basta transportar dados de uma tabela, gráfico, infográfico ou texto-base para a redação. Mesmo que oriundos de fonte confiável e referendada, dados isolados são frios e quase inúteis se não forem bem contextualizados. Aliás, podem até mesmo atrapalhar o desenvolvimento dos textos.

Quando a coletânea traz muitas informações estatísticas ou o aluno tem algumas preparadas e aplicáveis ao tema em seu repertório, é comum que cometa o erro da citação em cascata. Ou seja, o texto é construído com um literal derrame de informações, muitas vezes concatenadas em um parágrafo ou uma frase.

O efeito desse tipo de construção é devastador: a desorientação. O leitor universal, nosso Homer Simpson, não é conhecido por suas elevadas capacidades intelectuais. E, mesmo para um leitor mais preparado, a congregação e a exposição conjunta de um grande volume de dados numéricos não ajudam em nada, porque a retenção das informações é muito pequena.

Basta pensar na apresentação de estatísticas que se escuta e visualiza nos telejornais. Em uma eleição, por exemplo, o apresentador pode dizer:

> O candidato X tem estimativa de 41% dos votos, contra 24% de Y, o segundo colocado. Z, em terceiro lugar, tem 18% dos votos, e os candidatos A, B e C, juntos, somam 12%. Há 3% de votos em branco ou nulos e 2% de indecisos.

É bem provável que, caso se faça uma pergunta relativa a esses dados 30 segundos depois de sua veiculação, o telespectador já não se lembre deles. Um texto como esse, inserido em um parágrafo de desenvolvimento, não será lembrado com precisão no parágrafo seguinte.

Nesse tipo de construção textual em cascata, há unicamente a exposição dos dados; não há raciocínio sobre eles. Isso é mortal para uma dissertação argumentativa. Afinal de contas, como pontua a Competência III, é preciso "Selecionar, relacionar, *organizar* e *interpretar* informações [...] em defesa de um ponto de vista" (grifos nossos).

A metodologia de tripla leitura que apresentamos no Capítulo 3, "As três leituras da coletânea", certamente pode ajudar a lidar com essas exigências. A primeira leitura traz o conhecimento da existência dos dados, a segunda propicia o apontamento dos dados principais, e a terceira pode ser utilizada para relacionar os dados com o repertório e para derivações, com a posterior organização do posicionamento desses dados no texto, aproveitando nosso modelo estrutural.

O caderno cinza de questões do segundo dia do ENEM 2016 trazia, em sua página 16, questão 133, o seguinte infográfico:

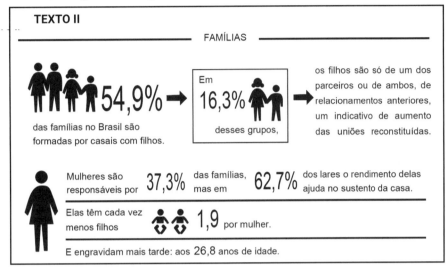

Figura 17.1 Dados da questão 133 do caderno cinza do ENEM 2016, p. 16.

Uma abordagem comum – e corriqueira – desse infográfico seria a cascata de informações: a citação quase literal dos dados. A forma que esse texto poderia assumir seria mais ou menos esta:

> Dados de uma pesquisa do IBGE revelam que 54,9% das famílias brasileiras são formadas por casais com filhos. Um percentual de 16,3% delas tem filhos de apenas um dos cônjuges, ou de ambos, mas de relacionamentos anteriores. A pesquisa revelou, ainda, que as mulheres são responsáveis por 37,3% dos lares, e que estão tendo menos filhos – média de 1,9 – e engravidando mais tarde, aos 26,8 anos.

Faça agora um exercício: feche os olhos e tente se lembrar dos dados, exatamente como estão expostos. Muito provavelmente, você não conseguirá recuperar acertadamente o conteúdo e deverá, inclusive, confundir números e porcentagens. Isso é absolutamente normal, a não ser que você seja um gênio da memorização. Além disso, esse parágrafo representa apenas uma transcrição dos dados, e não seu uso inteligente.

O melhor aproveitamento desse tipo de informação acontece se for feita a organização seletiva e a derivação de informações. Para isso, as três leituras ajudam muito. Na primeira, cria-se a familiaridade com os dados. Na segunda, destacam-se as informações principais. As informações que destacaríamos seriam as seguintes, marcadas com círculos e retângulos:

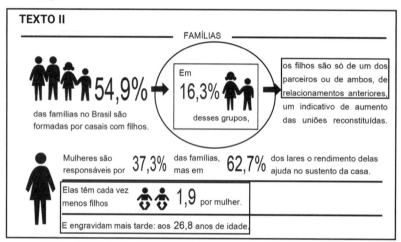

Figura 17.2 Dados da questão 133 do caderno cinza do ENEM 2016, p. 16, destacados na segunda leitura.

A terceira leitura é o momento de relacionar os dados selecionados com conceitos de outras disciplinas e com o repertório individual, principalmente derivando raciocínios elaborados a partir das informações.

O aluno deve ser orientado para, por exemplo, baseado nos pontos destacados, perceber e ser capaz de elaborar em texto a existência de uma nova organização das famílias brasileiras – desviando-se do modelo tradicional e sobre a qual a mídia tem comentado – e um movimento de maior independência da mulher, que passa a ter filhos mais tarde e em menor número, muito provavelmente em função de sua dedicação ao trabalho.

Esse processo de derivação e de construção de bons raciocínios deve ser ensinado e constantemente acionado pelo professor.

Do mesmo modo que apresentamos o exemplo de abordagem de dados estatísticos e de derivação e raciocínio com base em um infográfico, também o faremos utilizando tabelas, gráficos e dados estatísticos inseridos nos textos de referência.

Em seguida, apresentamos uma tabela acerca das Copas do Mundo FIFA, com a exposição de ano de realização, país-sede e campeão.

Ano	País	Campeão	Ano	País	Campeão
1930	Uruguai	Uruguai	1974	Alemanha Ocidental	Alemanha Ocidental
1934	Itália	Itália	1978	Argentina	Argentina
1938	França	Itália	1982	Espanha	Itália
1942	–	–	1986	México	Argentina
1946	–	–	1990	Itália	Alemanha Ocidental
1950	Brasil	Uruguai	1994	Estados Unidos	Brasil
1954	Suíça	Alemanha Ocidental	1998	França	França
1958	Suécia	Brasil	2002	Coreia do Sul e Japão	Brasil
1962	Chile	Brasil	2006	Alemanha	Itália
1966	Inglaterra	Inglaterra	2010	África do Sul	Espanha
1970	México	Brasil	2014	Brasil	Alemanha

Tabela 17.1 Relação das Copas do Mundo FIFA, com países-sede e campeões

A Tabela 17.1 permite uma série longa de inferências. O domínio de países em que o futebol é um esporte tradicional, por exemplo, é uma delas. O Brasil ganhou cinco copas, a Alemanha quatro (três como Alemanha Ocidental) e a Itália também quatro. A Inglaterra, país detentor do título informal de "inventor do futebol", tem apenas um título, de quando a Copa foi realizada em seu território.

Essas informações são mais diretas, sendo que sua depuração não depende de um índice de raciocínio apurado. Utilizar esses dados é definitivamente correto, mas mais interessante ainda é derivar concepções mais instigantes. Dizer que as Copas do Mundo de 1942 e 1946 não puderam ser realizadas em função da Segunda Guerra Mundial já é uma derivação, pois demanda um acionamento do repertório individual. Indo além no processo, é possível fazer um raciocínio a partir da relação de países-sede.

Até 2014, foram realizadas vinte Copas do Mundo. Delas, apenas duas (Coreia do Sul e Japão, em 2002, e África do Sul, em 2010) tiveram como sede países fora das zonas geográficas da América Latina e da Europa. Obviamente, isso acompanha o desenvolvimento do próprio esporte, que tem nessas regiões seus mais tradicionais e fortes representantes, mas esses dados podem levar à constatação de uma falta de fomento ou de um fomento pequeno ao progresso universal do esporte.

Esse raciocínio é uma derivação importante e que destaca o autor, pois demonstra a habilidade de "Selecionar [...], *organizar* e *interpretar* informações [...] em defesa de um ponto de vista" (grifos nossos), como já apontamos que quer a Competência III.

O mesmo processo deve ser usado para trabalhar informações inferidas de gráficos e estatísticas inseridos nos textos de apoio. A seguir, apresentamos um gráfico com base nos locais de realização das Olimpíadas, simplificado para nossos fins.

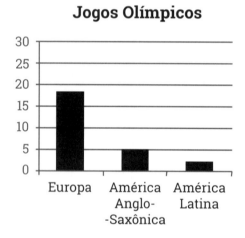

Gráfico 17.1 Locais de realização das Olimpíadas.

Uma abordagem comum desse gráfico seria a repetição dos dados, pontuando que a grande maioria das Olimpíadas foi realizada na Europa (18 de 25), sendo que a América Anglo-Saxônica (Estados Unidos e Canadá) foi sede em cinco ocasiões (um quinto do total) e a América Latina (no caso, México e Brasil) em apenas dois eventos.

Uma abordagem mais inteligente, todavia, suscitaria o fato de que, mesmo que as Olimpíadas demandem uma sólida infraestrutura, não as realizar em países emergentes e menos centrais não estimula nesses locais o desenvolvimento de uma base que permitiria a evolução do esporte e da sociedade. Essa postura, poderia ser apontado, contraria um dos objetivos primordiais do evento, que é justamente o fomento ao desenvolvimento universal da prática esportiva.

Quando as informações estatísticas vêm contidas em textos, é também necessária uma leitura atenta e derivativa. O caderno de questões amarelo do ENEM 2012 continha, na página 2, o seguinte texto como parte da coletânea:

> **Trilha da Costura**
>
> Os imigrantes bolivianos, pelo último censo, são mais de 3 milhões, com população de aproximadamente 9,119 milhões de pessoas. A Bolívia em termos de IDH ocupa a posição de 114º de acordo com os parâmetros estabelecidos pela ONU. O país está no centro da América do Sul e é o mais pobre, sendo 70% da população considerada miserável. Os principais países para onde os bolivianos imigrantes dirigem-se são: Argentina, Brasil, Espanha e Estados Unidos.
>
> Assim sendo, este é o quadro social em que se encontra a maioria da população da Bolívia, estes dados já demonstram que as motivações do fluxo de imigração não são políticas, mas econômicas. Como a maioria da população tem baixa qualificação, os trabalhos artesanais, culturais, de campo e de costura são os de mais fácil acesso.
>
> OLIVEIRA, R.T. Disponível em: http://www.ipea.gov.br. Acesso em: 19 jul. 2012 (adaptado).

Figura 17.3 Texto contido no caderno amarelo do ENEM 2012.

Uma seleção dos dados mais relevantes no texto da Figura 17.3 deveria apontar o número de mais de 9 milhões de imigrantes bolivianos no Brasil, bem como o índice de 70% da população boliviana ser considerada miserável. Esses dados são quase assustadores e, por isso, impactantes. Essa é outra lição do trabalho com dados nas redações: é preciso lançar mão de informações que impressionem.

Um raciocínio derivado do texto pode tomar como base esses dados e aliá-los ao final do texto, em que se afirma que razões econômicas levam ao alto fluxo de imigrantes, além de sua baixa qualificação formal os direcionar para trabalhos artesanais e pouco valorizados, o que permite sua exploração e pouco propicia a melhoria de sua qualidade de vida.

Raciocinar e saber expor derivações, como se viu, é fundamental. O professor deve trabalhar essa perspectiva e ensinar a lidar com dados numéricos, em suas diversas formas de apresentação.

17.1 PROPOSTA DE EXERCÍCIOS

1. Proponha aos alunos a escrita de um parágrafo que analise em termos derivativos os itens a seguir.

a) Infográfico disponibilizado no caderno de questões amarelo do ENEM 2013 como questão 132, na página 17.

Casados e independentes

Um novo levantamento do IBGE mostra que o número de casamentos entre pessoas na faixa dos 60 anos cresce, desde 2003, a um ritmo 60% maior que o observado na população brasileira como um todo...

Aumento no número de casamentos (entre 2003 e 2008)

Entre pessoas acima dos 60: **44%**

Na população brasileira: **28%**

...e um fator determinante é que cada vez mais pessoas nessa idade estão no mercado de trabalho, o que lhes garante a independência financeira necessária para o matrimônio.

População com mais de 60 anos no mercado de trabalho

Em 2003: **31%**

Hoje*: **38%**

Fontes: *IBGE e Organização Internacional do Trabalho (OIT)*
* Com base no último dado disponível, de 2008

Veja, São Paulo, 21 abr. 2010 (adaptado)

b) Gráfico disponibilizado como questão 132 no caderno azul do ENEM 2010, na página 19.

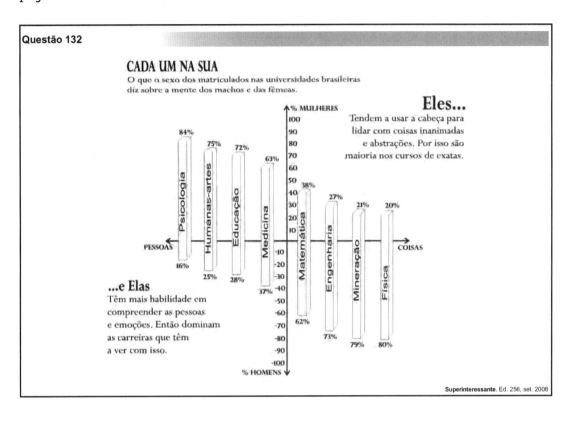

c) Texto disponibilizado no caderno azul do ENEM 2010, na página 17, como base para as questões 125 e 126.

A carreira do crime

Estudo feito por pesquisadores da Fundação Oswaldo Cruz sobre adolescentes recrutados pelo tráfico de drogas nas favelas cariocas expõe as bases sociais dessas quadrilhas, contribuindo para explicar as dificuldades que o Estado enfrenta no combate ao crime organizado.

O tráfico oferece aos jovens de escolaridade precária (nenhum dos entrevistados havia completado o ensino fundamental) um plano de carreira bem estruturado, com salários que variam de R$ 400,00 a R$ 12.000 mensais. Para uma base de comparação, convém notar que, segundo dados do IBGE de 2001, 59% da população brasileira com mais de dez anos que declara ter uma atividade remunerada ganha no máximo o 'piso salarial' oferecido pelo crime. Dos traficantes ouvidos pela pesquisa, 25% recebiam mais de R$ 2.000 mensais; já na população brasileira essa taxa não ultrapassa 6%.

Tais rendimentos mostram que as políticas sociais compensatórias, como o Bolsa-Escola (que paga R$ 15 mensais por aluno matriculado), são por si só incapazes de impedir que o narcotráfico continue aliciando crianças provenientes de estratos de baixa renda: tais políticas aliviam um pouco o orçamento familiar e incentivam os pais a manterem os filhos estudando, o que de modo algum impossibilita a opção pela deliquência. No mesmo sentido, os programas voltados aos jovens vulneráveis ao crime organizado (circo-escolas, oficinas de cultura, escolinhas de futebol) são importantes, mas não resolvem o problema.

A única maneira de reduzir a atração exercida pelo tráfico é a repressão, que aumenta os riscos para os que escolhem esse caminho. Os rendimentos pagos aos adolescentes provam isso: eles são elevados precisamente porque a possibilidade de ser preso não é desprezível. É preciso que o Executivo federal e os estaduais desmontem as organizações paralelas erguidas pelas quadrilhas, para que a certeza de punição elimine o fascínio dos salários do crime.

Editorial. **Folha de São Paulo**. 15 jan. 2003.

d) Tabela adaptada de uma pesquisa do Datafolha sobre a importância da garantia de privacidade das mensagens do aplicativo WhatsApp, visualizada no site da instituição no dia 17 de fevereiro de 2017 (a pesquisa, segundo a instituição, foi feita com usuários; na tabela a seguir foram acrescentados dados ficcionais, que não constam na publicação consultada, mas que visam dar substrato a este exercício).

Muito importante	65%
Importante	29%
Mais ou menos importante	2%
Pouco importante	1%
Nada importante	1%

CAPÍTULO 18
LEITURA DE IMAGENS

No Capítulo 3, "As três leituras da coletânea", apresentamos um método desenvolvido para potencializar o entendimento dos textos em que as redações se baseiam, propondo que o aluno leia-os três vezes, com distintos objetivos e em uma progressão de construção de significados e relações cognitivas.

O que exporemos aqui é muito parecido: também dividida em três momentos, propomos uma metodologia de leitura e análise de imagens. Portanto, esta proposta também se alinha com o Capítulo 17, "Tabelas, gráficos e estatísticas", em que tecemos uma modelagem de trabalho voltada para esses formatos de apresentação de dados.

Então, esses capítulos podem ser pensados como guias para a construção de um bom raciocínio, como deixamos claro que é nossa intenção geral com este livro. No caso da leitura de imagens, acreditamos que seja necessário um capítulo separado, porque os alunos recebem, tanto ao longo do Ensino Fundamental quanto no Ensino Médio, maus treinamentos nesse quesito.

O problema perdura nas graduações e mesmo nas pós-graduações, e pode ser identificado como "síndrome de onisciência". Alguns narradores de futebol desenvolvem tal característica e a expressam quando dizem algo como: "Neymar pensou em fazer o passe longo para Messi, mas o zagueiro roubou a bola antes". Como assim, "Neymar pensou"? O narrador desenvolveu poderes divinatórios e leu a mente do jogador?

Do mesmo modo, em vários níveis de escolaridade, quando os alunos são desafiados com a interpretação de imagens, a síndrome de onisciência se apresenta. Mesmo professores a desenvolvem, quando, ao analisar um quadro como a *Monalisa*, de Leonardo da Vinci, utilizam para discuti-lo expressões como "o artista quis" ou "a intenção do artista era". Claro que seria interessante saber o que da Vinci pensou ao pintar sua obra mais conhecida, mas isso é literalmente impossível.

"Objetividade" é a palavra que se esquece. A leitura de imagens tem de ser objetiva, e não cogitativa. O problema é que imagens são representações quase tão abertas a interpretações quanto a poesia. O sorriso da Monalisa é citado há tempos como um enigma da arte e, dado o fato de que a intenção de da Vinci ao construí-lo daquela maneira não pode ser conhecida, o que pode existir em termos de análise dela são considerações subjetivas.

Todavia, esse caso tão emblemático nos traz uma resposta. O que é possível analisar do sorriso da Monalisa é sua presença. Ele está lá, e não há como provar, a partir do quadro, sua inexistência. A Monalisa sorri, e isso é um fato. Num texto objetivo e responsável, pode-se afirmar: "Leonardo da Vinci representou a Monalisa sorrindo", mas não se pode dizer que, fazendo isso, "o artista teve a intenção de criar uma representação mais amigável da pessoa retratada" ou que "o sorriso da Monalisa significa que ela é uma mulher bem posicionada socialmente".

Mais uma vez, na leitura de imagens não é possível, ou ao menos prudente, falar em intenções do criador da imagem, salvo se houver depoimentos referendados nesse sentido. E expressões como "o sorriso da Monalisa significa [...]" devem ser substituídas por "o sorriso da Monalisa pode significar [...]" ou "é possível considerar, a partir do sorriso da Monalisa [...]".

A diferença é gigantesca. Dizer que tal coisa "significa" é uma afirmação forte, incontornável. Dizer que essa coisa "pode significar" é pensar a própria coisa no contexto da análise, um procedimento científico de construção do raciocínio bem montado que desvia o texto da sempre prejudicial síndrome de onisciência.

Para ajudar os alunos a entender isso, criamos uma abordagem de leitura de imagens em três patamares: leitura imediata, leitura identificativa e leitura crítico-relacional. Não é necessário que os alunos lembrem esses nomes, mas é preciso que realizem os procedimentos por eles representados.

Vamos apresentar esses níveis de leitura por meio de uma análise prática, valendo-nos de uma imagem que é a representação de um clássico dilema muito evocado quando se discute a formação do olhar e perspectivas de vida: o copo meio cheio ou meio vazio.

A metáfora que se trabalha é conhecida: quem pensa que o copo está meio cheio teria uma visão otimista, pois focada na quantidade de líquido que há no copo; quem pensa que o copo está meio vazio teria uma visão pessimista, focada na falta do líquido ou no espaço vazio do recipiente. Essa visão, teoricamente, poderia ser adotada como a perspectiva geral da pessoa para "todas as coisas do mundo", mas essa também é uma afirmação perigosa. Reforçando nossa lição de objetividade, o que se pode dizer é que, no caso do copo com água até a metade, a pessoa tem essa ou aquela perspectiva apenas com relação ao copo e nada mais.

Figura 18.1 Representação do copo meio cheio ou meio vazio.

A Figura 18.1 representa muito bem esse dilema, e a usamos como modelo de análise de imagens porque, como se verá, podemos desenvolver a partir dela e dos elementos gráficos nela encontráveis uma visão objetiva e inquestionável.

O que mais salta ao olhar é o copo com água pela metade, que ocupa o centro e o primeiro plano. Do lado direito da imagem, vemos uma mulher que olha para o copo e que tem os lábios e a testa franzidos. Do lado esquerdo, outra mulher também olha para o copo, com as sobrancelhas erguidas e um sorriso.

É fácil notar e possível afirmar que o rosto da mulher da esquerda é mais leve que o da mulher da direita, que parece mais carregado, mais tenso. Essa é uma afirmação que se pode depreender do quadro, pois suas fontes estão lá: as duas mulheres e suas expressões.

As derivações é que não podem ser feitas. Não se pode, por exemplo, afirmar – como foi suscitado em algumas aulas – que a mulher da esquerda tem uma vida melhor que a da direita, ou que a mulher da direita é mais mal-humorada que da esquerda, pelo simples fato de que essas afirmações extrapolam de maneira quase mística o que a imagem em si nos propicia analisar.

É possível afirmar que as duas mulheres usam brincos. É possível afirmar que a mulher da direita usa um rabo de cavalo e a da esquerda tem o cabelo cortado quase à altura dos ombros, mas não que uma é mais feliz que a outra. A lição da objetividade na análise das imagens é focar nos elementos que estão lá e no que eles significam pragmaticamente.

É para possibilitar essa leitura pragmática que desenvolvemos uma metodologia em três estágios. O primeiro, leitura imediata, tem a ver com as sensações, com cores e formas. Não há análise objetiva, nenhuma. A imagem analisada anteriormente é em preto e branco, de traços marcantes, construída sobre a oposição das cores branca e preta, com três figuras proeminentes.

Na leitura imediata dessa imagem, é apenas isso que se deve notar, nem é preciso anotar nada. A leitura imediata demanda apenas se abrir às sensações, às primeiras impressões, sem qualquer julgamento crítico. Pode parecer pouco, mas não é: esse posicionamento abre espaço para uma análise responsável calcada nos elementos objetivos da imagem, e não em divagações externas ao que é representado.

Na leitura identificativa, nosso segundo patamar, podemos identificar os elementos: o copo com água pela metade em primeiro plano e as mulheres em segundo plano (essa é uma percepção posterior à identificação das três figuras proeminentes na imagem). Portanto, a partir disso é possível afirmar que o copo é o objeto central, mesmo porque os olhares das mulheres convergem para ele (essa também é uma análise objetiva, que pode ser observada a partir da imagem, como se nota na Figura 18.2, a seguir).

Figura 18.2 Convergência do olhar das mulheres.

Outras análises, "mais finas", também podem ser desenvolvidas. É possível notar que os traços da mulher da esquerda, a de cabelos soltos, são mais arredondados; e que os traços da mulher da direita, a de rabo de cavalo, são mais pontiagudos, triangulares.

As formas de cabelos, sobrancelhas e narizes das duas mulheres são construídas sob essa orientação, mas essas análises, possíveis de serem feitas, provavelmente não ajudariam muito o aluno numa redação, pois são muito específicas e se prestam a uma análise detalhada típica de cursos avançados de arte ou de estética.

Todavia, esses elementos dos traços demonstram o que é uma análise objetiva: pode-se afirmar que os traços da mulher da direita são mais agudos porque isso se pode depreender da imagem. Os traços mais arredondados da mulher da esquerda estão lá, e a imagem não mente sobre isso.

Retomando um de nossos pontos de argumentação apresentados anteriormente, a existência desses elementos do desenho não pode suscitar a afirmação de que a mulher da esquerda é mais feliz que a da direita, porque isso não se pode depreender da imagem. Simples assim.

Tendo como base os traços das duas mulheres, o que estes representam no contexto das expressões humanas e o dilema do copo meio cheio ou meio vazio, é possível depreender que a mulher da esquerda PARECE ter a perspectiva de que o copo está meio cheio, bem como que a mulher da direita PARECE ter a perspectiva de que o copo está meio vazio.

Isto é muito importante: as palavras "PARECE" do parágrafo anterior são fundamentais; não se pode, em definitivo, dizer que as mulheres têm esta ou aquela perspectiva, apenas é possível fazer uma análise propositiva montada no uso de estereótipos.

Ainda na leitura identificativa, há outro elemento gráfico inequívoco que pode ser trabalhado com grande objetividade. Se a discussão suscitada pela imagem é relativa à perspectiva otimista ou pessimista relacionada ao copo com água pela metade, e se as duas mulheres podem representar separadamente essas visões, a distância de cada uma delas do copo parece apontar uma resposta sobre qual das visões deve prevalecer. Na imagem, a mulher da esquerda está mais próxima do copo do que a mulher da direita.

Figura 18.3 Medição das distâncias entre o copo e as duas mulheres.

A diferença de largura entre o retângulo preto que representa a distância da mulher da esquerda, que quase não se nota, e o retângulo preto que representa a distância da mulher da direita, bastante proeminente, é bem grande (cerca de onze vezes maior).

Essa percepção nos transporta para a leitura crítico-relacional. Ela deve ser unicamente montada sobre elementos objetivos da imagem, que podem ser evocados para se construir um pensamento sobre seu significado. A grande diferença das distâncias permite afirmar que há a sugestão de que a visão otimista deve prevalecer.

Mas cuidado: *não* é possível afirmar que a imagem *definitivamente* apregoa que a visão otimista é a melhor, pois essa incontestabilidade não está presente na imagem. Isso faz muita diferença na construção da visão e na credibilidade do discurso do aluno.

Alguém que afirma que a imagem "diz" que a visão otimista é a melhor cai na armadilha da derivação subjetiva. Quem afirma que a imagem "parece indicar" que a visão otimista é a melhor está inequivocamente correto, pois subsidiado por elementos gráficos da imagem que não podem ser contestados. A leitura crítico-relacional promove o pensamento objetivo, se bem fundamentada.

Usando essa imagem e essas análises, é possível ensinar o aluno fundamentos pragmáticos de leitura de imagens. Com um pouco de prática e alguns exercícios, o processo de análise aqui demonstrado se cristaliza e a capacidade de análise e objetividade aumenta e permanece aguçada.

Para que essas noções fiquem ainda mais claras, vamos analisar uma imagem da marca italiana de roupas Benetton, que também nos fornecerá exemplos para os exercícios propostos. Nos anos 1990, a publicidade da marca estava sob a responsabilidade do fotógrafo italiano Oliviero Toscani, que criou uma identidade para a grife que divergia das identidades tradicionais da moda.

Aproveitando o *slogan* da marca, "*United Colors of Benetton*" ("Cores Unidas da Benetton"), Toscani firmou a identidade da marca em termos de união de culturas e identidades étnicas muito mais que pela variância das cores das roupas, uma característica forte da empresa. Muitas vezes, as imagens retratavam jovens de etnias variadas unidos e abraçados, com uma intenção que pode ser pensada como a de demonstrar que não há, na verdade, fronteiras e diferenças significativas.

Ainda, nas imagens e nas campanhas, Toscani desenvolvia um tom polêmico do qual gostava muito, acidamente crítico à publicidade tradicional e contrário a perspectivas sociais e culturais estabelecidas, elitistas e preconceituosas. No livro *A publicidade é um cadáver que nos sorri*, de sua autoria, o fotógrafo deixa bem clara sua postura (obra referenciada no Capítulo 22, "Referências para a construção do repertório").

Uma de suas imagens mais conhecidas é a que reproduzimos a seguir.

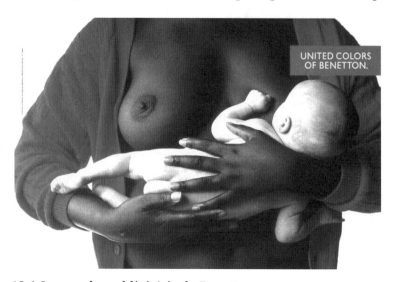

Figura 18.4 Campanha publicitária da Benetton.

A leitura imediata dessa imagem é marcada pela noção de contraste entre o tom da pele da mulher e o da pele do bebê. É a partir desses elementos sensitivos que se pode partir para o próximo nível de análise.

A leitura identificativa traz o sentido de maternidade e de cuidado, evidenciado pela forma como a mulher segura o bebê. A diferença de cor de pele entre a mulher e o bebê é bastante proeminente, e a nudez também assoma. Ainda, é possível identificar que a mulher veste um casaco típico da marca.

A leitura crítico-relacional vai gerar um raciocínio sobre a imagem e seus elementos. Obviamente, o que está em jogo é a representação mãe-criança, que, como montada – com uma mãe negra e uma criança branca –, evoca a figura histórica da ama de leite, função ligada à amamentação das crianças exercida muitas vezes pelas escravas.

Essa percepção amplia o horizonte de análise e cria uma perspectiva de camadas de significação: há o sentido de maternidade, mas há também uma lembrança histórica espinhosa e fundada na subjugação.

A Benetton sempre divulgou que esse tipo de imagem tinha a intenção de chocar e fazer pensar a respeito da situação retratada, sempre se colocando como favorável às minorias, o que no caso da Figura 18.4 seria equivalente a dizer que a marca queria retratar a situação histórica para mostrar a injustiça da escravidão. Muitos, todavia, acusavam a marca de explorar a situação social desfavorecida dos escravos em benefício próprio.

É possível também criticar a questão da nudez, pois não seria exatamente necessário que a mulher estivesse com um dos seios à mostra. Esse é mais um dos elementos da imagem passíveis de contestação, pois pode ser pensado como demasiadamente apelativo.

O que é importante deixar claro é que toda a análise que fizemos da imagem da Benetton, em seus três níveis, está fundada em elementos que estão presentes na imagem: cores, composição, presença da figura que representa a mãe e presença do bebê, evocação da ama de leite, nudez.

O cuidado com o discurso tem de ser tomado: o aluno não deve afirmar que a marca "quis colocar em cena a injustiça da escravidão", porque isso não está na imagem. O que está lá é a presença da mulher negra e da criança branca em uma montagem que remete à maternidade. Esses elementos podem ser pensados como evidenciação da ausência de diferenças entre as etnias, como parece querer a Benetton, mas também como evocadores da questão da escravatura e da ama de leite.

O aluno deve dizer isto com clareza: "a imagem da campanha da Benetton *sugere*, dentro do contexto histórico da escravidão, a retomada da figura da ama de leite". A imagem não afirma isso, mas certamente dá margem para essa análise. Como evidenciamos, a cogitação dessa significação é equilibrada e científica, gerando credibilidade. A afirmação incontestável é enganada e suscitadora da síndrome da onisciência.

Para que esses três patamares de leitura possam ser bem trabalhados em sala de aula, sugerimos os exercícios a seguir, com a continuidade das análises das imagens da Benetton e procedimentos de auxílio ao pensamento devidamente apontados.

18.1 PROPOSTA DE EXERCÍCIOS

1. Peça que os alunos analisem as imagens a seguir de acordo com os três níveis de leitura: 1) imediata, 2) identificativa e 3) crítico-relacional. Peça que relacionem separadamente na leitura 1 as sensações que as imagens provocam, que apontem na leitura 2 seus elementos constitutivos e que façam análises na leitura 3. Lembre que nada pode extrapolar as imagens e que análises equilibradas são montadas com cogitações a partir dos elementos das imagens, não a partir de afirmações que promovam a síndrome da onisciência.

    a) Imagem 1: anjo e diabo

A imagem a seguir é bastante polêmica. As crianças estão abraçadas, e isso pode ser pensado como união, mas é possível notar que a criança branca sorri e a criança negra não faz isso. Além disso, o coque do cabelo da criança negra lembra chifres, apesar de ser referido pela marca como um penteado tradicional. A criança branca, por conta de seus cachos, lembra a imagem de anjos barrocos. Portanto, poderia haver uma configuração que representasse a criança branca como um anjo e a criança negra como um demônio. Essa relação, principalmente a imagem de anjo, pode ser reforçada pelo fato de que não é possível identificar com absoluta certeza o sexo das duas crianças.

    b) Imagem 2: padre e freira

Uma imagem bastante polêmica, que pode ser pensada como um ataque à religiosidade, ainda mais se pensarmos que a Benetton é uma marca italiana e que, na Itália, o catolicismo é a religião predominante. A contraposição das cores branca e preta é marcante. Nas aulas, os alunos suscitaram a perspectiva do padre como explorador da freira, pois ele está de costas, e ela, de frente. Além disso, pode-se pensar que a leveza da imagem, marcada pela quase invisibilidade do chapéu da freira e pela aparente pureza do beijo, contrasta com o caráter antidogmático dela, bastante agressivo.

c) Imagem 3: paciente com doença relacionada ao HIV

A imagem foi uma das mais polêmicas da marca, que muitas vezes usava fotos feitas fora dos estúdios e de caráter documental. No caso, trata-se de um paciente com doença relacionada ao HIV em estágio avançado, rodeado pela família em seu leito. É quase impossível não notar que ele se assemelha a Jesus Cristo e que as poses do homem de camiseta preta, que parece ser o pai, e da mulher e da criança, que parecem ser mãe e irmã, ligadas ao conforto, podem evocar as imagens clássicas das *Madonnas*, representações conhecidas da Virgem Maria. Além disso, é possível notar um braço e uma mão do lado esquerdo da imagem, que, dado o contexto, muitas vezes foram associados a um padre dando a extrema-unção.

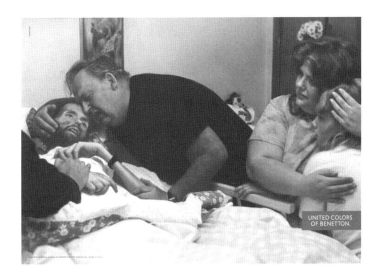

LEITURA DE IMAGENS

CAPÍTULO 19
REFERÊNCIAS-BASE

Um dos pontos fundamentais de nossas aulas é o desenvolvimento do repertório. Obviamente, sua valorização é justificada pragmaticamente pela Competência II do edital do ENEM, que fala na aplicação de "conceitos de várias áreas do conhecimento".

Esses conceitos, como se sabe e como discutimos nos Capítulos 13 e 22, "Referências internas/ilustrações, citações, paráfrases, analogias e a construção do repertório" e "Referências para a construção de repertório", respectivamente, devem ser oriundos tanto das outras disciplinas da matriz curricular do Ensino Médio quanto – e principalmente – do conhecimento de mundo dos alunos.

Por isso, o investimento na ampliação e na consolidação do repertório é fundamental, e ainda se alinha com nossa intenção de ensinar o aluno a pensar, expressa no "Prefácio". Essa construção do raciocínio tem de ser também pautada pela Competência II, que demanda a inserção dos referenciais "dentro dos limites estruturais do texto dissertativo-argumentativo em prosa".

É fundamental, portanto, que o aumento do repertório seja acompanhado pela consciência de *como* fazer sua aplicação nas redações, em termos formais. Para atender a tal exigência, temos o Capítulo 13, "Referências internas/ilustrações, citações, paráfrases, analogias e a construção do repertório", que aponta parâmetros práticos e simples de serem lembrados.

Com isso, a princípio, a necessidade da inclusão dos referenciais estaria atendida. Todavia, nas aulas, descobrimos um princípio muito útil que, além de ensinar a prática da aposição dos referenciais externos à coletânea nos textos, ainda cumpre a função de ensinar a pensar, certamente o maior legado que as aulas de redação podem deixar para os alunos.

Como metade das aulas era dedicada à construção do repertório e à sua colocação dentro dos limites estruturais dos textos dissertativo-argumentativos, notamos que algumas referências podiam ser utilizadas na construção de vários textos, de temáticas diferentes.

A partir disso, investimos na construção de algumas matrizes de raciocínio a que chamamos de "referências-base", que podem ser utilizadas como pontos de suporte de argumentação para múltiplos textos, guardadas as necessidades de adequação do ponto de vista e da forma de apresentação.

Essas referências-base sempre partem de alguma obra e constroem sobre ela uma rede semântica, ou seja, uma rede de outras obras e conceitos correlatos, que ampliam os horizontes de percepção e apoiam a construção do raciocínio e do repertório, propiciando, inclusive, a construção de outras referências-base.

Além disso, a rede semântica pode funcionar como guia para a ordenação dos argumentos. As diferentes referências que compõem uma referência-base podem ser inseridas coletivamente em nosso modelo estrutural ou trabalhadas individualmente pelos alunos, na construção de suas próprias linhas de argumentação, também com o apoio de nossa estrutura de trabalho.

Para tornar factível o recurso das referências-base, apresentamos a seguir duas delas, com os devidos apontamentos sobre sua aplicação.

19.1 EXEMPLOS DE REFERÊNCIAS-BASE

19.1.1 EXEMPLO 1 – VIGILÂNCIA

O tema da vigilância e/ou do direito à vigilância é sempre retomado pela mídia. O caso Edward Snowden, um analista de sistemas que revelou detalhes de programas de vigilância do governo dos Estados Unidos, ficou mundialmente conhecido. Polêmicas de espionagem entre governos sempre aparecem e, também, discute-se muito o problema do excesso de exposição nas redes sociais.

O poder de vigilância normalmente é atribuído ao Estado, que tem a prerrogativa de zelar pelo bem-estar de seus cidadãos. O excesso de exposição é difícil de ser regulado, pois implica alguma censura, o que sempre fere a liberdade de expressão. Os dois temas têm correlação no tocante à vigilância, e uma referência primordial para tratar dessa questão é o livro *1984*, de George Orwell.

No Capítulo 22, "Referências para a construção do repertório", a obra é a primeira a ser apresentada na seção "Livros". *1984* é uma antiutopia, ou distopia, publicada originalmente em 1948 e que retrata uma sociedade totalitária na qual os cidadãos não têm liberdade de ação e pensamento.

É importante esclarecer o que é uma antiutopia ou distopia, ou seja, algo diametralmente oposto a uma utopia. Se uma utopia é uma visão de futuro otimista, fundada na esperança dos melhores desenvolvimentos sociais, culturais e tecnológicos possíveis, uma distopia ou antiutopia inverte essa disposição, apresentando um futuro indesejável, marcado muitas vezes por níveis altos de repressão e controle, em boa parte ancorados em dispositivos tecnológicos punitivos ou detratores das relações humanas (um bom exemplo, em voga com os jovens, é a série original da Netflix *Black Mirror*).

É importante, nesse sentido, pautar que o nome da obra é uma inversão dos algarismos de dezena e unidade que compõem o ano de sua publicação original, 1948 ("48" se transforma em "84"). Em *1984*, Orwell apresenta uma sociedade totalitária, na qual quase todas as liberdades individuais foram suprimidas, em nome do bem-estar geral. Na obra, mesmo as mínimas ações dos cidadãos são controladas pelo Estado, e as mais ínfimas manifestações ou intenções de manifestações contra o regime são punidas com a tortura e/ou a morte.

O instrumento tecnológico que propicia essa vigilância é a teletela, aparelho parecido com uma televisão, mas que também capta imagens e está instalado na quase totalidade dos espaços públicos e privados. O que a obra constrói é a percepção de um sistema de vigilância total e inescapável. Por isso, o livro é quase claustrofóbico, e o impacto da leitura é bastante duro.

Ainda, é bom apontar que *1984* fornece a raiz da nomeação do programa *Big Brother Brasil*, da Rede Globo, uma vez que "Big Brother" ou "Grande Irmão" é o nome do líder da sociedade totalitária, idolatrado de maneira consensual ou impositiva pela vasta maioria dos cidadãos.

Como o programa da Globo é muito conhecido, a inserção de *1984* pela aproximação com ele é muito fácil e permite pontes conceituais profundas, em especial no tocante ao excesso de exposição, que pode ser trabalhado por meio da exposição das intimidades dos participantes, na TV e em redes sociais.

O livro de Orwell é uma referência clássica em aulas de redação no Ensino Médio, e muitas vezes os alunos já têm sobre ele alguma visão formada, o que ajuda no trabalho da obra como uma referência-base. *1984* é uma referência culta e reconhecida que, associada a outras referências correlatas em temática, pode fornecer um modelo muito efetivo de construção de raciocínio e apoio à escrita.

Discussões sobre liberdade de expressão ainda podem ser feitas com base nessa obra, que tem relações com uma série de outras, como o livro *O panóptico*, de Jeremy Bentham (item 8 da seção "Livros" do Capítulo 22, "Referências para a construção do repertório") e as histórias em quadrinhos *Watchmen* e *V de vingança* (itens 1 e 2 da seção "Histórias em quadrinhos").

O panóptico é um modelo prisional baseado no "princípio da inspeção", segundo o qual o bom comportamento dos presos seria garantido se eles se sentissem continuamente observados.

Esse modelo forneceu a base de análise para *Vigiar e punir*, de Michel Foucault, uma obra clássica sobre a análise de sistemas de vigilância, também referenciada no Capítulo 22, "Referências para a construção do repertório" (seção "Livros", item 16). O modelo proposto por Bentham pode ser visualizado na Figura 19.1.

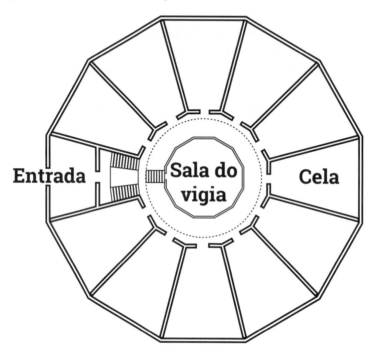

Figura 19.1 O modelo do panóptico.

Como se pode notar, é uma estrutura muito simples e eficiente, que permite que um vigia observe a qualquer momento todos os prisioneiros. Estes, inibidos por essa possibilidade de vigilância, tenderiam a adotar um bom comportamento. Além disso, é importante notar que o modelo permite que o trabalho do vigia seja inspecionado, pois a ideia é que a entrada seja aberta e acessível, o que também transforma o vigia em vigiado e, teoricamente, possibilita uma aferição controlada de sua atuação.

Esses parâmetros permitem fácil associação com os temas da vigilância e do excesso de exposição. Uma sociedade como a de *1984* é um grande panóptico, e é possível desenvolver análises sociais acerca da necessidade de uma vigilância global com câmeras nas ruas e nas escolas, por exemplo. A relação com o programa *Big Brother Brasil* pode ser feita a partir da noção de que os participantes estão imersos e expostos em um grande panóptico.

A ideia de vigiar o vigilante tem a ver com a fiscalização dos trabalhos e pode ser relacionada com a vigilância necessária e pouco exercida sobre a atuação dos políticos. Nesse sentido, uma excelente relação pode ser montada com a história em quadrinhos *Watchmen*, de Alan Moore e Dave Gibbons (adaptada para o cinema em 2009 por Zack Snyder).

Em *Watchmen,* existe também uma sociedade de vigilância, e o tema discutido é, justamente, a atuação dos vigilantes. Em especial, a atuação dos heróis é contestada, pois eles são considerados tão prejudiciais quanto os bandidos. Por isso, no contexto da obra, há uma lei que proíbe sua atuação.

Além disso, no Capítulo VI da história em quadrinhos, na página 10, há a reconstituição de um crime ocorrido na vida real, na qual um terrível panóptico ligado ao voyeurismo e à indiferença é acionado. Essa página pode ser discutida em sala com muita eficiência.

O nome *Watchmen* é derivado de um poema de Juvenal, poeta romano clássico. Um de seus poemas, uma sátira localizada como produzida no século I ou II, ficou posteriormente conhecida como "Contra as mulheres". Ela propõe o dilema da vigilância das mulheres de um harém, que poderiam ser "corrompidas" pelos vigilantes.

A frase "*Quis custodiet ipsos custodes?*" é traduzida como "*Who watches the watchmen?*" ou "Quem vigia o vigilante?". Na história em quadrinhos *Watchmen*, a frase aparece todo o tempo, pichada em muros e paredes e com a característica de nunca ser mostrada integralmente, sendo sempre recortada.

Outra referência importante, também presente na seção "Histórias em quadrinhos" do Capítulo 22, item 2, do mesmo autor de *Watchmen* e com ilustrações de David Lloyd, é *V de vingança* (adaptada para o cinema em 2006, por James McTeigue). O próprio Moore afirmou em entrevista que a obra é derivada diretamente de *1984*.

V de vingança é uma distopia que apresenta também uma sociedade totalitária, na qual um personagem enigmático planeja uma vingança contra os poderes estabelecidos. O universo geográfico retratado é a Inglaterra, e a rebelião engendrada toma os mesmos moldes da planejada por Guy Fawkes, revolucionário conhecido por tentar explodir o Parlamento inglês em 1605, na Conspiração da Pólvora.

A máscara que o protagonista usa evoca o rosto de Guy Fawkes e ficou bastante conhecida em protestos no Brasil, pois era utilizada por um grande número de manifestantes. O tipo de ação proposto por Fawkes, não realizado por ele e efetivado em *V de vingança*, pode promover uma boa discussão sobre atuações sociais, e o fato de sua máscara ter se tornado popular permite seu relacionar com algo concreto, parte do cotidiano dos alunos.

A última referência que gostaríamos de elencar é *Fahrenheit 451*, romance de Ray Bradbury (Capítulo 22, seção "Livros", item 5), adaptado para o cinema em 1966 por François Truffaut (Capítulo 22, seção "Filmes", item 3). Como exposto no Capítulo 22, trata-se de uma sociedade totalitária que baniu a leitura de textos por estes serem subversivos, em que os bombeiros são as entidades de controle. O que se deve explorar é a resistência ao controle, manifestada principalmente na figura de um capitão que se torna ávido leitor. Essa resistência é parecida com a protagonizada por Guy Fawkes e pelo personagem central de *V de vingança*.

Todas as realizações feitas até aqui são muito ricas e com certeza fornecem subsídios muito importantes para as discussões que podem ser feitas. A montagem das referências-base, além disso, trabalha com um quadro conceitual a ser desenhado em aula ou exposto em *slides* de PowerPoint ou programa similar.

A seguir, mostramos como um quadro desse tipo pode ser feito, para que a visualização das referências seja fácil e organizada. Os conteúdos estão expostos de maneira a permitir a construção de relações cruzadas e o posterior elencar da ordem das referências no texto com base em nosso modelo geral. Esse trabalho pode ser feito coletivamente e/ou por cada aluno, de acordo com o que os deixe mais à vontade em termos de construção do texto.

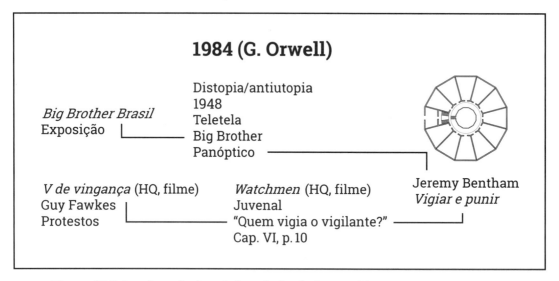

Figura 19.2 Quadro relacional da referência-base *1984*.

É fácil perceber, na Figura 19.2, a riqueza da obra-tema. Como pontuamos, *1984* pode ser relacionada com uma série de assuntos, e por isso a elegemos para montar uma referência-base. Ao longo do trabalho, em várias redações, foi possível aos alunos se valer das referências, que, por sua natureza culta e diferenciadora, agregam conteúdo e credibilidade.

Em uma redação sobre o excesso de exposição nas redes sociais, poderíamos lançar mão de *1984*, marcando o quadro relacional da seguinte maneira:

1984 (G. Orwell) [1]

[3]
Big Brother Brasil
Exposição

Distopia/antiutopia
1948
Teletela
Big Brother
Panóptico

Jeremy Bentham
Vigiar e punir [2]

V de vingança (HQ, filme)
Guy Fawkes
Protestos

Watchmen (HQ, filme)
Juvenal
"Quem vigia o vigilante?"
Cap. VI, p. 10

Figura 19.3 Marcação para uma redação sobre redes sociais.

Nessa hipotética redação, o aluno poderia usar *1984* como uma ilustração muito útil para abrir o texto, discorrendo sobre a obra na introdução [1]. No segundo parágrafo, poderia apontar a relação com o livro de Bentham e o modelo do panóptico [2], que abre a possibilidade de menção do programa *Big Brother Brasil* no terceiro parágrafo [3], no qual a questão do "tudo ver" poderia ser abordada. O quarto parágrafo poderia tratar especificamente das redes sociais. O quinto parágrafo traria a retomada das ideias centrais e as propostas de intervenção.

Já a questão dos protestos sociais e da corrupção poderia ser tratada de outra maneira, conforme a Figura 19.4.

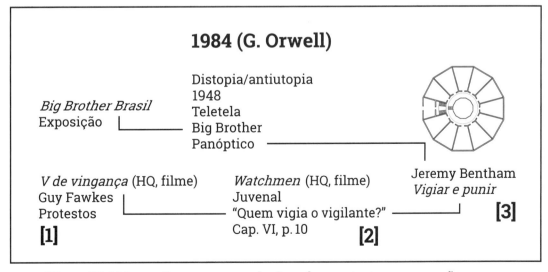

Figura 19.4 Marcação para uma redação sobre protestos e corrupção.

Nessa redação, o aluno pode partir dos protestos, evocando a figura de Guy Fawkes e a Conspiração da Pólvora na introdução [1], o que caracteriza o texto como culto e ajuda muito a situar o tema. No segundo parágrafo, a questão de se "vigiar o vigilante" [2] pode ser relacionada ao vigiar dos políticos, o que abre espaço para a menção ao livro de Bentham, ao modelo prisional do panóptico e ao livro de Foucault [3]. Essa estrutura permitiria mencionar, no quarto parágrafo, a necessidade de divulgação ampla dos crimes políticos com sua efetiva punição, o que já dá margem para as propostas de intervenção.

Portanto, é muito fácil perceber como podem ser úteis as referências-base. Para solidificar ainda mais essa metodologia, ofereceremos mais um exemplo, também elástico em suas possibilidades de aplicação.

19.1.2 EXEMPLO 2 – "GENI E O ZEPELIM"

A canção "Geni e o zepelim" é uma das mais conhecidas de Chico Buarque. Trata-se da história ficcional de uma prostituta ou, ao menos, uma mulher promíscua que, em algumas análises, é entendida também como uma travesti. O que importa mais, todavia, não são essas questões de gênero ou sexualidade, mas os componentes de significação.

Na letra, conta-se que Geni era namorada "de tudo que é nego torto, do mangue, do cais do porto", e que tinha esse comportamento "desde menina". Entende-se também que seu comportamento sexual abarca tanto homens quanto mulheres, sem distinção de classe social ou mesmo de idade.

Ainda que seja "um poço de bondade", a protagonista recebe um tratamento cruel e excludente de seus concidadãos: o jogar de pedras e excrementos. Afinal, "ela é feita para apanhar, ela é boa de cuspir". Esse episódio, que pela canção parece constante, pode ser pensado como remetendo ao apedrejar de Maria Madalena, relatado na Bíblia. A diferença é que Geni não tem quem a defenda.

Então, entra em cena a figura do zepelim, que surge entre as nuvens, "brilhante". Nesse ponto, é preciso explicar que o zepelim é um balão inflável dirigível, e que ele é uma figura clássica da ficção científica, presente em obras de escritores consagrados como H. G. Wells e também na história em quadrinhos *Watchmen*, citada no Capítulo 22, "Referências para a construção do repertório", seção "Histórias em quadrinhos", item 1.

O zepelim subjuga a cidade, lançando sobre ela uma saraivada de balas de canhão. Quando todos já se encontram resignados, o comandante da aeronave surge e diz que deixaria de destruir a cidade, tomada de "horror e iniquidade", se Geni passasse a noite com ele.

Geni não se sente lisonjeada, pois "a deitar com homem tão nobre, tão cheirando a brilho e a cobre, preferia amar com os bichos". Nesse momento, a opinião da protagonista é tratada como "heresia", o que mais uma vez remete a um contexto punitivo, ligado à Santa Inquisição.

Ouvindo isso, a cidade "em romaria" foi "beijar a sua mão", "o prefeito de joelhos, o padre de olhos vermelhos e o banqueiro com um milhão". Essa associação reúne atores sociais de setores tradicionais da sociedade: o poder executivo, o clero e o poder econômico, todos subjugados e, no momento, subalternos à Geni.

A cidade pede a ela veementemente pela redenção, invertendo o refrão típico de "maldita Geni" para "bendita Geni", e então a protagonista aceita a proposta do comandante. Após uma noite em que é usada e abusada como objeto sexual, depois que o invasor vai embora, Geni tenta "até sorrir", mas "a cidade em cantoria" retoma sua postura condenatória e, mais uma vez, ataca: "joga pedra na Geni, joga bosta na Geni".

É notório que, mesmo após salvar a cidade, a protagonista receba uma "recompensa sombria", marcada pelo menosprezo e pela rejeição. Tal procedimento pode ser conectado com a obra *Frankenstein ou o moderno Prometeu*, de Mary Shelley, em que o ser criado pelo cientista Victor Frankenstein faz boas ações e recebe como recompensas o ódio e a violência, por conta de sua aparência monstruosa.

Portanto, é possível trabalhar estereótipos físicos e sociais, bem como a construção e a manutenção dos preconceitos. Uma vez que a protagonista da canção de Chico Buarque é uma mulher – ou, se for uma travesti, um homem com aparência de mulher –, é imperioso fazer também relações com obras e conceitos ligados ao feminismo e à valorização da mulher.

Simone de Beauvoir é uma clássica referência quando se fala desse assunto, famosa não apenas por ser a companheira de Jean-Paul Sartre, mas principalmente por ser reconhecida intelectual e ativista política, com uma obra vasta e significante. A frase "Não se nasce mulher: torna-se" é uma de suas mais conhecidas citações, e pode ajudar a questionar os estereótipos que direcionam a percepção da mulher como subalterna, ao mesmo tempo que pode apontar para seu empoderamento, na requisição e mesmo na imposição da igualdade entre os sexos.

Obras que tocam na questão do empoderamento feminino também podem ser evocadas, como o anime *Kill la Kill*, citado no Capítulo 22 (seção "Animes", item 1). Nos 24 episódios que compõem a trama, a protagonista Ryuko Matoi busca vingar a morte de seu pai, e o faz impondo-se física e intelectualmente em duas sociedades totalitárias controladas por mulheres.

O quadro relacional de "Geni e o zepelim", portanto, poderia ser montado para a congregação de todos esses referenciais, com a seguinte configuração:

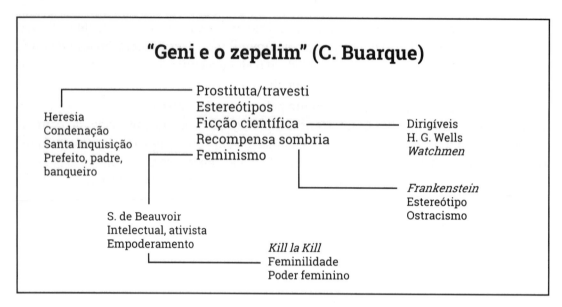

Figura 19.5 Quadro relacional de "Geni e o zepelim".

Uma abordagem possível desse quadro seria a exposta a seguir, montada sobre o eixo do feminismo:

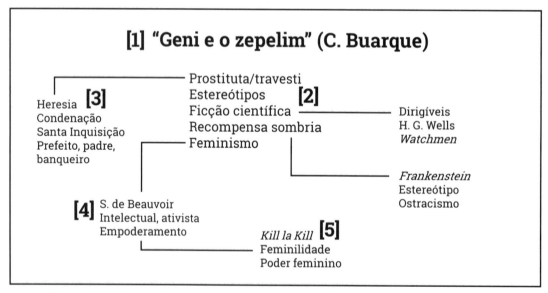

Figura 19.6 Marcação para uma redação sobre feminismo.

Nessa hipotética redação, o aluno poderia abrir o texto discorrendo sobre a canção "Geni e o zepelim" [1], marcando seu contexto social, o que ajudaria muito a apresentar o tema para o leitor universal. No segundo parágrafo, seria possível falar sobre estereótipos sociais [2] e sobre sua condenação [3], focando naqueles que atingem a mulher e em sua consequente desvalorização. O terceiro parágrafo poderia trazer a apresentação e os conceitos de Simone de Beauvoir como combate às posturas anteriormente referidas [4]. O quarto parágrafo poderia apresentar o anime *Kill la Kill* [5] e seu contexto e significados, pontuando que essas discussões sobre estereótipos e empoderamento femininos continuam a ser importantes, ocorrendo em diferentes setores da produção intelectual e artística. O quinto parágrafo, naturalmente, traria a retomada e as propostas de intervenção.

Numa redação em que se discutissem padrões sociais e suas consequências, a utilização do quadro referencial poderia tomar outro caminho:

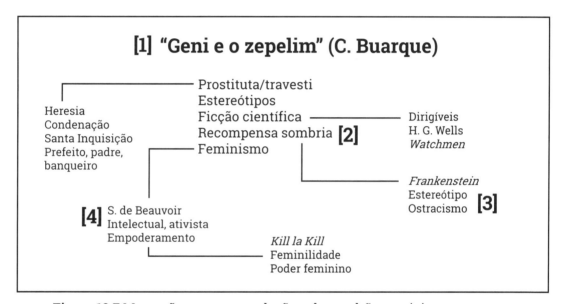

Figura 19.7 Marcação para uma redação sobre padrões sociais.

O parágrafo introdutório traria a referência a "Geni e o zepelim" [1], tratando da protagonista e do contexto, mas direcionando a percepção para uma generalidade referente aos estereótipos. O segundo parágrafo poderia contar a história da redenção da cidade pelo ato da protagonista, marcando a recompensa sombria que recebe [2]. O terceiro parágrafo poderia discorrer a respeito dessa recompensa como fruto dos estereótipos e de sua injusta manutenção [3], o que abriria a oportunidade de introduzir a referência a Simone de Beauvoir no quarto parágrafo, para tratar da luta contra essa opressão [4]. O quinto parágrafo retomaria as ideias centrais e apresentaria as intervenções.

É importante notar que a utilização dos quadros relacionais que propomos é fortemente vinculada com a utilização de nosso modelo estrutural, uma vez que o posicionamento das referências nos textos é feito nele. Para que não haja dúvida quanto a esse procedimento, inserimos a seguir os tópicos oriundos do último quadro relacional discutido sobre nossa estrutura-padrão de trabalho.

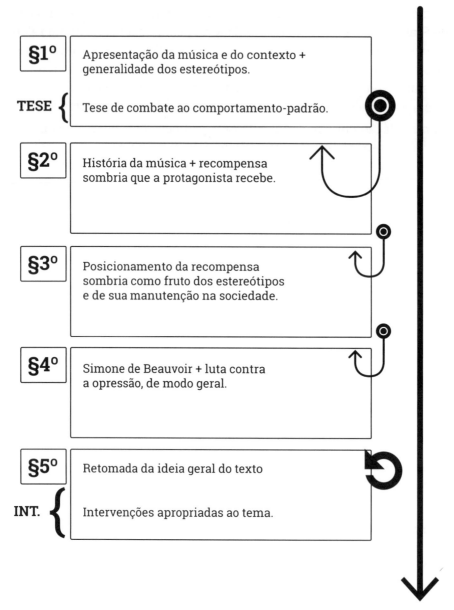

Figura 19.8 Informações do quadro relacional inseridas no modelo estrutural.

19.2 FRASES

Além dessas abordagens, outra forma de construção de referências gerais nos foi oferecida pela aluna L. D., a qual replicamos aqui. Trata-se do levantamento de frases que podem ser adicionadas aos textos como citações e, por sua natureza, aplicadas a uma série de contextos.

É importante lembrar que orientações práticas para a inserção de citações ou a menção de frases e conceitos como paráfrases são dadas no Capítulo 13, "Referências internas/ilustrações, citações, paráfrases, analogias e a construção do repertório".

A seguir, oferecemos as frases selecionadas pela aluna e alguns possíveis contextos de aplicação.

Frase

"A violência, seja qual for a maneira como ela se manifesta, é sempre uma derrota." (Jean-Paul Sartre)

Contextos

Manifestações, censura, controle, sociedade totalitária, violência contra a mulher, violência contra as minorias, violência doméstica, restrições à liberdade de expressão.

Frase

"Toda hora é hora de fazer o certo." (Martin Luther King)

Contextos

Atitudes éticas, ética no trabalho, necessidade de ações sociais, política e corrupção, punição de ações criminosas, conscientização ética para crianças e adolescentes.

Frase

"O ser humano é aquilo que a educação faz dele." (Immanuel Kant)

Contextos

Educação, ações sociais, postura, ética, melhoria nos sistemas de ensino, oportunidades sociais, necessidade de se investir na formação dos cidadãos, controle social por meio da manutenção da população na ignorância.

Frase

"Sem um fim social, o saber será a maior das futilidades." (Gilberto Freyre)

Contextos

Educação, educação vinculada a fins sociais, necessidade de fomento à educação, transformação social, ética do saber.

Frase

"Enquanto a cor da pele for mais importante que o brilho dos olhos, haverá guerra." (Bob Marley)

Contextos

Racismo, diferenças étnicas, preconceito, estereótipos, desenvolvimento social, condenação ao diferente, desfavorecimento das minorias, crimes de racismo.

Frase

"A base da sociedade é a justiça." (Aristóteles)

Contextos

Justiça social, abismos entre classes, favorecimento das elites, manutenção da ordem social, padrões sociais, ética, orientação da atuação de governos e governantes, igualdade social, atendimento das necessidades dos diferentes estratos sociais.

Apresentadas todas essas possibilidades de trabalho com quadros relacionais e frases multiaplicáveis, sugerimos como proposta de exercícios a construção desses quadros com os alunos e a oferta dessas frases como ferramentas de construção de texto.

Além disso, obviamente, é possível adicionar referências aos quadros, fazer outros quadros e elencar outras frases que sejam aplicáveis a diferentes e variados contextos, o que fortemente recomendamos.

CAPÍTULO 20
EXERCÍCIOS CRIATIVOS

Ensinar os alunos a pensar. Esse, definitivamente, sempre foi o maior objetivo das nossas aulas de redação. Com base em uma experiência de quase vinte anos em cursos de escopos diversos e temáticas às vezes muito distintas, percebemos que os aprendizados só se concretizam quando são acionados constantemente e de maneira desafiadora.

E os desafios não podem ser apenas imposições como a prova do ENEM. Eles precisam ter alguma coisa extra, algo que motive como um *game*. O livro *A realidade em jogo: por que os games nos tornam melhores e como eles podem mudar o mundo*, de Jane McGonigal, é inteiro sobre essa questão. Recomendamos imensamente essa leitura.

Tendo essas perspectivas em mente, desenvolvemos alguns exercícios diferenciados, dos quais os que estão aqui são bons exemplos. Esses exercícios, em boa parte, acionam o universo do computador e da web, pois são sistemas de significação pelos quais os alunos normalmente transitam com facilidade, o que gera uma natural afinidade.

As propostas têm também a intenção de aumentar o repertório dos alunos, desenvolvendo, além disso, a capacidade de relacionar diferentes referenciais em todos coesos e raciocínios bem estruturados. Valendo-nos de fontes como livros, programas populares de TV e jogos de tabuleiro, conseguimos desenvolver atividades paralelas e integradas ao curso de redação, que serviam tanto como apoio quanto momentos de descontração produtiva.

Esses exercícios podem ser adaptados, amalgamados, desconstruídos e reconstruídos como a criatividade do professor e dos alunos comandar, e a intenção é que figurem como modelos criativos para outras propostas. Apresentamos, então, os conteúdos que trabalhamos em sala e que propiciaram resultados impactantes, ampliando capacidades de construção de texto e elaboração do pensamento.

20.1 EXERCÍCIO 1 – WALTER ISAACSON E ISAAC ASIMOV

No livro *Os inovadores: uma biografia da revolução digital* (Capítulo 22, seção "Livros", item 11), Walter Isaacson (que escreveu uma biografia de Steve Jobs) diz, no capítulo "A web": "Tim Berners-Lee teve um insight fundamental a respeito dos computadores: eles eram muito bons em avançar passo a passo através de programas, mas não eram muito bons em fazer associações aleatórias e conexões inteligentes, à maneira de um ser humano imaginativo".

Na mesma linha, um ensaio de Isaac Asimov, físico e pedra fundamental da ficção científica, tem em si a ideia de que a inteligência humana, que é associativa e criativa, pode ser aumentada e não substituída pela inteligência dos computadores, que é lógica e matemática.

Esses parágrafos podem parecer distantes do aprendizado de redação, mas na verdade não são, uma vez que é possível construir a percepção de algumas das estruturas fundamentais do processo de elaboração da redação com base nessas afirmações.

Peça aos alunos que colham no parágrafo sobre Tim Berners-Lee o que há de análogo com a *estrutura* da redação.

Resposta: os alunos devem apontar o "avançar passo a passo", análogo ao desenvolvimento da redação, como tratamos no Capítulo 12, "Desenvolvimentos", e dizer que é bom construir conexões inteligentes, embora não seja prudente desenvolver associações aleatórias, pois estas prejudicam a coesão e a coerência dos textos. É importante apontar que as conexões inteligentes são tanto relativas aos conceitos utilizados, em atendimento às Competências II e III, quanto às ligações entre as partes, em atendimento à Competência IV do edital do ENEM.

A respeito do parágrafo sobre Asimov, os alunos devem pensar na declaração do escritor de ficção científica e responder: que tipo de "trabalho" a *estrutura* da redação (lembre dos modelos dados em sala) faz pelo seu *conteúdo*?

Resposta: os alunos devem apontar que a estrutura demandada pelo ENEM ajuda na construção do raciocínio, organizando quase automaticamente o conteúdo. Portanto, a estrutura da redação é análoga à inteligência dos computadores, pois capaz de fornecer uma base lógica e "matemática" para a inserção do conteúdo da redação, advindo da inteligência humana e, por isso, associativo e criativo. Esse tipo de contribuição também é dada por nosso modelo estrutural.

20.2 EXERCÍCIO 2 – BERNERS-LEE E INOVAÇÃO

No livro *Os inovadores: uma biografia da revolução digital*, Walter Isaacson continua a nos contar sobre Tim Berners-Lee no capítulo "A web" (p. 422): "uma verdade a respeito da inovação: novas ideias ocorrem quando várias noções aleatórias se agitam juntas até que se aglutinam".

Ainda segundo Isaacson, Berners-Lee teria descrito o processo da seguinte forma:

> *As ideias semiformadas flutuam. Elas vêm de lugares diferentes, e a mente tem essa maneira maravilhosa de jogá-las para lá e para cá, até que um dia elas se encaixam. Elas podem não se encaixar tão bem, então damos um passeio de bicicleta ou algo assim e melhora.*

Há *muitas* coisas importantes aqui. Pergunte aos alunos o que há de mais importante na primeira citação, com relação ao processo de inovação, e que pode ser aplicado nas redações.

Resposta: os alunos devem discorrer sobre o aglutinar das ideias, que tem a ver com as exigências das Competências II e III e com a construção bem elaborada do raciocínio, que nesse sentido é em muito apoiada por nosso modelo estrutural.

Depois, pergunte a eles o que, ainda na primeira citação, não deve entrar como processo em uma redação.

Resposta: a questão das noções aleatórias, pois numa redação as noções devem ser todas encadeadas de maneira lógica e de forma que atendam à sustentação da argumentação principal apontada na tese.

Os conceitos descritos no parágrafo retirado do texto de Isaacson podem ser comentados em sala de aula como bases da construção do raciocínio. É sabido que na mente os conceitos não têm lugar fixo, e que as ideias vão e vêm, sobrepondo-se muitas vezes sem lógica aparente. Isso é decorrente de características do cérebro, que podem ser notadas e aprendidas de forma eficiente no livro *Incógnito – as vidas secretas do cérebro*, de David Eagleman (Capítulo 22, seção "Livros", item 18). Como diz a neurociência, a mente é especializada em juntar informações e produzir conhecimento com essas sobreposições. Esses apontamentos servem para reforçar a necessidade de possuir um bom repertório e também para ajudar aos alunos a confiar na formação de seus pensamentos, algumas vezes simplesmente dando tempo para que eles se cristalizem (no cotidiano, não nas provas, que não oferecem tempo nem tranquilidade para isso).

20.3 EXERCÍCIO 3 – SÉRIES INVESTIGATIVAS

Os alunos normalmente conhecem séries investigativas de TV e de livros, como *Criminal Minds*, *Bones*, *CSI* e as obras de Sherlock Holmes. Basta lembrar essas referências ou, preferencialmente, passar trechos selecionados ou um episódio inteiro de uma dessas séries e perguntar: como, nessas séries, é desenvolvida a investigação?

1. Qual é o primeiro passo numa investigação, quando se está no local de um crime e não se pôde ainda analisar as evidências com precisão?

2. Como e por que se analisam as evidências e como se vão ligando as pistas?

3. Como se chega às conclusões e quais seus significados?

Peça aos alunos que preencham o Quadro 20.1 com respostas simples para essas perguntas na segunda coluna. Na coluna da direita, faça uma analogia dos processos das séries com o processo de construção de uma redação.

Resposta: as respostas estão no quadro a seguir. Em sala, o professor deve ter esse quadro como guia e fornecer um em branco para os alunos.

	Séries investigativas	Redação
1	Lançar uma hipótese.	Apresentar o problema e uma possível abordagem teórica para ele (tese).
2	Fazer a investigação, levantando e testando pistas.	Desenvolver a argumentação, com base em dados sólidos que funcionem como provas.
3	Chegar à solução do crime ou da situação investigada.	Retomar as ideias para reapresentar a tese defendida e construir as propostas de intervenção.

Quadro 20.1 Analogia dos processos das séries investigativas com o processo de construção de uma redação

20.4 EXERCÍCIO 4 – MAPAS INVERTIDOS

Mapas-múndi são representações-padrão da geografia de nosso planeta. A tradicional disposição dos continentes, com a Europa no centro, é certamente fruto das circum-navegações e da supremacia europeia nessa área. Em países como Austrália e

Nova Zelândia, é comum a confecção de mapas "alternativos", nos quais a posição dos países e continentes é alterada.

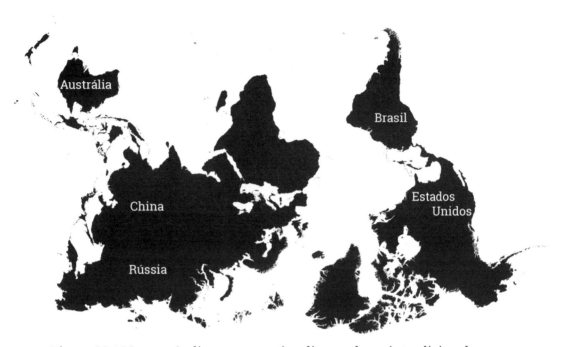

Figura 20.1 Mapa-múndi em perspectiva diversa da mais tradicional.

Em um planeta redondo, na verdade não há um centro... Então, por que a Europa ocupa o centro da maioria dos mapas? Por que a Europa é o "centro oficial" do mundo?

Peça aos alunos que desenvolvam uma redação de até trinta linhas usando nosso modelo estrutural sobre o tema: "Possibilidades de desenvolvimento de uma visão de mundo não eurocentrista".

20.5 EXERCÍCIO 5 – KEVIN CARTER

Em 1993, no Sudão, o fotógrafo sul-africano Kevin Carter registrou a imagem que pode ser acessada pelo QR code a seguir, pela qual foi duramente criticado, pois não tinha interferido na situação:

As críticas que o fotógrafo recebeu foram principalmente focadas na percepção de que, para ele, era mais importante a imagem (e um possível e realmente decorrente prêmio Pulitzer) que a situação da criança. Essa imagem e a condenação que ele sofreu por ela, infelizmente, ficaram tão impregnadas e foram tão impactantes na vida de Carter que ele se suicidou aos 33 anos de idade.

Pode-se, claro, pensar na *função do fotógrafo*, a de registrar. Nesse sentido, podemos fazer uma relação com alguém que apenas observa o mundo e as situações sociais à sua volta, sem fazer muito esforço para melhorá-las. No ENEM, propostas de intervenção são essenciais para a redação.

Por isso, peça que os alunos desenvolvam o seguinte tema em trinta linhas, valendo-se de nosso modelo estrutural: "Todas as pessoas precisam ser interventores sociais?".

20.6 EXERCÍCIO 6 – CONCISÃO

Escrever parágrafos e frases eficientes numa redação, e a redação como um todo, é um grande exercício de concisão. Por isso, contos como os de Machado de Assis e Richard Bach podem ser acionados para ensinar a escrever de forma concisa e clara.

O Twitter, com seu limite de 280 caracteres para os *posts*, ensina também a concisão. Aplicando a síntese do Twitter ao universo dos contos, podemos lembrar um exercício literário do escritor guatemalteco Augusto Monterroso, conhecido por gerar um movimento de criação de microcontos.

Sua obra desse tipo mais conhecida é, provavelmente, esta: "Quando acordou, o dinossauro ainda estava lá".

Essa frase-conto é eficiente por muitos motivos: "quando acordou" cria uma temporalidade de referência, pois o protagonista dormiu e acordou, ou seja, há uma passagem de tempo (não necessariamente da noite para o dia); "o dinossauro" insere um elemento fantasioso, pois esse animal foi extinto há muito tempo, o que rompe com a lógica temporal pragmática do dormir/acordar; "ainda estava lá" faz com que o "evento mágico" do dinossauro permaneça e, por isso, a linha de fantasia se mantenha, em choque com a realidade.

Baseado nesse exemplo de Monterroso, peça aos alunos o desenvolvimento de três outros microcontos, de temática livre.

CAPÍTULO 21
O EXERCÍCIO DE SE CHEGAR A 1.000

Em nossa metodologia, focamos bastante no progresso do aluno, com a diretriz básica de acreditar na capacidade individual de todos, como explicitamos no Capítulo 25, "A perspectiva do *coaching*: pelo amor ao ensino, ao aprendizado, aos alunos e ao diálogo horizontal".

É natural que os estudantes aumentem suas notas durante um curso continuado, na medida de sua dedicação e seu aprendizado. É muito importante que mantenham esse aumento e não regridam. Assim, é primordial demonstrar essa capacidade de melhoria e, para isso, foi necessário desenvolver um instrumento.

O recurso que elaboramos é um exercício muito fácil de ser entendido e aplicado. Ele tem o objetivo de gerar confiança em duas frentes: no nosso método e no progresso individual nas habilidades de estruturação e escrita.

Claro que, num mundo ideal, todo estudante deseja conseguir a nota máxima na redação do ENEM, ou seja, 1.000. E, obviamente, essa não é uma tarefa fácil. Essa meta, ou algo próximo dela, não será alcançada sem trabalho e sem boas orientações, mas o que percebemos e parece ser um problema grave é algo subsidiário: boa parte dos alunos vê a nota 1.000 ou 900 como algo literalmente inalcançável.

Um aluno com um bom índice de frequência e que escreva ao menos uma redação por semana consegue com certeza melhorar seu desempenho e mantê-lo. Isso é importantíssimo e natural. Mas, mesmo que as notas melhorem em 40, 80 ou 120 pontos, continuamente, uma pontuação de 1.000 ou 900 ainda é frequentemente vista como utópica.

É preciso mostrar que isso é possível de maneira factível. Para isso, adotamos o exercício que é tema deste capítulo, o qual pode ser desenvolvido com alunos com todos os níveis de escrita.

A base do trabalho é uma redação que será eleita como "redação para se chegar a 900 ou 1.000". Preferencialmente, essa redação não deve ter uma nota acima de 700, pois o exercício será mais efetivo, uma vez que será possível ao estudante visualizar com maior clareza os pontos a trabalhar e, consequentemente, seu progresso.

A partir da primeira correção, o professor propõe que o aluno leia e entenda os apontamentos correcionais e, de acordo com eles, faça a reescrita. Em geral, a cada reescrita a nota aumenta em 40 ou 80 pontos. Ocorre algumas vezes de a nota se manter ou até diminuir, pois mudanças em algumas partes dos textos podem ocasionar novos erros. Mas o importante é insistir.

Não é necessário nem recomendado reescrever a redação várias vezes por semana, pois o olhar sobre um texto relido frequentemente se torna viciado. Uma reescrita por semana é mais que suficiente. Então, este exercício deve ser aplicado paralelamente a outras propostas de redação.

21.1 PROPOSTA DE EXERCÍCIOS

Peça que os alunos elejam uma redação com nota abaixo ou um pouco acima de 700 para reescrever constantemente, até que uma nota entre 900 e 1.000 seja atingida. Diga para marcarem esse texto como "Versão 1" e numerarem as outras versões progressivamente.

Dê a orientação para a leitura dos apontamentos correcionais e a reescrita do texto de acordo com eles. Corrija as versões reescritas até que a nota-objetivo seja atingida. Na entrega de cada uma das versões, aponte claramente os pontos de melhoria e os justifique.

21.2 DEMONSTRAÇÃO

A seguir, transcrevemos a versão 1 e demais versões – com algumas alterações instrumentais – de uma redação da aluna M. L. O texto será primeiramente apresentado em sua versão integral e, depois, parágrafo por parágrafo, com os comentários de correção.

21.2.1 VERSÃO 1

O homem, com o decorrer dos anos, vem buscando sempre aprimorar os meios de comunicação, deixando o mundo mais globalizado. O que antes era limitado por meio de cartas e telegramas, atualmente a tecnologia está assumindo um grande papel na agilidade de comunicação e ao mesmo tempo surge o abuso delas. Em tempo real, a população é melhor informada sobre os últimos acontecimentos. Porém, deveria ter uma maior fiscalização para garantir uma maior liberdade de expressão, sem que extrapolem na exposição inadequada das pessoas.

Segundo o filósofo espanhol Jaime Balmes, "O que difere o homem dos outros animais é o poder de racionalidade que os humanos possuem". Dessa forma, pode-se depreender que o homem tem a capacidade para diferenciar fatos necessários dos não necessários. Ou seja, a primeira maneira de evitar os abusos da comunicação está na capacidade de discernimento dos homens.

Porém, esta condição de "filtragem" das informações fica esquecida, uma vez que se tem um grande número de programas sensacionalistas que desejam saciar as curiosidades das pessoas e elevar seu número de audiência. E ainda parecem não se importar com a invasão de privacidade e seu uso de pouca ética.

No Brasil existe a Constituição Federal de 1988, em que fica livre a expressão da comunicação independente de censura, mas são invioláveis a intimidade e ainda é assegurado o direito de indenização caso algum direito seja violado. Infelizmente, muitos brasileiros não têm conhecimento desta lei e ficam prejudicados, sem saber como se defender.

> Em suma, os meios de comunicação são necessários para o desenvolvimento do mundo globalizado. Então, o governo deveria montar comissões que fiscalizem e denunciem os abusos na comunicação e ainda conscientizar a população por meio de propagandas. Ainda deveria incluir nas escolas a divulgação e estudo da Constituição Federal, ampliando o conhecimento da lei por meio de oficinas, palestras e aulas extras.

A redação teve originalmente a seguinte pontuação:

Competência I	Competência II	Competência III	Competência IV	Competência V	TOTAL
120	160	120	120	120	**640**

A seguir, comentamos cada um dos parágrafos, com as correções que fizemos no texto da aluna.

Primeiro parágrafo – introdução

> O homem, com o decorrer dos anos, vem buscando sempre aprimorar os meios de comunicação, deixando o mundo mais globalizado. O que antes era limitado por meio de cartas e *telegramas, atualmente* a tecnologia está assumindo um grande papel na agilidade de comunicação *e ao mesmo tempo surge o abuso delas*. Em tempo real, a população é melhor informada sobre os últimos acontecimentos. *Porém, deveria ter uma maior fiscalização para garantir uma maior liberdade de expressão, sem que extrapolem na exposição inadequada das pessoas.*

Os principais problemas dessa introdução são suas indefinições e as falhas na conexão de partes do texto. A primeira frase é bastante genérica e cumpre corretamente o papel de apresentar o tema.

A segunda frase tem um grande problema, pois apresenta muitas informações desconectadas, ainda que corretas em linhas gerais. O primeiro trecho destacado apresenta uma falha grande de ligação, que seria resolvida com maior detalhamento de que a comunicação, antes operada por meios como a carta e o telegrama, em tempos mais modernos é dotada de maior rapidez, citando-se as novas formas comunicacionais, como e-mails e conferências online ao vivo.

O segundo trecho em destaque apresenta a informação do abuso do poder comunicacional, mas de uma maneira muito abrupta e sucinta, o que faz com que fique vago e superficial. Apesar de a informação ser correta, poderia ser utilizada nos parágrafos de desenvolvimento ou como uma frase separada, bem construída em termos de texto.

O terceiro trecho que evidenciamos fala de fiscalização para garantir a liberdade de expressão e evitar a exibição inadequada das pessoas. É fácil notar que são novos tópicos que, mesmo pertencendo ao mesmo campo dos assuntos previamente tratados, não foram apresentados com as devidas conexões de texto.

A correção sugeriu colocar esses argumentos nos parágrafos de desenvolvimento e usar a questão da fiscalização para gerar uma proposta de intervenção, além da construção de uma tese que, posicionada nas últimas linhas do parágrafo, focasse em enfrentar os novos desafios comunicacionais.

Segundo parágrafo – desenvolvimento 1

Segundo o filósofo espanhol Jaime Balmes, "O que difere o homem dos outros animais é o poder de racionalidade que os humanos possuem". Dessa forma, pode-se depreender que o homem tem a capacidade para *diferenciar fatos necessários* dos não necessários. *Ou seja, a primeira maneira de evitar os abusos da comunicação está na capacidade de discernimento dos homens.*

Este parágrafo começa com uma boa citação, mas que não é diretamente conectada ao tema da comunicação, o que cria uma conexão deficiente entre o primeiro parágrafo e o segundo (primeiro texto em destaque). Seria preciso uma passagem mais tênue de texto, que poderia ser resolvida com um texto como este: "Dentro desse contexto, é possível lembrar a frase do filósofo espanhol Jaime Balmes".

O segundo trecho grifado é bastante impreciso: a contraposição entre "fatos necessários" e "não necessários" é demasiado vaga e inconclusiva, além de não ser diretamente conectada ao tema.

O terceiro trecho destacado retoma o tema do abuso na comunicação, mas, como o tema foi mal introduzido, isso gera também uma indefinição. A apresentação do discernimento como solução para os abusos comunicacionais é imprecisa, não constituindo uma ação objetiva. Seria preciso especificar mais a questão do discernimento.

A correção sugeriu levantar outra citação como referência, mais específica. Ou, ainda, construir uma ilustração ou analogia sobre abuso de poder, pois esta é uma contestação forte nas linhas gerais desta redação.

Terceiro parágrafo – desenvolvimento 2

> Porém, esta condição de "filtragem" das informações fica *esquecida*, uma vez que se tem um grande número de programas sensacionalistas que desejam saciar as curiosidades das pessoas e elevar seu número de audiência. *E ainda parecem não se importar com a invasão de privacidade e seu uso de pouca ética.*

A primeira palavra destacada, "esquecida", carrega um "exagero de argumentação", do qual tratamos no Capítulo 9, "Duas regras gerais da composição dos textos". O termo carrega um sentido semelhante ao de "inexistente", que não pode ser efetivamente provado e parece afirmar que "a humanidade não pensa mais". A correção sugeriu sua alteração por outra palavra ou expressão que relativizasse a afirmação, como "prejudicada".

A existência de programas sensacionalistas que só se preocupam com seus números de audiência é um fato e, por isso, um bom argumento crítico, que pode ser mais bem desenvolvido.

O segundo trecho destacado é problemático porque o termo "parecem", como foi colocado, deixa dúvidas com relação a quem se refere, pois não se sabe se o termo é relativo às pessoas ou aos programas. A correção sugeriu uma definição dos autores das ações mencionadas.

Quarto parágrafo – desenvolvimento 3

> No Brasil existe a Constituição Federal de 1988, em que fica livre a expressão da comunicação independente de censura, mas *são invioláveis a intimidade* e ainda é assegurado o *direito* de indenização caso algum *direito* seja violado. Infelizmente, muitos brasileiros não têm conhecimento desta lei e ficam prejudicados, sem saber como se defender.

Esse parágrafo claramente foca na contraposição entre a liberdade de expressão e o direito das pessoas de não terem sua intimidade atingida. Mais uma vez, portanto, surge o tema do abuso na comunicação. Isso nos permitiu apontar o tema como um ponto forte do texto, sobre o qual a redação podia ser estruturada.

O primeiro trecho citado contém um erro de concordância, que foi corrigido para "é inviolável a intimidade". As duas utilizações da palavra "direito" também foram apontadas, com sugestão da substituição de uma delas, para evitar a repetição.

Quinto parágrafo – conclusão e propostas de intervenção

> Em suma, os meios de comunicação são necessários para o desenvolvimento do mundo globalizado. Então, o governo deveria montar comissões que fiscalizem e denunciem os abusos na comunicação e ainda conscientizar a população por meio de *propagandas*. Ainda deveria incluir nas escolas *a divulgação e estudo da Constituição Federal*, ampliando o conhecimento da lei por meio de oficinas, palestras e aulas extras.

Este parágrafo inicia com uma correta retomada do raciocínio geral na primeira frase, com um bom conector, "Em suma". As comissões são uma ótima ideia, bastante pertinente. A conscientização por meio de propaganda é "um clássico do ENEM" e, por isso, ainda que correta, não tem grande força (discutimos isso no Capítulo 14, "Conclusões, propostas de intervenção e o problema do humanismo").

O segundo trecho destacado propõe uma ação por demais genérica, pois o foco do problema é a comunicação e seu abuso. Propor "a divulgação e o estudo da Constituição Federal" equivale a propor que se façam essas ações sobre todo o seu conteúdo, o que seria impraticável e ineficiente.

21.2.2 VERSÃO 2

A seguir, apresentamos a versão 2 do texto, conforme reescrito pela aluna. É importante dizer que, ao reescrever os textos, muitas vezes, os alunos não adotam todas as sugestões do professor, como se sabe.

> O homem, com o decorrer dos anos, vem buscando sempre aprimorar os meios de comunicação, deixando o mundo mais globalizado. Nesse contexto, o que antes era limitado por meio de cartas hoje vem sendo substituído por e-mails, que permitem mais rapidez e o alcançar de variadas localidades. Porém, em meio a tantas melhorias e novas formas de comunicação, surge o impasse do abuso da exposição desnecessária de pessoas por meio dos instrumentos midiáticos da contemporaneidade.
>
> De acordo com as classificações evolutiva e biológica, o homem possui a característica de ser racional. Sendo assim, pode-se depreender que ele tem capacidade de discernimento. No entanto, a deficiência na fiscalização ratifica a forma exacerbada de muitas notícias, que são divulgadas sem um "filtro" de veracidade.
>
> Ainda mais, é importante notar que a invasão da privacidade e o pouco uso da ética atraem para os programas sensacionalistas telespectadores que desejam saciar suas curiosidades. Isso cria condições para o aumento da audiência e o consequente aumento de lucro das emissoras. *Assim, é lamentável afirmar que o humanismo e a empatia cada vez ficam mais a desejar na "Era da tecnologia".*

> ==No Brasil existe a Constituição Federal de 1988, em que fica livre a expressão da comunicação independente de censura, mas é inviolável a intimidade e ainda é assegurado o direito de indenização caso seja descumprindo algum artigo da lei.== Entretanto, muitos brasileiros não têm conhecimento desta lei por diversas questões e uma que se destaca é a baixa escolaridade.
>
> Em suma, os meios de comunicação são necessários para o desenvolvimento do mundo globalizado. Então, o governo deveria montar comissões que os fiscalizem, para garantir que funcionem adequadamente, sob parâmetros éticos e de forma que se tornem instrumentos de promoção social. Por fim, propagandas, palestras e oficinas devem ser oferecidas em escolas públicas e privadas, para promover a conscientização da população sobre os abusos na comunicação.

A versão 2 teve a seguinte pontuação:

Competência I	Competência II	Competência III	Competência IV	Competência V	TOTAL
160	120	160	120	160	**720**

Essa segunda versão é superior à primeira em nota, mas o mais importante é que representa um ganho na estrutura. A Competência III atingiu 160 pontos, o que é um ganho estrutural enorme, propiciando condições para o aumento da pontuação em outras competências. Seria desejável, em especial, a obtenção da mesma pontuação na Competência IV na versão 3, pois isso alavancaria em definitivo a estruturação, que nesta versão ainda apresenta problemas na passagem do terceiro para o quarto parágrafos e nos sentidos que ela dispara (ver destaque na versão 2 do texto).

É fácil notar como os trechos "Assim, é lamentável afirmar que o humanismo e a empatia cada vez ficam mais a desejar na 'Era da tecnologia'" e "No Brasil existe a Constituição Federal de 1988, em que fica livre a expressão da comunicação independente de censura, mas é inviolável a intimidade e ainda é assegurado o direito de indenização caso seja descumprindo algum artigo da lei" poderiam ser mais bem conectados.

Entre "Era da tecnologia" e "No Brasil existe", há uma lacuna e, por isso, o início do quarto parágrafo precisaria de uma ponte de texto mais suave, que poderia ser feita assim: "No Brasil, um elemento que pode ser agregado a essa discussão é o da Constituição". Os termos "elemento que pode ser agregado a essa discussão" fazem a ligação com o parágrafo anterior.

A Competência II ainda ficou em 120 por conta dos erros de conexão, evidenciados pela nota 120 na Competência IV e que serão apontados posteriormente.

A seguir, fazemos a análise da versão 2, parágrafo por parágrafo.

Primeiro parágrafo – introdução

> O homem, com o decorrer dos anos, vem buscando sempre aprimorar os meios de comunicação, deixando o mundo mais globalizado. Nesse contexto, o que antes era limitado por meio de cartas hoje vem sendo substituído por e-mails, que permitem mais rapidez e o alcançar de variadas localidades. Porém, em meio a tantas melhorias e novas formas de comunicação, surge o impasse do abuso da exposição desnecessária de pessoas por meio dos instrumentos midiáticos da contemporaneidade.

O texto é mais coeso e ágil, mais fácil de ser lido. A passagem da primeira frase para a segunda ficou mais suave, com melhor explicação das características do e-mail. O conector "Porém" constrói corretamente o sentido de contrariedade e permite que se construa a tese, colocando a questão da exposição desnecessária.

Segundo parágrafo – desenvolvimento 1

> De acordo com as classificações evolutiva e biológica, o homem possui a característica de ser racional. Sendo assim, pode-se depreender que ele tem capacidade de discernimento. No entanto, a deficiência na fiscalização ratifica a forma exacerbada de muitas notícias, que são divulgadas sem um "filtro" de veracidade.

Esse parágrafo poderia trazer uma transição mais suave, começando, por exemplo, com "Neste sentido" ou conector equivalente, que apontasse que se estão discutindo novos termos no mesmo contexto do parágrafo anterior. A questão da racionalidade é importante para discutir a exposição exacerbada, que pode teoricamente ser evitada pelo bom senso (lembrando que isso é muito genérico e merece especificação).

A passagem da frase 2 para a 3 é problemática, pois insere um assunto relacionado, mas cuja relação não foi devidamente feita em termos textuais. Se as duas primeiras frases falam de características humanas, a terceira fala de uma fiscalização de órgãos de classe e/ou estatal, e por isso a ligação desses dois temas deve ser bem marcada. Esse é um dos defeitos de texto que não permite a subida da nota da Competência IV para 160.

Terceiro parágrafo – desenvolvimento 2

> Ainda mais, é importante notar que a invasão da privacidade e o pouco uso da ética atraem para os programas sensacionalistas telespectadores que desejam saciar suas curiosidades. Isso cria condições para o aumento da audiência e o consequente aumento de lucro das emissoras. Assim, é lamentável afirmar que o humanismo e a empatia cada vez ficam mais a desejar na "Era da tecnologia".

O texto tem ainda problemas de ligação. É possível perceber que, apesar de a aluna ter bons argumentos, a amarração é deficiente. Percebe-se que o tema aqui desenvolvido é coerente com a discussão geral, mas esse parágrafo, em especial, mereceria transições mais suaves de texto, que ligassem com leveza as frases e gerassem e maior clareza para os conteúdos.

É muito fácil perceber, por esse parágrafo, que a aluna tem potencial e argumentos, mas que as ligações de texto podem ser muito mais bem realizadas. Esse parágrafo prejudicou também a Competência IV.

Quarto parágrafo – desenvolvimento 3

> No Brasil existe a Constituição Federal de 1988, em que fica livre a expressão da comunicação independente de censura, mas é inviolável a intimidade e ainda é assegurado o direito de indenização caso seja descumprindo algum artigo da lei. Entretanto, muitos brasileiros não têm conhecimento desta lei por diversas questões e uma que se destaca é a baixa escolaridade.

Esse é o parágrafo mais problemático. Ainda que traga referências corretas e que o texto não apresente grandes percalços, sua inserção na redação cria um movimento de ciclicidade. Como é mais generalista, a questão da Constituição serve de base para toda a discussão da redação e, por isso, deveria ser apresentada no início.

Isso foi um problema percebido na segunda correção, pois ela o deixou mais evidente. A inserção desse assunto no quarto parágrafo prejudica as Competências II e IV.

Quinto parágrafo – conclusão e propostas de intervenção

> Em suma, os meios de comunicação são necessários para o desenvolvimento do mundo globalizado. Então, o governo deveria montar comissões que os fiscalizem, para garantir que funcionem adequadamente, sob parâmetros éticos e de forma que se tornem instrumentos de promoção social. Por fim, propagandas, palestras e oficinas devem ser oferecidas em escolas públicas e privadas, para promover a conscientização da população sobre os abusos na comunicação.

Essa conclusão começa adequadamente com o conector "Em suma" e aponta duas boas propostas de intervenção, que são coerentes com o tema e a discussão realizada. Todavia, as intervenções podem ser ainda mais específicas, com o apontamento de parâmetros éticos mais focados na questão da superexposição, que foi combatida no texto.

21.2.3 VERSÃO 3

A seguir, apresentamos a Versão 3 do texto, conforme reescrito pela aluna.

> O homem sempre buscou aprimorar os meios de comunicação, deixando o mundo mais globalizado. Nesse contexto, podemos pensar na comparação entre o uso de cartas e de e-mails. Os e-mails permitem mais rapidez e agilidade e são capazes de atingir praticamente qualquer localização geográfica de maneira imediata. Porém, em meio a tantas melhorias de comunicação, surge o impasse do abuso da exposição desnecessária de pessoas por meio dos instrumentos midiáticos da contemporaneidade.

Além dos progressos tecnológicos, é possível também pensar em parâmetros de evolução humana. O homem possui a característica de ser racional. Portanto, tem capacidade de discernimento, que poderia ser aproveitada para o bom uso dos instrumentos de comunicação. No entanto, problemas como a constante superexposição de pessoas e situações sugerem que essa utilização racional não está sendo feita.

Nesse contexto, é importante perceber o pouco uso da ética, principalmente por programas sensacionalistas, apenas preocupados com aumento da audiência e dos lucros. Assim, é infelizmente possível conjecturar que o humanismo e a empatia parecem estar relegados a segundo plano na era da comunicação em rede.

No Brasil, a Constituição Federal de 1988, ao mesmo tempo que defende a livre expressão da comunicação independente de censura, pontua como inviolável a intimidade. Essas proteção e garantias, entretanto, são desconhecidas por muitos brasileiros. Portanto, muitas vezes pessoas atingidas pelo excesso de exposição e por ataques à sua privacidade não acionam meios legais.

Em suma, os meios de comunicação são necessários para o desenvolvimento do mundo globalizado. Então, o governo deveria montar comissões que fiscalizem os casos de superexposição e de violação da intimidade, definindo parâmetros éticos claros. Por fim, propagandas, palestras e oficinas devem ser oferecidas em escolas públicas e privadas, para promover a conscientização da população sobre os abusos na comunicação.

A versão 3 teve a seguinte pontuação:

Competência I	Competência II	Competência III	Competência IV	Competência V	TOTAL
160	160	200	160	200	**880**

A seguir, comentamos cada um dos parágrafos do texto.

Primeiro parágrafo – introdução

> O homem sempre buscou aprimorar os meios de comunicação, deixando o mundo mais globalizado. Nesse contexto, podemos pensar na comparação entre o uso de cartas e de e-mails. Os e-mails permitem mais rapidez e agilidade e são capazes de atingir praticamente qualquer localização geográfica de maneira imediata. Porém, em meio a tantas melhorias de comunicação, surge o impasse do ==abuso da exposição desnecessária de pessoas por meio dos instrumentos midiáticos da contemporaneidade.==

Como se nota, o parágrafo foi bastante mudado, por conta de uma orientação conceitual que fornecemos à aluna, no que concerne à teoria da comunicação, esclarecendo os processos de progresso tecnológico (primeira, segunda e terceira frases). Essa orientação a ajudou a expandir seu repertório e a construir um parágrafo mais coeso e coerente, com uma argumentação mais culta e estruturada, que gera ganho de credibilidade ao texto.

A comparação entre cartas e e-mails está mais bem construída, o que solidifica o ponto de vista e demonstra capacidade de construção de texto e argumentação. A tese, localizada na última frase, ainda pode ser mais bem pontuada, na medida em que pode ser construída de forma a se posicionar mais como uma opinião crítica, com o uso, por exemplo, do argumento de que o relatado "abuso da exposição desnecessária" deva ser pensado e combatido, não apenas como um "impasse".

Segundo parágrafo – desenvolvimento 1

> Além dos progressos tecnológicos, é possível também pensar em parâmetros de evolução humana. O homem possui a característica de ser racional. Portanto, tem capacidade de discernimento, que poderia ser aproveitada para o bom uso dos instrumentos de comunicação. No entanto, problemas como a constante superexposição de pessoas e situações sugerem que essa utilização racional não está sendo feita.

A reconstituição desse parágrafo está também marcada por orientações sobre a área da comunicação que passamos para a aluna. A nova primeira frase recupera melhor o contexto do primeiro parágrafo e faz uma transição mais suave e coesa. Como o texto tem bases teóricas mais sólidas que a segunda versão, a segunda frase está mais bem construída, e isso possibilitou uma maior concretude de argumentação.

Além disso, a passagem da segunda frase para a terceira está mais bem amarrada em termos de construção textual e de recuperação dos sentidos do texto, de crítica à superexposição. Isso criou maiores coerência e coesão.

Terceiro parágrafo – desenvolvimento 2

> Nesse contexto, é importante perceber o pouco uso da ética, principalmente por programas sensacionalistas, apenas preocupados com aumento da audiência e dos lucros. Assim, é infelizmente possível conjecturar que o humanismo e a empatia parecem estar relegados a segundo plano na era da comunicação em rede.

Essa nova construção recupera melhor a conexão com o texto do segundo parágrafo e com os sentidos gerais da redação. A terceira frase da versão 2, "Assim, é lamentável afirmar que o humanismo e a empatia cada vez ficam mais a desejar na 'Era da tecnologia'", foi bastante alterada.

O sentido condenatório que o uso de "é lamentável afirmar" trazia e o exagero de percepção que "o humanismo e a empatia cada vez ficam mais a desejar" pontuava foram eliminados pela nova construção, que, ao trabalhar com os termos "é infelizmente possível conjecturar" e "parecem estar relegados", constrói uma relativização inteligente, típica da investigação científica.

Quarto parágrafo – desenvolvimento 3

> No Brasil, a Constituição Federal de 1988, ao mesmo tempo em que defende a livre expressão da comunicação independente de censura, pontua como inviolável a intimidade. Essas proteção e garantias, entretanto, são desconhecidas por muitos brasileiros. Portanto, muitas vezes pessoas atingidas pelo excesso de exposição e por ataques à sua privacidade não acionam meios legais.

A nova construção desse parágrafo ainda se vale da referência à Constituição Federal, mas retrabalha o texto para marcar a "livre expressão da comunicação" e a inviolabilidade da intimidade, muito concernentes ao tema. A segunda frase pontua o desconhecimento das garantias legais e deixa de lado a questão da baixa escolaridade, que estava deslocada. A terceira frase cita o não acionamento das leis protetivas, o que abre espaço para uma das propostas de intervenção, criando coesão e coerência.

Quinto parágrafo – conclusão e propostas de intervenção

> Em suma, os meios de comunicação são necessários para o desenvolvimento do mundo globalizado. Então, o governo deveria montar comissões que fiscalizem os casos de superexposição e de violação da intimidade, definindo parâmetros éticos claros. Por fim, propagandas, palestras e oficinas devem ser oferecidas em escolas públicas e privadas, para promover a conscientização da população sobre os abusos na comunicação.

A aluna deixou a primeira frase intocada porque nela a retomada é bem realizada. Com as reconstruções de texto, a estrutura do parágrafo e as propostas de intervenção, que já estavam bem montadas, funcionaram melhor.

Para melhorar ainda mais as intervenções, foi criada uma nova especificação da atuação das comissões governamentais sugeridas na primeira proposta de intervenção, o que certamente foi um ganho argumentativo, que se coaduna com o tema e com a segunda proposta de intervenção.

Nesse caso, a aluna se satisfez com a nota 880 e preferiu investir na escrita de outras redações. Efetivamente, não é necessário que o aluno atinja 900 ou 1.000 pontos nas reescrituras, mas que se aproxime disso e tenha essa meta como perspectiva, e que fiquem marcados seu progresso e sua capacidade de produção e reelaboração. Por isso, findamos aqui essa demonstração.

Todo esse trabalho sobre um só texto, nas três versões que apresentamos, deixa claro como os alunos podem progredir. Independentemente do nível no qual estejam, os estudantes podem, se bem orientados, melhorar constantemente.

Nosso modelo estrutural e nosso método de trabalho comprovadamente criam condições para esse progresso. Mesmo que se possa discordar das avaliações da redação mostradas neste capítulo, é notável como o progresso de pensamento e estruturação pode se dar e, mais importante, se concretizar no aprendizado dos alunos.

21.3 PROPOSTA DE EXERCÍCIOS

Uma vez que nossa proposta neste capítulo é a correção constante de textos dos alunos com o objetivo de aumentar continuamente a nota, sugerimos que o professor eleja um texto de cada aluno, preferencialmente com nota entre 600 e 700, e o retrabalhe quantas vezes seja necessário para que a avaliação atinja o patamar mínimo de 840 pontos, pois esse patamar elevado cria uma consciência da construção de texto e da capacidade individual de produção que será transferida para outras produções.

CAPÍTULO 22
REFERÊNCIAS PARA A CONSTRUÇÃO DO REPERTÓRIO

Como deixamos bem claro ao longo deste livro, a Competência II mencionada no edital é o eixo fundamental do ENEM. De acordo com ela, além de "compreender a proposta de redação", o aluno deve "aplicar conceitos das várias áreas de conhecimento para desenvolver o tema".

Isso quer dizer que, além de escrever uma dissertação em linguagem formal, obedecendo à norma culta (uma delimitação da Competência I), é importante inserir no texto referências de outras disciplinas e *externas à coletânea*.

As referências de outras disciplinas vêm do contato dos alunos com outras matérias e, em especial, da história, da geografia, da física e da biologia, sendo possível, inclusive, usar referências que estejam nas questões de prova. As referências externas à coletânea são as mais importantes de serem usadas, pois demonstram um vasto conhecimento de mundo e constroem a imagem de um autor diferenciado e culto.

Portanto, se dizemos que o professor deve se tornar uma espécie de Professor Ludovico, especialista em tudo, o aluno também deve herdar essas características. Sem boas referências, uma redação não cumpre as exigências da Competência II, e isso compromete seriamente as possibilidades de obtenção de uma boa nota.

Além disso, a construção de um rico repertório é extremamente importante em termos de formação intelectual e mesmo pessoal. No "Prefácio", deixamos claro que o objetivo principal de nosso trabalho é ensinar o aluno a pensar, e uma das principais formas de fazer isso é ajudá-lo a formar uma matriz referencial sólida e maleável.

Usar referências reconhecidas e/ou que propiciem boas discussões é vital. Por isso, acreditamos ser imprescindível que, no exercer de sua função de especialista em tudo, o professor exponha referências de diversas áreas, sempre as esmiuçando em termos de histórico, significados e possíveis aplicações.

Em nosso Capítulo 13, "Referências internas/ilustrações, citações, paráfrases, analogias e a construção do repertório", ensinamos *como* fazer essas inserções de referenciais, em suas variantes. No Capítulo 19, "Referências-base", mostramos como algumas referências são tão elásticas que podem ser aplicadas a diversos temas.

Neste capítulo, vamos deixar indicações de referências de diversas áreas do conhecimento e das artes. Para facilitar, fizemos uma divisão em seções de linguagem, com a numeração dos itens. Usaremos um quadro-padrão dividido em três células para a exposição de cada referência.

A primeira célula, à esquerda, conterá apenas a numeração da referência em nossa listagem. A segunda célula, à direita e acima, conterá nome e/ou título, ano de produção ou publicação e indicações de edição e/ou autoria. A terceira célula, à direita e abaixo, trará um texto descritivo sucinto conjugado a possibilidades de aplicação. Um exemplo pode ser conferido a seguir:

	1984, de George Orwell (Companhia das Letras, 2009)
1	Antiutopia ou distopia publicada originalmente em 1948 que retrata uma sociedade totalitária na qual os cidadãos não têm liberdade de ação e pensamento. É a raiz da nomeação do programa *Big Brother Brasil*, da Rede Globo. Esta referência pode ser detalhadamente conferida em nosso Capítulo 19, "Referências-base".

Um repertório sólido pode fazer uma enorme diferença para o desempenho dos alunos, e ainda mais para sua formação geral, fornecendo até mesmo bons padrões éticos e de postura. Por conta disso, recomendamos que uma parte considerável das aulas seja direcionada para tal fim, levando em consideração tanto as referências em si e seu contexto cultural como a forma correta de sua inserção nas redações.

Poucas das referências fornecidas são tradicionais em estudos para vestibulares e exames como o ENEM. A maioria delas é alternativa, pois quisemos fornecer uma base sólida para a ampliação dos trabalhos mais tradicionais e para o fomento de um repertório diferenciado.

22.1 LIVROS

	1984, de George Orwell (Companhia das Letras, 2009)
1	Antiutopia ou distopia publicada originalmente em 1948 que retrata uma sociedade totalitária na qual os cidadãos não têm liberdade de ação e pensamento. É a raiz da nomeação do programa *Big Brother Brasil*, da Rede Globo. Esta referência pode ser detalhadamente conferida em nosso Capítulo 19, "Referências-base".
	A incrível e triste história de Cândida Erêndira e sua avó desalmada, de Gabriel García Márquez (Record, 2006)
2	Coletânea de contos (um deles titula a obra) do autor colombiano vencedor do Nobel de Literatura em 1982. Contos são narrativas curtas, de único tema e em geral com final impactante, uma estrutura similar à da redação. Os contos desse autor são bons exemplares dessas características. Por isso, são ferramentas úteis de ensino. Além disso, a linguagem do autor é muito fluida e ensina a criar textos com bom desenvolvimento.
	Do amor e outros demônios, de Gabriel García Márquez (Record, 2005)
3	Um romance curto, muito impactante e inusitado. Como *Erêndira*, tem uma linguagem fluida, que é muito útil como modelo de construção de textos. É um ótimo estímulo à leitura, porque a obra do autor é instigante e fácil de ser lida, bastante atraente.
	Cultura da interface, de Steven Johnson (Zahar, 2001)
4	Um dos livros mais cultos que conhecemos. O autor, oriundo das ciências exatas, demonstra grande conhecimento humanista e faz relações conceituais ótimas, como quando ilustra os *hyperlinks* com uma obra de Charles Dickens, no Capítulo 4, "Links". Recomendamos que essa relação seja explorada, bem como outras correlatas. O livro também serve como apoio técnico para áreas ligadas a computação e internet.

5 — *Fahrenheit 451*, de Ray Bradbury (Globo, 2012)

A exemplo de *1984*, de George Orwell, a obra é uma distopia ou antiutopia, sendo relacionada a ela no Capítulo 19, "Referências-base". Trata-se de uma sociedade totalitária que baniu a leitura de textos por estes serem subversivos. Os bombeiros são transformados em entidades de controle, pois são eles que queimam livros e bibliotecas. O que se deve explorar é a resistência ao controle, manifestada principalmente na figura de um capitão dos bombeiros que se torna ávido leitor.

6 — *O alienista*, de Machado de Assis (EdUERJ, 2018)

Uma bela e profunda discussão acerca dos limites da normalidade. Situando a maior parte da trama em um manicômio, Machado de Assis trabalha com mudanças nas definições de quem é ou não normal, que variam ao longo da obra e expõem que a normalidade (ou a não normalidade) pode ser apenas uma definição de padrões injustos e imprecisos.

7 — *Histórias de robôs*, de Isaac Asimov (L&PM, 2005, v. 2)

Coletânea de contos feita pelo famoso físico e autor russo, com contos de autoria própria (os melhores) e de outros autores. Há, por exemplo, o conto que originou o filme *O homem bicentenário*. Em um dos prefácios, "Os robôs, os computadores e o medo", o autor discorre a respeito da possível substituição da inteligência humana pela artificial. É uma das bases para o exercício 1 do Capítulo 20, "Exercícios criativos".

8 — *O panóptico*, de Jeremy Bentham (Autêntica, 2008)

Bentham foi um filósofo inglês do século XVIII, que projetou um modelo prisional baseado no "princípio da inspeção", segundo o qual o bom comportamento dos presos seria garantido se eles se sentissem continuamente observados. Esse modelo forneceu a base de análise para *Vigiar e punir*, de Michel Foucault (ver Exemplo 1 do Capítulo 19, "Referências-base").

Os chifres de Filomena, de David Small (Companhia das Letrinhas, 2003)

9 — Em uma manhã, a protagonista acorda e nota que tem chifres de alce na cabeça. Esse fato dispara a trama e proporciona discussões muito profundas acerca da rejeição ao diferente e dos padrões estéticos impostos pela sociedade, além de permitir discutir a formação de estereótipos.

Medonho, de Rosana Rios (Jujuba, 2014)

10 — Como *Os chifres de Filomena* (item anterior), também é um livro infantil. O protagonista é um ser de aspecto monstruoso, que vive em isolamento por se achar excluído. Isso proporciona que se construa uma profunda relação com obras como *Frankenstein*, de Mary Shelley. É possível trabalhar o ostracismo, os padrões sociais, os estereótipos e o preconceito. Ainda, a obra permite que se discuta a construção do olhar sobre si mesmo.

Os inovadores: uma biografia da revolução digital, de Walter Isaacson (Companhia das Letras, 2014)

11 — Obra que conta como se deu o surgimento e o desenvolvimento dos computadores e do universo digital, em especial da internet e da web. É um livro que pode fornecer referências cultas que vão ajudar o aluno a se posicionar como autor diferenciado. Sugerimos a utilização de partes específicas nos exercícios 1 e 2 do Capítulo 20, "Exercícios criativos".

Coaching express: as origens de um novo estilo, de Suryavan Solar (Gran Sol, 2013)

12 — Obra técnica sobre *coaching*, mas de linguagem muito acessível. O autor é o líder de uma escola de desenvolvimento humano integralista, chamada Cóndor Blanco. Pode ser usado por professores e alunos, pois fornece parâmetros de organização e motivação. É a obra que embasou o Capítulo 25, "A perspectiva do *coaching*: pelo amor ao ensino, ao aprendizado, aos alunos e ao diálogo horizontal". Sugerimos a leitura dos itens I.2 e II.2.2 a II.2.2.3.

	O martelo das feiticeiras (Malleus Maleficarum), de Heinrich Kramer e James Sprenger (BestBolso, 2015)
13	Livro publicado por volta do ano 1486, baseado em uma bula papal e autorizado por Inocêncio VIII. Trata-se de um "manual de combate às heresias". Na prática, um manual de tortura, que justificou a perseguição e a morte de cerca de 100 mil mulheres. Pode ser utilizado como modelo de intolerância e como referência para a construção de boas analogias, além de ser uma referência culta.
	Frankenstein ou o Prometeu moderno, de Mary Shelley (DarkSide Books, 2017)
14	Livro que forneceu um modelo conceitual para uma longa série de obras e adaptações. É sobre inadequação e rejeição ao diferente. Além disso, resgata o mito de Prometeu, o titã que entregou a sabedoria aos homens e, por isso, foi punido. Pode ser usado para tratar da manutenção do povo na ignorância, relacionando-se isso com a política do pão e circo, por exemplo.
	A publicidade é um cadáver que nos sorri, de Oliviero Toscani (Ediouro, 1996)
15	Livro que condena a publicidade como um instrumento de alienação, escrito pelo fotógrafo que foi responsável pelas campanhas da marca Benetton nos anos 1990, famosas pela contestação dos paradigmas sociais. O tom é agressivo, e por isso tem de ser amenizado, mas a obra fornece parâmetros claros para a crítica ao poder da mídia e contra a manipulação da opinião pública.
	Vigiar e punir: nascimento da prisão, de Michel Foucault (Vozes, 2008)
16	Obra clássica em estudos de direito e comunicação, referenciada inclusive no filme *Tropa de elite*. Seu eixo conceitual é construído sobre o modelo do panóptico (ver item 8). Como denuncia os princípios de vigilância, pode ser usada como referência para tratar de liberdade individual e de ação e pensamento. É uma das bases para a construção da referência-base 1 do Capítulo 19, "Referências-base".

	Ilusões: as aventuras de um messias inseguro, de Richard Bach (Record, 2004)
17	Livro com discussões profundas montadas sobre uma base simples e uma história fácil de ser entendida. Simples de ler, é um grande estímulo à leitura. O início da história tem uma alegoria que pode ser relacionada com o mito da caverna de Platão, o que proporciona discussões a respeito da alienação pelos produtos da mídia, por exemplo.

	Incógnito: as vidas secretas do cérebro, de David Eagleman (Rocco, 2012)
18	Obra de divulgação científica sobre neurociência. A apresentação dos conteúdos é simples e acessível. Como o autor fala sobre o funcionamento do cérebro, esta obra pode apoiar a consciência sobre o processo de pensamento e servir como base para a construção do autoconhecimento e suporte às diretrizes apresentadas no Capítulo 2, "Conscientização".

	As vantagens de ser invisível, de Stephen Chbosky (Rocco, 2007)
19	Obra adaptada para o cinema. Trata-se de uma série de cartas escritas por alguém que não se identifica para um destinatário ignorado. O tom é de investigação dos sentimentos e das perspectivas pessoais, sendo uma ótima referência de educação emocional. É um excelente estímulo à leitura e pode ajudar a construir relações como as citadas no Capítulo 25, "A perspectiva do *coaching*: pelo amor ao ensino, ao aprendizado, aos alunos e ao diálogo horizontal".

	Quem é você, Alasca?, de John Green (Intrínseca, 2015)
20	Obra conhecida de um autor cultuado por uma grande parcela dos jovens. A protagonista é uma personagem muito bem construída, carregada de culpa e de contradições, mas muito forte. Pode ser usado para falar de estereótipos e de controle social, bem como para discutir o empoderamento feminino.

22.2 FILMES

1

A chegada, de Denis Villeneuve (2016)

Ficção científica calcada na chegada de espaçonaves alienígenas na Terra e em suas consequências. Há uma discussão sobre união ou desunião de povos e governos que pode ser aproveitada. Além disso, e mais importante, o filme trata do contato com o (radicalmente) diferente e do poder de comunicação da linguagem. Este filme é baseado no conto "História da sua vida", de Ted Chiang, presente no livro *História da sua vida e outros contos*.

2

A hora do show, de Spike Lee (2000)

Um produtor de TV negro precisa criar um programa de sucesso. Quando conhece dois atores negros de sapateado, cria com eles um show de talentos que, disfarçado de valorização da cultura negra, é altamente preconceituoso. Portanto, pode-se discutir a formação dos estereótipos e dos preconceitos, além da manutenção da desvalorização das minorias.

3

Fahrenheit 451, de François Truffaut (1966)

Adaptação do livro homônimo de Ray Bradbury, que guarda profunda relação com *1984*, de George Orwell. Trata-se de uma sociedade de vigilância que baniu a leitura, encarregando os bombeiros de procurar livros e bibliotecas escondidas, dotando-os da função de censores. Pode ser usado para discutir liberdade e censura, bem como a valorização da arte e da cultura.

4

Minha vida em cor-de-rosa, de Alain Berliner (1997)

História de um menino que queria ser menina e dos preconceitos sociais e familiares que sofre. Abre a discussão limites de gênero e a valorização da diversidade. É um filme leve, que toca muito profundamente. No final, há uma referência ao mangá e ao anime *A princesa e o cavaleiro*, que também discutem diversidade de gênero e podem ser evocados.

	O nascimento de uma nação, de D. W. Griffith (1915)
5	Filme clássico sobre a formação dos Estados Unidos. Na obra, a Ku Klux Klan, conhecida entidade racista, é colocada como "salvadora da pátria". Além disso, o vilão é um negro, e é conhecido o fato de ele ser representado por um ator branco "pintado" de preto, o que muitas vezes é reportado como sinal de preconceito do diretor. Profundas discussões sobre preconceito racial podem ser disparadas. Vale mencionar que houve o lançamento de um filme de mesmo título em 2016, mas este veio com o propósito de desafiar a narrativa racista do filme de 1915.
	Viva a Rainha!, de Esmé Lammers (1996)
6	Filme que discute as múltiplas inteligências ao contar a história de Sara, uma menina que só ia bem em artes e, por isso, era taxada de "burra" por colegas e professores. Quando ela toma contato com o xadrez, tudo muda. A discussão sobre valorização das habilidades pessoais pode ajudar alguns alunos a escolherem seus cursos e ficarem mais tranquilos com suas capacidades e seu desenvolvimento.
	A excêntrica família de Antonia, de Marleen Gorris (1995)
7	Uma aposentada retorna para sua cidade natal. Lá, reencontra uma sociedade fechada, hipócrita, preconceituosa. Ao longo do filme, a protagonista vai recolhendo em sua casa e em seu círculo de amizade as pessoas que a cidade rejeita: deficientes mentais, solitários, lésbicas, agredidos. Discussões sobre minorias e ordem social, bem como padrões familiares, podem ser geradas.
	Gattaca: experiência genética, de Andrew Niccol (1997)
8	Ficção científica que apresenta um mundo distópico em que as pessoas são divididas em duas categorias: a dos "válidos", manipulados geneticamente para serem perfeitos, e a dos "não válidos", gerados pela concepção natural. Somente os considerados geneticamente mais aptos atingem melhores posições sociais, mas esse parâmetro é contestado pelo protagonista. Obra muito rica para discutir limites e o avanço da ciência, além de organização social.

O diabo veste Prada, de David Frankel (2006)

9 — A princípio, um filme quase leviano de Hollywood, mas que esconde em sua essência discussões profundas. A protagonista recebe o desafio de trabalhar em uma área (moda) que desconhece e menospreza, mas seus padrões são contestados e ela tem de deixar sua zona de conforto. Muito útil para discutir a concepção das intervenções, de acordo com os parâmetros do Capítulo 14, "Conclusões e propostas de intervenção".

A maçã, de Samira Makhmalbaf (1998)

10 — Obra baseada em um infeliz caso real ocorrido no Irã, em que duas irmãs foram isoladas do convívio social pela família, que seguia radicalmente os princípios do Alcorão. As meninas desenvolveram inabilidades motoras e fobia social. Os "atores" são, na verdade, os envolvidos no caso. Filme que permite uma discussão profunda sobre radicalismo e dogmas.

MIB – Homens de preto, de Barry Sonnenfeld (1997)

11 — Ficção científica bem conhecida. O ponto principal é a presença e o contato com os alienígenas, em especial com relação às funções que desempenham, em geral associadas a subempregos e, no contexto dos Estados Unidos, às condições de vida dos imigrantes, especialmente os latinos. A questão da imigração já foi tema do ENEM, mas é um exercício muito bom.

Na natureza selvagem, de Sean Penn (2007)

12 — Trata da inadequação de um *outsider* à cultura imposta e aos modelos de vida em uma sociedade burguesa. A vida do protagonista caminha pela marginalidade e pela busca de um estilo de vida e pensamento alternativo. Baseado em uma história real. Este filme foi baseado no livro de mesmo nome, escrito por Jon Krakauer.

13 — *O jogo da imitação*, de Morten Tyldum (2014)

Sobre a vida e os trabalhos de Alan Turing, gênio inglês da criptografia, da matemática e da computação que ajudou os aliados a vencer a Segunda Guerra Mundial (por ter quebrado o código da Enigma, máquina criptográfica alemã que era considerada inquebrantável). Turing morreu envenenado por uma maçã que insuflou de arsênico, após ter sido condenado à castração química por ser homossexual (é por isso que o símbolo da Apple é uma maçã mordida).

14 — *Beleza americana*, de Sam Mendes (1999)

Filme sobre o *American way of life*. O título faz referência à rosas que se destacam na história e no visual do filme: belíssimas esteticamente, mas sem cheiro nem espinhos. Essa simbologia se aplica à cultura dos Estados Unidos, tratada como superficial e sem profundidade. A famosa "cena do saco de lixo" é emblemática do filme. Ótimo filme para a construção de uma crítica social e para trabalhar simbologias e analogias.

15 — *Trainspotting*, de Danny Boyle (1996)

Sobre um grupo de amigos usuários de drogas e as consequências dessa prática. O filme é cultuado como uma espécie de apologia a um estilo alternativo de vida, mas as histórias dos personagens têm, muitas vezes, finais trágicos. Ótimo para falar de drogas e mesmo para discutir sua legalização.

22.3 PROGRAMAS DE TV

Big Brother Brasil, Rede Globo

1. Sucesso de público em suas várias edições, o BBB é tanto enaltecido quanto criticado. A clássica chamada "Dê uma espiadinha" remete a conteúdos relacionáveis ao *1984*, de Orwell (seção "Livros", item 1), do qual deriva seu nome, e ao panóptico de Bentham (seção "Livros", item 8), além de poder gerar discussões a respeito de excesso de exposição, desrespeito à privacidade e redes sociais.

O sócio, History Channel

2. Programa sobre organização e gestão de empresas, em que Marcus Lemonis, um empresário, investe em empresas que estão em dificuldade, mas têm bom potencial. As intervenções realizadas foram citadas como modelos de intervenção no Capítulo 14, "Conclusões e propostas de intervenção", por sua natureza pragmática, factível e humanista.

22.4 SÉRIES DE TV

Dr. House (2004-2012)

1. Gregory House é um médico genial e antipático. Admirado por suas habilidades profissionais, é odiado por suas relações sociais, marcadas pelo distanciamento. Todavia, sua frieza pode ser pensada como calcada na postura de analisar a situação estando fora dela, sem participar emocionalmente, o que é um paradigma muito útil para a construção de propostas de intervenção e o desenvolvimento de raciocínios equilibrados.

22.5 ANIMES

Kill la Kill, de Kazuki Nakashima (2013-2014)

1 — Ryuko Matoi é uma garota que entra em uma escola ultrarrígida, com o objetivo de vingar a morte de seu pai. Descoberta, embate-se contra as normas e a alta administração. Com o tempo, entra em um combate uma conspiração internacional que controlava ações e mentes das pessoas do mundo todo. Muito bom para discutir empoderamento feminino e contestação das instituições.

Sword Art Online – temporada 1, de Reki Kawahara (2014)

2 — Na história, *Sword Art Online* é um *game* de amplo sucesso, em que os jogadores se conectam a um mundo virtual por meio de um console que trabalha com conexões neurais. Quando o *game* é iniciado, muitos jogadores entram no ambiente virtual e descobrem que estão presos nele, correndo o risco de morrer no mundo real. Permite discutir os limites entre o mundo real e o virtual e as redes sociais.

Another, de Tsutomu Mizushima (2012)

3 — Em uma escola de uma cidade pequena, uma das turmas carrega uma maldição: há sempre um morto na sala, que é difícil de identificar e cuja presença pode causar a morte de todos. Como solução, um dos alunos é sempre isolado, e os outros fingem que ele ou ela não existem. Discussões sobre *bullying* e rejeição ao diferente podem ser geradas.

A princesa e o cavaleiro, de Osamu Tezuka (1968)

4 — Saphiri é uma princesa, mas criada como um príncipe, por conta de questões ligadas à descendência da realeza. Há um complô para revelar sua real sexualidade, que é mantida por meio de uma imagem andrógina e um comportamento tipicamente masculino. Obra muito boa para discutir gêneros e empoderamento feminino. É a referência citada no final do filme *Minha vida em cor-de-rosa* (seção "Filmes", item 4).

22.6 HISTÓRIAS EM QUADRINHOS

Watchmen, de Alan Moore e Dave Gibbons (Panini)

1. Considerada por muitas pessoas como a melhor HQ já escrita, discute a guerra fria e o medo de um conflito nuclear definitivo. Além disso, toca nas questões do vigilantismo e da sociedade de controle. Tem doze capítulos e, no final dos Capítulos de 1 a 11, há objetos ficcionais de mídia (jornais, revistas, relatórios psiquiátricos etc.) que permitem discutir gêneros narrativos.

V de vingança, de Alan Moore e David Lloyd (Panini)

2. De acordo com Moore, é escrita diretamente derivada de *1984*, de Orwell (seção "Livros", item 1). Discute a sociedade de controle e o anarquismo. É a HQ que gerou a máscara que se tornou símbolo dos protestos sociais no Brasil, inspirada no rosto de Guy Fawkes, revolucionário conhecido por tentar explodir o Parlamento inglês em 1605, na Conspiração da Pólvora.

O cavaleiro das trevas, de Frank Miller (Panini)

3. Considerada por muitos a melhor HQ do Batman, na qual o herói está em idade avançada e com desempenho limitado por conta de seu físico. A narrativa traz inserções de quadros com a borda arredondada que representam transmissões de TV, e por isso a obra pode ser trabalhada para discutir a influência e a manipulação da mídia.

Groo: a Ira de Pipil Khan, de Sérgio Aragonés (Pandora Books)

4. O personagem é uma paródia de Conan, bárbaro que já foi vivido no cinema por Arnold Schwarzenegger. Nesta história, um rei moribundo decreta que o filho que herdará seu reino será aquele que matar Groo. Um dos filhos não tem nenhuma habilidade física ou mágica, mas o talento estratégico de manipular a opinião pública por meio da imprensa, o que propicia discussões sobre o poder e o impacto da mídia.

	Palestina, v. 1 – Uma nação ocupada, de Joe Sacco (Conrad)
5	Obra impactante, em que são retratados o cotidiano e os conflitos da Palestina, mostrados em perspectiva histórica e na atualidade. O autor é jornalista e baseou o roteiro da obra em entrevistas com pessoas que se encontravam no coração do conflito. Por isso, o tom é visceral e fidedigno. Promove a discussão de conflitos internacionais, supremacia, diplomacia e convívio entre povos.
	Persépolis, de Marjane Satrapi (Companhia das Letras)
6	HQ autoral baseada na vida da autora, a primeira iraniana a escrever uma história em quadrinhos. Retratando adolescência e juventude sob a perspectiva da Revolução Iraniana e da expatriação, a autora construiu uma obra sensível, que trata de uma temática específica, mas que é universal. Os temas do domínio cultural, da sociedade patriarcal e do papel da mulher podem ser acionados.
	Maus, de Art Spiegelman (Companhia das Letras)
7	Um dos maiores clássicos das HQ, é aclamado mundialmente. A obra é baseada na história do pai do autor, que foi prisioneiro de um campo de concentração. A estrutura da história é baseada nas fábulas. Por isso, os alemães são retratados como gatos, e os judeus, como ratos, uma simbologia autoexplicativa. Fornece pano de fundo histórico e a discussão acerca de poder e estruturação social.
	Reino do amanhã, de Mark Waid e Alex Ross (Panini)
8	HQ considerada uma das melhores histórias sobre o significado do heroísmo. A obra é aquarelada e belíssima. O que se discute é basicamente a responsabilidade social dos heróis, os padrões de ética e as diferenças – às vezes sutis – entre comportamentos egoístas e altruístas. Ótima para discutir ética e perspectivas sociais.

22.7 PUBLICAÇÕES

Revista *Piauí*, Editora Abril

1. Revista mensal de variedades e crítica social. Trabalhamos a publicação como referência por conta dos textos ágeis e bem articulados, citando-os sempre como exemplos de construção de argumentação, com o devido cuidado de apontar algumas críticas mais ácidas como não compatíveis com uma dissertação.

Jornal *Le monde diplomatique*

2. Jornal mensal com reportagens bem investigadas e conteúdo responsável e inteligente. Ótimo exemplo de postura investigativa e ética, além de referência muito boa para a construção de textos com linguagem clara e coesa.

22.8 VARIADOS

Índice dos livros proibidos (documento da Igreja Católica)

1. Índice de livros não aprovados e condenados pela Igreja católica. A primeira lista foi publicada na Idade Média, e a última, em 1948, sendo revogada apenas em 1966, mais de 400 anos depois da publicação original. As obras listadas eram aquelas consideradas ofensivas aos dogmas católicos. Por isso, é ótima referência para se falar de domínio cultural e censura, e permite a construção de boas analogias.

A guerra dos mundos, de Orson Welles (transmissão de rádio pela CBS, 1938)

2. O livro homônimo de H. G. Wells foi adaptado para o rádio em uma transmissão que se tornou clássica, feita por Orson Welles, artista que ficou famoso por *Cidadão Kane*, filme classificado por muitos como o melhor da história. Montada como notícia real, a transmissão que focava uma invasão da Terra pelos marcianos causou pânico e muita destruição. Excelente para falar do poder da mídia.

3 · *A filosofia da composição*, de Edgar Allan Poe (7 Letras, 2011)

Texto que esmiúça como o autor escreveu o poema *The Raven*, ou *O corvo*, evidenciando processos matemáticos e lógicos de sua composição. Ajuda a pensar a arte e a linguagem como fruto de transpiração e trabalho, e não de inspiração. O poema tem traduções para o português feitas por Machado de Assis e Fernando Pessoa. A edição citada reúne essas traduções e o texto.

CAPÍTULO 23
DUAS QUESTÕES UM POUCO ESPINHOSAS

Neste capítulo, abordaremos duas questões delicadas, por tratarem de pontos tradicionalmente recomendados como estratégia de construção de textos: as perguntas retóricas e a estrutura "tese-antítese-síntese". Vamos, então, abordar cada uma separadamente.

23.1 PERGUNTAS RETÓRICAS

Uma pergunta retórica é um questionamento que se faz na redação como gancho para a continuidade do texto. Depois de apresentar determinado problema, como o lixo nuclear, o aluno pode inserir a pergunta: "Então, o que fazer com os resíduos tóxicos provenientes de indústrias nucleares?". A resposta, normalmente, envolveria o desenvolvimento de novas técnicas de tratamento e armazenamento, bem como poderia contemplar o investimento em pesquisas para sua diminuição.

Nada notadamente errado, só não exatamente o melhor que se pode fazer. Vamos pensar: se a exigência, segundo o edital do ENEM, é o desenvolvimento do tema em uma dissertação argumentativa (Competência II) e, além disso, é necessário organizar os argumentos "em defesa de um ponto de vista" (Competência III), por que usar uma estrutura textual que é fundada no lançamento de uma dúvida?

Notem como, entre o parágrafo anterior e este, fica um lapso. É como se o gancho proposto em nosso modelo estrutural não fosse acionado.

Figura 23.1 Não acionamento do gancho entre os parágrafos.

Tal problema pode ser considerado grave e é fruto do uso de uma pergunta retórica no fim do parágrafo. Em uma redação de cinco parágrafos, só haverá três ganchos desse tipo, nas passagens do primeiro parágrafo para o segundo, do segundo para o terceiro e do terceiro para o quarto (a passagem do quarto para o quinto é a seta circular, de retomada). Portanto, um terço das passagens estará mal realizado.

O término de um parágrafo é um local bastante comum em que os alunos inserem a pergunta retórica, e é fácil perceber o estrago feito. Se isso é um problema entre os parágrafos de desenvolvimento, pior ainda será se, em vez de construir a tese, o aluno finalizar o primeiro parágrafo com uma pergunta retórica.

Isso porque a estrutura de texto poderá ser assim representada:

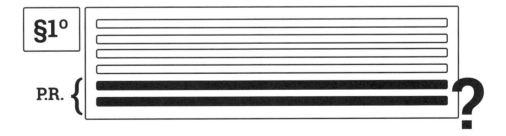

Figura 23.2 Estrutura de texto com pergunta retórica no lugar da tese.

A título de ilustração, vamos relembrar a introdução do modelo 5, "Pontos cruciais", sugerida no Capítulo 10, "Introduções". Vamos reproduzi-la tal como a apresentamos e, posteriormente, substituiremos a tese por uma pergunta retórica. Original:

> A ciência é responsável por "quatro grandes decepções" da humanidade. Em 1514, Copérnico deslocou a Terra do centro do universo. Em 1859, com a teoria da evolução das espécies, Darwin rompeu com a origem divina. No século XX, Freud construiu a noção de inconsciente e afirmou que não controlamos nossos pensamentos; e a neurociência descobriu que a maioria da atividade cerebral foge de nosso controle. Todavia, esses tópicos podem ser usados para aumentar uma qualidade que muito nos falta: a autoconsciência.

Agora, a mesma introdução com uma pergunta retórica no lugar da tese:

> A ciência é responsável por "quatro grandes decepções" da humanidade. Em 1514, Copérnico deslocou a Terra do centro do universo. Em 1859, com a teoria da evolução das espécies, Darwin rompeu com a origem divina. No século XX, Freud construiu a noção de inconsciente e afirmou que não controlamos nossos pensamentos; e a neurociência descobriu que a maioria da atividade cerebral foge de nosso controle. O que podemos, então, aprender com esses desapontamentos tão eminentes?

As consequências da utilização de uma pergunta retórica no fim do parágrafo de introdução, como se nota, são bem graves: é a questão da dúvida. Se o texto é dissertativo-argumentativo, não há sentido em construí-lo com base em uma estrutura não afirmativa.

Essa percepção nos dava o "não" como única resposta para a pergunta: "É bom usar perguntas retóricas?". Todavia, como muitas vezes os alunos estão acostumados com esse recurso, aceitamos sua utilização, sempre apontando a ressalva da inserção do sentido de dúvida a ele inerente.

Entretanto, a simples aceitação do uso do recurso nos pareceu irresponsável. Por isso, sugerimos que a pergunta retórica seja respondida de imediato, para que se minimize seu estrago. Se a pergunta retórica for utilizada, que seja da forma menos prejudicial possível, com a resposta na sequência, na frase seguinte e no mesmo parágrafo.

A introdução do modelo 6, "Ditados populares", usa justamente a pergunta retórica respondida dessa maneira (ainda com a ressalva de que esse ditado popular é normalmente citado como uma pergunta):

> É melhor dar o peixe ou ensinar a pescar? Na atual conjuntura brasileira, este ditado popular pode ajudar em uma discussão importante, relacionada ao programa Fome Zero. Excelente criador de números e estatísticas positivas, a iniciativa é utilizada como ferramenta política, mas na verdade gera falsas ilusões de prosperidade. Depender de auxílio financeiro não é sinônimo de melhoria de vida e é um vício perigoso que pode trazer consequências graves.

Outra introdução, a do modelo 8, "Comparação entre perspectivas e fatos", alterada para conter uma pergunta retórica respondida prontamente, pode nos fornecer mais um exemplo.

> Não apenas no futebol a Alemanha ultrapassa com folga o Brasil. Na contabilidade dos prêmios Nobel, o amargo 7X1 da última Copa do Mundo soa como um alento: são 103 para os alemães e nenhum para os brasileiros. Como reverter ou ao menos amenizar este placar? Uma solução seria a adoção de uma prática integradora fundamental: o trabalho conjunto das instituições públicas, das universidades e da iniciativa privada.

Nos dois casos anteriores, a resposta dada de pronto à pergunta retórica continua o texto e o raciocínio de maneira correta e fluida. Todavia, mesmo assim o problema da inserção de um sentido de dúvida, indesejável, permanece. Recuperando nossa estrutura-modelo, a representação gráfica de uma pergunta retórica respondida na sequência ficaria assim:

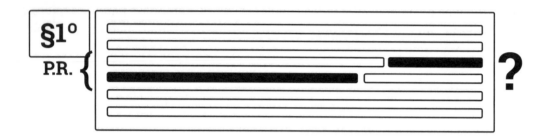

Figura 23.3 Representação da inserção da pergunta retórica no meio do parágrafo.

Mesmo que a devida resposta seja dada na sequência e até mesmo constitua a tese, é fácil notar quanto o sentido de dúvida permanece inalterado, mesmo que minimizado por sua solução.

Portanto, nossa posição sempre será a da não adoção do recurso das perguntas retóricas. São realmente desnecessárias e impregnam o texto de um sentido de dúvida que, mesmo leve, é indesejável. Se a intenção é constituir um ponto de vista e defendê-lo, todas as ações nesse sentido devem ser afirmativas. O texto e seus significados nada têm a ganhar com uma pergunta.

23.2 TESE-ANTÍTESE-SÍNTESE

Diferentemente deste livro, os manuais de redação em geral trazem uma série de estruturas de texto possíveis, fornecendo ao aluno diversos modelos de escrita.

Uma das estruturas mais ensinadas e adotadas é a da "tese-antítese-síntese", e é sobre ela que gostaríamos de discorrer um pouco.

Como no caso da pergunta retórica, não a estamos condenando. É uma estrutura de construção do raciocínio tão clássica quanto válida. Para a composição de redações, pode muito bem ser adotada com sucesso. Entretanto, encontramos nela algumas características que impossibilitam a construção de um raciocínio linearmente progressivo e, por isso, não permitem sua utilização congregada com nossa estrutura modelo.

Um exame estrutural da formatação "tese-antítese-síntese" foi por nós desenvolvido e apresentado aos alunos, também por meio da ilustração. Utilizamos os mesmos boxes de nosso modelo estrutural, mas desta vez preenchido com cores.

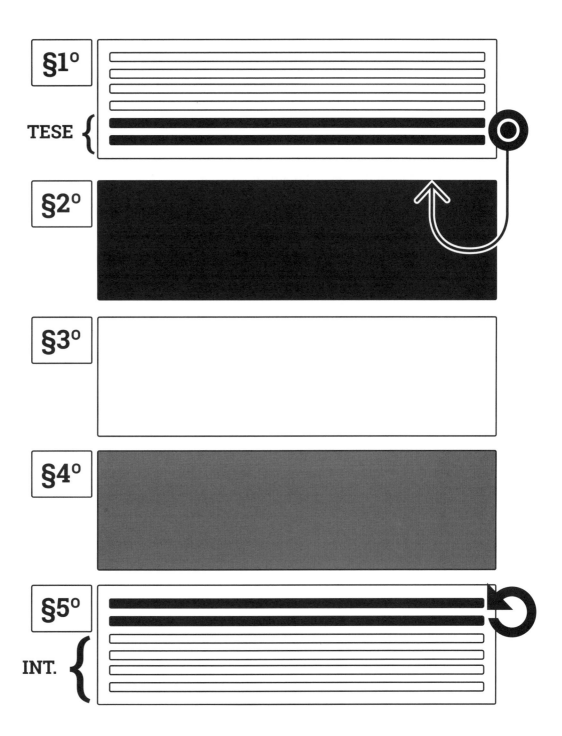

Figura 23.4 Representação da estrutura de tese-antítese-síntese.

O primeiro e o quinto parágrafos, de introdução e conclusão, não apresentam mudanças com relação ao nosso modelo estrutural. A introdução serviria para suas funções tradicionais de apresentação do tema, contextualização e exposição da tese, e a conclusão, para a retomada das ideias centrais e o oferecimento das propostas de intervenção. As mudanças ocorrem nos parágrafos segundo, terceiro e quarto, de desenvolvimento.

A estrutura de tese-síntese-antítese não tem necessariamente de contar com um parágrafo para cada uma de suas partes, mas, em nome da clareza de nossos argumentos, adotaremos esta possibilidade como um paradigma.

Suponhamos que se construa a tese no segundo parágrafo, a antítese no terceiro e a síntese no quarto. Na Figura 23.4, esses diferentes movimentos de raciocínio são representados, respectivamente, pelos quadros preto, branco e cinza.

A escolha das cores não é arbitrária, pois tem o intuito de demonstrar a própria essência da estrutura tese-antítese-síntese: o embate de posições opostas e sua congregação em uma posição que seja o resultado e o equilíbrio dessas disparidades. Ou seja, uma "posição preta" posta em contraste a uma "posição branca"; resulta em uma "posição cinza".

O problema surge justamente dessa estrutura. Se, presumivelmente, o segundo parágrafo herda a orientação da tese (conforme o melhor desenvolvimento de nosso modelo estrutural), o terceiro parágrafo combate essa posição, apresentando argumentos contrários. O quarto parágrafo, que seria o lugar de consolidação do posicionamento do autor, balanceia o segundo e o terceiro parágrafos em uma síntese, necessariamente diferente da tese. Ou seja, a tese defendida no primeiro parágrafo não serve para muita coisa, uma vez que definitivamente a síntese será diferente da tese.

Se presumirmos que a tese não está presente na introdução, a representação gráfica muda para a apresentada a seguir.

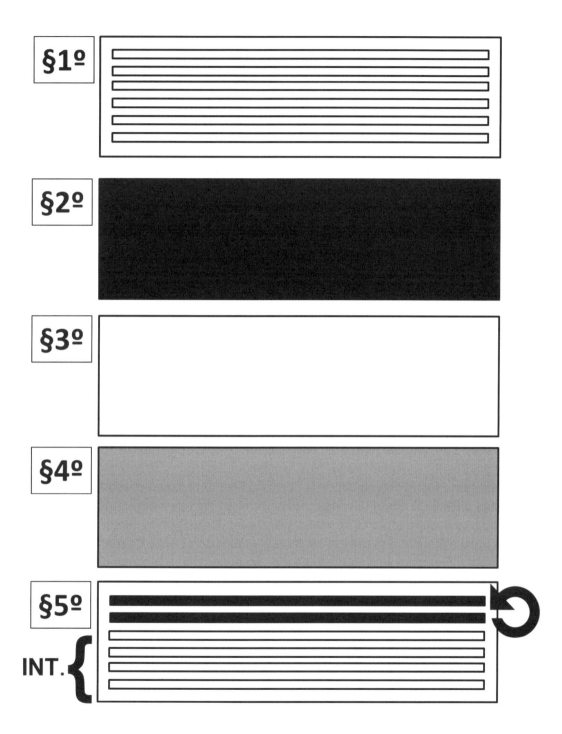

Figura 23.5 Estrutura tese-antítese-síntese sem a colocação da tese no primeiro parágrafo.

Notadamente, o problema passa a ser outro: a consolidação do pensamento do autor é construída apenas no quarto parágrafo. Ao menos, não há a divergência entre a tese e essa posição, mas de qualquer forma só haverá a elucidação completa do posicionamento quase no final do texto, o que nos parece definitivamente não recomendável.

Mais uma vez, é preciso pontuar que não fazemos aqui uma condenação, mas uma constatação de fatos de construção de significados. O modelo tese-antítese-síntese, como evidenciamos, é clássico e um válido construtor de raciocínios, mas não pensamos que seja a melhor estrutura para a formatação de uma redação para o ENEM.

Alguns casos específicos podem adotar essa construção, como o de um tema que trabalhamos em sala de aula: "A utilização de livros de novos autores nos exames vestibulares".

A discussão gira em torno da necessidade ou não das listas de livros dos exames contemplarem autores mais novos e fugirem do cânone, adotando nomes mais ou menos consagrados, como Gabriel García Márquez, José Luís Peixoto, Chico Buarque e Luiz Ruffato. Alguns editais já trazem nomes como estes, mas ainda a maioria adota os clássicos de autores como Machado de Assis, Eça de Queiroz e José Saramago.

Numa argumentação tese-antítese-síntese clássica, como a construída na redação da aluna D. V., os livros tradicionais podem ser apontados no segundo parágrafo como mais distantes do público jovem por conta das diferenças de linguagem, mas como detentores de registros culturais importantes.

Os livros de autores mais novos podem ser apontados no terceiro parágrafo como de mais acessível leitura e mais fácil entendimento, sendo capazes de fomentar o gosto pela leitura. E a síntese pode propor a utilização dos dois tipos de obras em vestibulares e exames, com uma divisão igualitária de títulos como possível proposta de intervenção. Nessa redação, a aluna D. V. colocou, no final do primeiro parágrafo, a tese de que tanto os livros novos quanto os clássicos devem ser adotados nos exames. Por isso, sua tese era igual à síntese. Apenas em casos específicos como esse cremos que a estrutura tese-antítese-síntese seja válida, mas mesmo assim não a recomendamos para não criar um vício que pode ser prejudicial às argumentações.

Um tema como esse, que permita a construção tese-antítese-síntese, é muito raro. A vasta maioria dos temas ENEM não seria bem desenvolvida por essa estrutura. Portanto, não a recomendamos, embora a tenhamos trabalhado em sala, por conta do questionamento dos alunos e por ter aparecido na redação citada. Todavia, a exposição de suas características pode reforçar a eficácia de nosso modelo estrutural.

23.3 PROPOSTA DE EXERCÍCIOS

1. Peça que os alunos reescrevam os trechos a seguir, retirando as perguntas retóricas e construindo frases afirmativas.

a) Muitas vezes, tentamos preencher o vazio que sentimos em nosso interior com bens materiais. Isso acaba desencadeando um impacto entre a ânsia de comprar e a angústia de pagar, gerando frustração e estresse, que fortemente contrastam com nossos ideais de felicidade. Como, então, lidar com este problema? (M. A.)

b) A globalização e o rápido e fácil acesso às informações são realmente ferramentas úteis para a construção de uma sociedade mais justa e democrática? A utilização da internet como ferramenta ficou muito clara na Primavera Árabe de 2011 e no *impeachment* de Dilma em 2016. Esses dois casos expressam bem como a internet e a imprensa podem ser capazes de divulgar e de potencializar informações, interferindo assim nos acontecimentos. (E. M.)

c) Desde a Idade Média, com o surgimento das primeiras universidades, o trote se tornou uma espécie de ritual para ajudar os calouros e os veteranos a se enturmarem. Porém, ele ainda é uma prática válida? Nos últimos anos, essas brincadeiras vêm se tornando grandes problemas para novos universitários por conta do grau de violência, e por isso devem ser questionadas. (J. M.)

Recomendamos que se aborde a estrutura tese-antítese-síntese apenas quando surgir um tema em que ela se encaixe perfeitamente, como no caso citado anteriormente, ou quando surgir uma redação de um aluno que a utilize com eficácia, dentro de um tema a ela adequado.

CAPÍTULO 24
PROPOSTAS DE REDAÇÃO

Como deixamos claro no "Prefácio", ensinar o aluno a pensar corretamente e de maneira articulada é fundamental e, com certeza, o principal trabalho do professor de redação.

Para tanto, desenvolvemos algumas propostas que têm a finalidade tanto de promover boas discussões em sala quanto dar condições a uma discussão bem montada, baseada em nosso modelo. Essas propostas têm a função de discutir temas cotidianos, abordados pela mídia, e também a de ajudar a construir o repertório dos alunos.

A seguir, apresentamos essas propostas de texto, algumas trabalhadas em sala com a construção de um quadro referencial e a inserção dos tópicos em nosso modelo estrutural, outras propostas como simulados e/ou exercícios.

24.1 RELAÇÃO DO BRASILEIRO COM O TRABALHO

Antes de falar desta proposta em si, é preciso esclarecer seu contexto. Ela foi, premeditadamente, pensada como uma "proposta-armadilha", para fazer atentar à importância de se ater ao tema pedido. Para isso, esta proposta apresentou uma questão clássica e preconceituosa: a aversão do brasileiro ao trabalho.

Esse tema era ancorado na realização da Copa do Mundo no Brasil em 2014, e a pergunta fundamental era se os brasileiros aproveitaram a Copa indevidamente para fugir de suas responsabilidades profissionais.

Quando aplicamos esse exercício, foram encontrados, conforme esperávamos, problemas gerais em um ponto: a fuga do tema. Alguns alunos fizeram a redação como se o tema fosse "Copa do Mundo" e dissertaram sobre o evento.

Isso caracteriza um erro de tema e zeraria a redação. O tema não era a Copa, e sim a relação do brasileiro com o trabalho. Depois de perceber a que tipo de erro a desatenção pode levar, não houve mais esse percalço nas aulas e no desenvolvimento dos textos.

PROPOSTA

Um tema que poderia ser derivado da Copa do Mundo de 2014 é a dedicação do brasileiro ao trabalho. Nos dias de jogos do Brasil, o país praticamente parou, mesmo fora dos horários das partidas. Essas ocasiões devem ser mesmo comemoradas com tanta ênfase ou representam uma tendência do brasileiro a se desviar do trabalho todas as vezes que lhe é possível?

Lembrem-se da suposta frase de Charles de Gaulle, estadista francês: "O Brasil não é um país sério", que tem sua autoria e sua veracidade contestadas por historiadores, mas é útil como instrumento de trabalho. Usem a frase, se for o caso, com essa ressalva, pois isso gera autoria e confiança na argumentação.

Escreva uma redação de até trinta linhas, no modelo ENEM. Não se esqueça de fazer as propostas de intervenção.

24.2 CORRUPÇÃO

É muito provável que o tema "Corrupção" não caia no ENEM, porque os atuais escândalos têm afetado profundamente o governo. Todavia, como na proposta anterior, trata-se de uma oportunidade muito interessante de construção de raciocínio, pois há tanto referências históricas quanto simbólicas que podem ser adotadas, além de o tema exigir conhecimento de mundo atualizado.

Essa proposta foi dada aos alunos logo após a da Copa do Mundo. Para auxiliá-los a perceber o tema central e definir pontos de argumentação, agregamos um exercício que deve ser feito antes de se escrever a redação, a título de preparação, em sala de aula. Por conta dele, as redações foram muito mais bem montadas que as anteriores, e nenhuma delas apresentou desvio total ou parcial de tema. Esse exercício de preparação pode ser adotado como orientação em qualquer proposta, com as devidas adaptações.

PROPOSTA

Pense no seguinte contexto: a Petrobrás sempre foi considerada motivo de orgulho tanto para o Brasil como para os brasileiros. É (ou era) uma empresa com ótima projeção internacional e uma das melhores empresas para se trabalhar no país. O escândalo de corrupção associado à Operação Lava-Jato é sinônimo de que a corrupção no Brasil é epidêmica?

Responda às questões 1 e 2 e, então, escreva uma redação de até trinta linhas, com propostas de intervenção, sobre o tema: "Corrupção no Brasil: uma doença incurável?".

1. Qual é o tema central da redação? Em no máximo cinco palavras, como você o definiria?
2. Pense nos pontos de argumentação elencados a seguir. Quais são os tópicos mais gerais e quais são os mais específicos? Quais deveriam ser descartados?

A corrupção no Brasil vem desde o Brasil Colônia; não existe político honesto; a corrupção na Petrobrás afeta o Brasil no cenário internacional; a colonização do Brasil por Portugal; a corrupção em outros países, como a Espanha; o processo de punição da corrupção tem de ser mais ágil; o brasileiro é acostumado com a corrupção; para diminuir a corrupção, é preciso aumentar os salários dos políticos; o Brasil precisa de intervenção militar; a pena de morte deveria ser instituída no Brasil para crimes de corrupção; o processo de colonização como ferramenta de imposição de uma estrutura que favorece a corrupção; o "atar de mãos" de um político honesto quando entra na rede política; as manifestações e as verificações populares devem ser mais duras e constantes.

Nota: este item tem a ver com a generalidade e a especificidade associadas ao modelo de funil, que trabalhamos no Capítulo 7. Os possíveis descartes de alguns pontos são relativos a argumentos preconceituosos e generalizantes. Os pontos que os alunos deveriam sugerir como a serem deixados de lado são: "não existe político honesto", "o brasileiro é acostumado com a corrupção" e "para diminuir a corrupção, é preciso aumentar os salários dos políticos".

24.3 LULA × FHC

Esta proposta se vale da comparação entre capas de duas revistas bastante conhecidas: *Veja* e *Época Negócios*. Utilizamos uma edição de *Veja* com o ex-presidente Luiz Inácio Lula da Silva e uma da *Época Negócios* com o ex-presidente Fernando Henrique Cardoso. Em ambas, os ex-presidentes tem grande destaque.

Na edição n. 98 da *Época Negócios*, de abril de 2015, a manchete da capa é: "Os herdeiros de FHC". O subtítulo – que inclusive pode ser usado como frase inicial de uma introdução (se devidamente adaptado, naturalmente) – é: "Aos 83 anos, o ex-presidente assume a missão de ensinar política aos filhos da elite empresarial brasileira".

Na edição n. 2.423 da *Veja*, ano 48, de 29 de abril de 2015, a manchete é: "Empreiteiro arrasta Lula para o meio do escândalo". A matéria foca em denúncias de Léo Pinheiro, da empreiteira OAS, que ameaçava usar a delação premiada para apontar diversas falcatruas supostamente cometidas pelo PT e, em especial, por Lula. Esses sentidos ainda são reforçados pela entrevista nas páginas amarelas da senadora Marta Suplicy, cujo texto estampado na capa prega: "O PT traiu os brasileiros".

É muito importante notar e saber comparar os dois tipos de construção conceitual presentes nas duas capas, identificáveis nas imagens que podem ser acessadas pelos QR codes a seguir.

Não é marcante como a imagem de FHC parece serena e centrada e as de Lula parecem marcadas pela urgência (a de fundo, vermelha e remetendo a um alvo) e pelo desânimo (a central, menor)? Essas coisas são planejadas ou gratuitas? Elas são fruto/recompensa das atitudes pessoais e políticas de cada um dos ex-presidentes ou são montagens midiáticas algo maquiavélicas?

FHC fala em sua entrevista sobre educar as elites. O texto de abertura da reportagem diz: "Os filhos da elite (de verdade) também têm ido às ruas clamar por mudanças. A culpa? De FHC. Ele é o responsável por aguçar a visão política dos herdeiros de algumas das maiores fortunas do país, estimulando o surgimento de uma nova liderança empresarial".

Essa nova liderança está muito calcada na união das iniciativas pública e privada, mas principalmente na movimentação de recursos empresariais para a melhoria social e cultural do país. Nesse sentido, pode-se tecer uma comparação dessa elite com os déspotas esclarecidos?

Os ecos do Iluminismo, que minavam os patamares da monarquia absolutista no século XVIII, podem ser sentidos na "iluminação" de FHC sobre a elite brasileira? Num contexto em que o "governo/governante do povo" foi transformado em vilão, é possível pensar que a "elite esclarecida" é capaz de gerar um novo e bom sentido de progresso para o país?

PROPOSTA

Escreva uma redação de até trinta linhas, no modelo ENEM, sobre o seguinte tema: "Governo do povo ou governo de elite?" (como sugestão, peça que pensem também na perspectiva *aurea mediocritas*).[1] Não esqueça de construir também a *proposta de intervenção*.

---

[1] A perspectiva *aurea mediocritas* resgata uma terminologia clássica da literatura árcade e seria a de um governo que dialogasse com ambos os estratos sociais.

24.4 IDOSOS

Esta proposta resgata a questão de como lidar com a população idosa, bem como a perspectiva incontornável de seu crescimento. Utilizamos fontes midiáticas e acrescentamos referências externas, para ajudar a embasar os textos.

PROPOSTA

É preciso pensar a respeito do crescimento da população idosa no país. Os textos a seguir foram extraídos do portal *G1*.

"O número de pessoas no Brasil acima de 60 anos (definição de "idosos" dentro da pesquisa) continua crescendo: de 12,6% da população, em 2012, passou para 13% no ano passado. Já são **26,1 milhões** de idosos no país".[2]

Segundo o IBGE, o número de idosos na população brasileira deve quadruplicar até 2060: "a população com essa faixa etária deve passar de 14,9 milhões (7,4% do total), em 2013, para 58,4 milhões (26,7% do total), em 2060. No período, a expectativa média de vida do brasileiro deve aumentar dos atuais 75 anos para 81 anos".[3]

Essa tendência certamente confronta governo e população com problemas práticos, como o aumento de encargos com a previdência e a saúde pública.

Talvez por conta desse tipo de dilema, no Japão, em 2013, o então ministro Taro Aso disse que "os idosos deveriam *morrer rapidamente* para aliviar o Estado do pagamento das contas com saúde" (grifo nosso).[4]

Taro Aso, de 72 anos (portanto, um idoso), considera que os custos dos tratamentos que prolongam a vida a pessoas com doenças sem recuperação são desnecessários e muito prejudiciais à economia.

Aso ainda afirmou, durante uma conferência sobre reformas na segurança social, em Tóquio: "Deus queira que [os idosos] não sejam forçados a viver até quando quiserem morrer. Eu sentir-me-ia muito mal sabendo que o tratamento estaria a ser pago pelo Governo". O ex-ministro foi ainda mais polêmico ao afirmar que "o problema não se resolve a não ser que os deixemos morrer rapidamente".

---

[2] Idosos já são 13% da população e país tem menos crianças, diz Pnad. *G1*. 18 set. 2014. Disponível em: <http://g1.globo.com/economia/noticia/2014/09/idosos-ja-sao-13-da-populacao-e-pais-tem-menos-criancas-diz-pnad.html>. Acesso em: 31 ago. 2018.

[3] Número de idosos no Brasil vai quadruplicar até 2060, diz IBGE. *G1*. 29 ago. 2013. Disponível em: <http://g1.globo.com/brasil/noticia/2013/08/numero-de-idosos-no-brasil-vai-quadruplicar-ate-2060-diz-ibge.html>. Acesso em: 31 ago. 2018.

[4] Ministro japonês diz que morte de doentes idosos alivia contas do Estado. *Renascença*. 22 jan. 2013. Disponível em: <http://rr.sapo.pt/informacao_detalhe.aspx?did=93686>. Acesso em: 31 ago. 2018.

PROPOSTAS DE REDAÇÃO

Nos livros da série *Rama*, de Arthur C. Clarke e Gentry Lee, há um núcleo de personagens conhecidos como "octoaranhas". Trata-se de extraterrestres cibernéticos e de forma aracnídea que, ao chegar a uma certa idade, são "desligados", por não estarem mais nas melhores condições de contribuir com a sociedade.

Os idosos devem ser tratados assim ou por meio de uma abordagem mais humanista? Como o melhor de suas habilidades pode ser explorado?

Escreva uma redação no modelo ENEM (trinta linhas), com propostas de intervenção, sobre o tema: "Valorização dos idosos: uma necessidade social".

24.5 A SOCIEDADE DO CONHECIMENTO

PROPOSTA

Em seu livro *A cabeça bem-feita*, o pensador e educador Edgar Morin cita uma frase do poeta T. S. Eliot: "Onde está o conhecimento que perdemos na informação?". A seguir, Morin diz que "o conhecimento só é conhecimento enquanto organização, relacionado com as informações e inserido no contexto destas".

É lugar-comum, nos dias de hoje, dizer que "vivemos na sociedade da informação". Isso certamente tem um lado correto, uma vez que, por exemplo, o século XX produziu mais informação que todos os outros séculos anteriores juntos. E a produção de informação cresce continuamente. Mas informação é a mesma coisa que conhecimento?

Em um mundo ligado em rede e marcado pelo crescimento exponencial do acesso à internet, com os computadores ficando cada vez mais rápidos e também mais acessíveis, seria fácil pensar de forma utópica em uma "sociedade da informação" que fosse, por decorrência, também uma "sociedade do conhecimento". Mas, ao contrário das previsões mais otimistas, tal fato não ocorreu e parece muito distante de se tornar realidade.

Tradicionalmente, a culpa por tal desenvolvimento é jogada tanto no excesso de informações com o qual somos bombardeados por todos os lados, todos os dias, quanto em uma cultura de superficialidade que seria gerada, talvez contraditoriamente, pelo amplo acesso a diferentes mídias e seus conteúdos.

Somos assim tão passivos perante essa "sociedade do acúmulo de informação"? Não há saída que não seja perder-se no fluxo de dados?

Discuta, em uma redação dissertativo-argumentativa de no máximo trinta linhas (o título é opcional e conta como linha de texto), o seguinte tema: "Como aproveitar os benefícios de uma sociedade da informação para desenvolver uma sociedade do conhecimento?". Não se esqueça de construir propostas de intervenção de caráter humanista e realizável.

24.6 O COMPLEXO DE VIRA-LATA
PROPOSTA

O trauma da derrota do Brasil para o Uruguai por 2 × 1 na Copa do Mundo de 1950, em pleno Maracanã lotado, foi o que originou no dramaturgo e escritor Nelson Rodrigues o cunhar da expressão "complexo de vira-lata".

Tal expressão se referia ao desmerecimento decorrente daquele trauma futebolístico, mas foi estendida para outros campos, chegando mesmo a se firmar quase como uma característica do brasileiro, que teoricamente seria sempre subserviente ao estrangeiro e descrente de suas capacidades.

O trauma original da Copa de 1950 teria sido superado apenas na Copa de 1958, quando o Brasil ganhou seu primeiro mundial, na Suécia. Mas o que dizer de um pós-Copa de 2014, quando o país sofreu o que muitos consideram o maior vexame da história futebolística mundial? O amargo 7 × 1 imposto pela Alemanha significou mais que apenas uma derrota humilhante?

O jornalista Eduardo Tironi, no jornal *Lance!*, publicou uma resenha no dia seguinte à derrota brasileira dizendo que o Brasil havia perdido porque confiara no sofrimento: a contusão de Neymar (por uma séria pancada nas costas sofrida no jogo contra a Colômbia) haveria sido tomada como um elemento de ênfase dos costumeiros sofrimento e inferioridade brasileiros. O Brasil venceria porque, na verdade, tudo estava contra.

Muitos argumentam que o complexo de vira-lata vem desde o Brasil colonial, uma vez que o modelo de exploração imposto pelos portugueses e continuado por outros povos teria instalado essa tendência. Do mesmo modo, a extrema valorização de tudo o que é estrangeiro em detrimento de produtos nacionais viria dessa forma de colonialismo.

Discuta, em uma redação dissertativo-argumentativa de no máximo trinta linhas (o título é opcional e conta como linha de texto), o seguinte tema: "O complexo de vira-lata do brasileiro tem justificativa e/ou remédio?". Não se esqueça de construir propostas de intervenção de caráter humanista e realizável.

24.7 A UNANIMIDADE É BURRA

PROPOSTA

Uma das frases famosas do dramaturgo e escritor Nelson Rodrigues é "Toda unanimidade é burra". Simples em sua constituição, a afirmação carrega sentidos profundos, ligados à produção científica e à construção do pensamento.

Em termos científicos, uma unanimidade é burra porque não carrega nenhuma semente de contestação, sendo que a contestação da verdade estabelecida (ou o constante averiguar e esmiuçar dessa verdade) é o patamar científico mais básico.

Com relação à construção do pensamento, uma unanimidade é burra justamente porque prevê uma uniformidade que, no mais das vezes, é inverídica ou camufla estratégias de se esconder a verdade.

A noção de que a Terra é o centro do universo já foi considerada uma unanimidade, até ser desmontada por Copérnico, Kepler e Galileu. A perspectiva criacionista de origem do universo e da vida foi, do mesmo modo, destronada pela teoria da evolução das espécies, de Darwin.

No campo da arte, a indústria cultural se esforça para gerar e fomentar produtos que sejam aclamados por unanimidade, em especial em "vitrines" como o *Domingão do Faustão*. A prerrogativa é a de que "se está no Faustão, é porque é bom", ou seja, "trata-se de uma unanimidade que não deve ser contestada". "Consuma o produto referendado pela unanimidade e não questione."

O *Dicionário Priberam de Língua Portuguesa* define "unanimidade" como "conformidade geral de opiniões". O termo "conformidade" evoca o verbete "conformar", definido pelo mesmo dicionário como "resignar-se". A unanimidade, sempre burra, também é um conformismo.

Discuta, em uma redação dissertativo-argumentativa de no máximo trinta linhas (o título é opcional e conta como linha de texto), o seguinte tema: "A unanimidade pode ser combatida no cotidiano?". Não se esqueça de construir propostas de intervenção de caráter humanista e realizável.

PROPOSTAS DE REDAÇÃO

CAPÍTULO 25

A PERSPECTIVA DO *COACHING*: PELO AMOR AO ENSINO, AO APRENDIZADO, AOS ALUNOS E AO DIÁLOGO HORIZONTAL[1]

Uma das grandes falhas dos sistemas de ensino mais tradicionalistas é o foco no erro. As famosas e aterrorizantes notas vermelhas são um evidente sintoma dessa prática. Boletins "manchados de sangue", como alguns dizem, infelizmente têm muito mais a significar que resultados abaixo da média de aprovação ou de atingimento do direito de utilização da tinta azul.

Por isso, quando comecei a trabalhar no ensino de redação, optei por corrigir os textos com uma caneta verde, que se destacava do lápis e das colorações azuis ou pretas normalmente utilizadas pelos alunos, mas não tinha o caráter ou a intenção de trazer à tona a severidade.

Quase imediatamente, os alunos reagiram: queriam a caneta vermelha! Esse comportamento foi quase decepcionante, pois parecia uma aceitação do cabresto, uma concordância inata com as rédeas e o chicote das famigeradas notas vermelhas. Entretanto, havia uma justificativa bastante plausível para essa necessidade: "precisamos saber onde erramos".

---

[1] Este capítulo é dedicado a Zeca Maurício Janviro e a Paula Laiterin, que propiciaram minhas primeiras incursões à escola Cóndor Blanco, e à *coach* Bimashar Coelho, que, em seminários e conversas, me inspirou profundamente com seu trabalho de *coaching* para jovens. Agradeço enormemente a Suryavan Solar, que há anos ensina milhares de pessoas a serem *bem* melhores e que mudou minha vida com seus livros e seu exemplo.

Existia também o fator do contraste, pois a tinta verde simplesmente não propicia diferenciação suficiente, principalmente em relação à tinta azul e ao lápis.

O problema é que a cor da caneta é como as cores do semáforo: verde para "siga" e vermelho para "pare".

Felizmente – e surpreendentemente – a utilização das canetas vermelhas não é vista como uma condenação, mas como um instrumental. Por isso, providenciei um largo estoque delas e as adotei em definitivo. Todavia, nunca permiti que o "precisamos saber onde erramos" se mantivesse enquanto discurso e o alterei para "precisamos saber como melhorar".

Pode parecer uma diferença sutil ou talvez uma prática cafajeste de autoajuda, mas o fato é que, ao trocar "erramos" por "melhorar", o que efetivamente acontece é redirecionar a intenção da correção, passando de uma significação de "note em que você é ruim" para "perceba como pode progredir". Ou seja, nada sutil e muito menos cafajeste.

A esmagadora maioria das pessoas prefere um estímulo a um retrocesso. Isso é natural do ser humano, por razões ligadas à evolução e à vida em sociedade. No trabalho em sala de aula com as redações, essa perspectiva auxilia imensamente e, antes de exemplificá-la e fornecer diretrizes para sua aplicação, é preciso que pontuemos sua origem.

Em agosto de 2015, fiz uma formação em *coaching* no seminário Coaching Express da escola chilena de desenvolvimento humano Cóndor Blanco. O assunto já tinha chamado minha atenção, e eu o estudava como um curioso interessado, mas o seminário foi a concretização da pesquisa e permitiu o início da aplicação referendada das técnicas, com o peso de um certificado e, principalmente, de pressupostos sólidos que foram transmitidos.

Antes de expor dados técnicos de *coaching*, é necessário defini-lo sumariamente. A palavra "*coaching*" deriva do verbo inglês "*to coach*" e significa "treinar". Quem dá o treinamento é o "*coach*", e quem o recebe é o "*coachee*". Fazendo os devidos paralelos, o *coaching* é o treinamento em redação, o professor é o *coach* e o aluno é o *coachee*.

Suryavan Solar, líder de Cóndor Blanco, define bem o *coaching* em sua obra *Coaching Express: as origens de um novo estilo de vida,* publicada pela editora Gran Sol em 2014 e que passamos a usar como referência até o fim deste capítulo: "Coaching é um novo método [...] [para] ativar seu potencial, [...] superar obstáculos e conseguir melhores resultados" (p. 25).

Está clara na citação a objetividade do processo. *Coaching* visa a resultados rápidos e concretos, e minha percepção sempre foi a de que, no plano do aprendizado da redação, a superação dos obstáculos só se efetiva quando há investimento na ativação do potencial de cada aluno. Além disso, o *coaching* é "um processo de treinamento e COMUNICAÇÃO, baseado em um DIÁLOGO produtivo" (p. 33) que visa orientar e apoiar o desenvolvimento de potenciais e o atingir de metas.

Obviamente há aprendizados práticos a serem feitos, mas percebi ao longo dos anos de docência que, muito fortemente no caso da redação, um dos maiores obstáculos é o não acreditar na própria capacidade de produzir bons textos.

"Eu não sei escrever", "Não sei pôr as ideias no papel", "Eu sou de exatas/ biológicas", "Não sou de humanas", "Não sei começar redações", "Não consigo fazer as propostas de intervenção" e tantas outras frases começadas por "não" são exemplos de construções frasais que refletem modelos de pensamento que terminam por se instalar como verdades incontornáveis.

A neurociência e a programação neurolinguística sabem e já mediram o impacto das milhares de vezes que uma criança escuta "não" em seus anos de formação. O *coaching*, que por natureza faz sair da zona de conforto ao investir no fomento das potencialidades, e não dos erros, ajuda a sair desse círculo vicioso do "não consigo".

Isso acontece porque os pontos a serem enfatizados nas redações não são aqueles nos quais os alunos erraram, mas aqueles nos quais acertaram. Houve casos de estudantes que não tinham boa gramática. Para eles, passei orientações e sugeri que pedissem ajuda aos professores e estudassem temas específicos em gramáticas confiáveis. Mas, além disso, caso a caso, percebi seus pontos fortes e os explicitei. Apresento quatro casos a seguir:

25.1 P. O.

O aluno P. O., por exemplo, não tinha uma boa escrita. Por conta disso, achava que não conseguia elaborar bem seus pensamentos e, por conseguinte, seus textos. Na correção de suas redações, percebi que ele na verdade conseguia expor com muita objetividade os assuntos, definindo com precisão temas e conceitos.

Ao ser simplesmente apresentado a esse fato, que foi provado com exemplos retirados de seus próprios textos, com surpresa, ele perguntou: "Eu faço isso mesmo?". Sim, ele fazia aquilo, e foi esse o ponto que se tornou crucial em suas produções. Como também havia a crença limitante de que ele não conseguia fazer introduções, orientei-o para que começasse definindo o tema tratado o mais objetivamente possível.

P. O. começou a treinar isso e a acertar, constantemente. Esse foi o que se chama de "o pulo do gato" para ele, e o que permitiu um grande aumento de sua consciência de produção de texto (sempre orientada por nosso modelo geral), sua melhoria na gramática e seu progresso nos resultados. As redações produzidas por ele saltaram de uma média de 640 para 800 e 880, e para 840 no ENEM 2015. E P. O. não era dos mais assíduos...

25.2 L. P.

A quase integralidade dos textos produzidos por L. P. era marcada por um posicionamento ético muito consciente e contundente. Isso é bastante bom para a construção do posicionamento e da tese. Todavia, uma dificuldade se apresentava: as frases, bem construídas individualmente, eram muitas vezes desconectadas em relação às outras.

Mostrei à aluna esse problema e apontei algumas soluções, marcando a continuidade e a fluidez de texto como essenciais. Houve melhorias pequenas, mas a dificuldade persistia. Até que "veio a luz": eu disse a L. P. que a desconexão das frases a impedia de expressar com exatidão e clareza seus posicionamentos éticos. Além disso, mostrei a ela textos de divulgação científica de Richard Dawkins (etólogo e biólogo evolucionista) e de David Eagleman (neurocientista) e pedi para que prestasse atenção nas formas textuais de construção do raciocínio.

Definitivamente, os exemplos de texto a ajudaram, mas o que a fez mudar foi o apontar do obstáculo que era a desconexão de texto para a expressão de sua ética. No auge dos seus 16 anos, L. P. tinha a postura pessoal como um de seus eixos de construção de significado mais importantes. Quando algo "ameaçou" isso, ela encontrou forças e recursos para melhorar.

Os textos passaram de 680 e 720 para 840 e 880 quase imediatamente. Vários 920 se apresentaram, alguns 960 e até uma nota 1.000. No ENEM 2015, a aluna recebeu nota 880, ainda como treineira.

25.3 L. L.

L. L. tinha um grande problema de organização. Seus textos traziam ideias boas e um tom leve muito interessante, mas a falta de uma lógica de desenvolvimento e de linearidade do raciocínio e do texto a prejudicavam muito. Portanto, no início suas notas eram em torno de 560, 600, 640.

No início, a aluna parecia um pouco refratária ao modelo estrutural. Felizmente, durante uma sessão de orientação pessoal em um dos horários de plantão, descobri que não era esse o problema. L. L. não havia entendido direito a relação do desenho esquemático com a produção dos textos.

Assim, revisei com ela passo a passo o modelo, sem deixar de lado nenhum de seus pontos. Depois de vários "ah" e "agora entendi", a aluna saiu mais confiante e voltou após alguns dias já com um texto 720. E foi subindo.

Durante o segundo semestre de 2015, L. L. manteve o crescimento e chegou a manter uma média de 800 pontos. Todavia, perto do ENEM, seus textos caíram novamente para 680, até 640. Só ocasionalmente havia um 760 ou 800. Percebendo um problema, observei pacientemente. Na semana anterior ao ENEM, tinha um drama com o qual lidar: uma redação que voltava ao início desestruturado dos textos, com nota 560. E um 640. E um 840, feitos na mesma semana. Da nota maior para a menor, uma diferença de 320 pontos, aparentemente um disparate.

E aí, em um plantão, entrou em cena a sabedoria e a perspectiva do *coaching*. Eu disse à aluna: "L., tenho suas três notas comigo e elas são discrepantes. Não se assuste. Eu sei que você escreve no nível da nota maior e que as notas menores foram percalços sem importância. Vamos entender os porquês das notas menores e pensar que não refletem seu nível de escrita".

Então, passei com ela, primeiramente, à redação 560. O tom foi de "como foi que eu fiz isso?", respondido com a argumentação de que tinha sido "um deslize bobo" e com as devidas correções estruturais. Revisamos a redação 640, e o tom de "dei bobeira" permaneceu, rebatido com "sim, mas você faz sempre muito melhor", mais os acertos.

Antes de a redação 840 ser revisada, disse a ela: "É este o seu nível, não se esqueça". Lemos a redação, evidenciando os pontos fortes, em especial o da leveza do tom, que permitia que os argumentos fossem apresentados em um texto claro e agradável.

Como era a última aula antes do exame e a última que a aluna frequentaria, pontuei que a leveza que permeava suas composições era também uma leveza pessoal, de alguém que se relaciona bem com as pessoas e com o mundo. O que era absolutamente verdade e fez com que L. L. saísse da sessão contente, confiante e sorrindo. O 840 da última redação corrigida com ela se tornou sua nota no ENEM.

25.4 L. S.

L. S. entrou nas aulas a convite de L. L. e também apresentava dificuldades de organização e falta de confiança para colocar as ideias no papel. Muitas vezes, os bons argumentos estavam lá, e frequentemente não eram poucos. A aluna também tinha problemas em apresentar as referências, um pouco por falta de repertório e porque as descrições dos conceitos eram imprecisas.

No desenvolvimento das aulas, percebi que L. S. não teve dúvidas em adotar o modelo estrutural proposto e apostar nele. Como apresentávamos sempre muitas referências, seu nível de repertório subiu, e a ajudei – muitas vezes sugerindo construções textuais inteiras – a entender como montar a apresentação das referências. O Capítulo 13, "Referências internas/ilustrações, citações, paráfrases, analogias e a construção do repertório" é em muito construído sobre as orientações passadas a ela e, por isso, é à L. S. muito devedor.

A aplicação constante do modelo permitiu a organização eficiente dos argumentos e o lapidar da habilidade da construção de textos bem concatenados e assertivos. As notas saíram de 600, 640, 680, para 760 e 800.

É preciso dizer que L. S. foi a aluna que mais aprendeu (isso foi sempre evidenciado), a mais assídua e a que mais cobrava. Quando eu me ausentava para trabalhos em outra cidade e para participar de treinamentos em liderança e *coaching*, era invariavelmente dela que surgia a pergunta: "e quando vai ser a reposição?".

L. S. também não faltava aos plantões, ficava mais tempo quando necessário e muitas vezes esteve presente a duas ou três sessões seguidas. Muitas sugestões, como a que fundou o Capítulo 19, "Referências-base", foram dela. E ela ainda conseguia ser educada e simpática, sempre.

Os resultados continuavam melhorando. Com duas ou às vezes três redações por semana, a aluna desenvolveu a capacidade de se manter em uma média alta. Depois de cerca de cinco meses de curso, suas redações não baixavam de 880.

Foi um processo muito bonito de aprendizado, que me deu a certeza da eficiência deste método. Este livro não teria sido escrito sem a consciência do impacto de minha atuação, e essa consciência não teria sido gerada sem a oportunidade gratificante de ensinar L. S., que coroou sua dedicação com um belo 940. Obrigado, Letícia.

É preciso acionar os talentos, "reconhecê-los, despertá-los, ativá-los, treiná-los, [...] [e] desenvolvê-los" (Solar, p. 26). Treinar quer dizer praticar sempre, e desenvolver carrega o sentido de ampliar. Os alunos devem ser estimulados a ir além de suas crenças iniciais limitantes em sua incapacidade de lidar com a produção de texto de forma geral ou em alguns pontos específicos.

Nesse aspecto, tanto o modelo geral quanto a perspectiva do *coaching* auxiliam muito. Como Suryavan Solar aponta, não se conseguirá muita coisa com "as gastas ferramentas recebidas da educação tradicional" (p. 28). Esmiuçando as raízes do *coaching*, o autor discorre sobre Sócrates, que acreditava no "diálogo significativo e esclarecedor" (p. 110). Foi nesse diálogo com os alunos que acreditei.

O filósofo grego também acreditava em formar pensadores, e é nesse sentido que apontei a necessidade de ensinar os alunos a pensar, no "Prefácio". O método de Sócrates, mais que ensinar, auxilia a pessoa "a encontrar seus próprios conhecimentos" (p. 110). Tive, ao longo dos anos, a impagável felicidade de passar por esse processo com meus alunos.

A relação que criei com os alunos, fundamentada fortemente em convicções pessoais e no processo de *coaching*, é uma relação de amor platônico. E, por favor, que não se confunda o conceito correto, que Suryavan Solar esclarece, com sua banalização do lugar-comum.

O amor platônico não é o amor por um objeto inalcançável, um amor desesperado que se quer justificar pela carência e pela dependência. O amor platônico "faz referência à força, ao estímulo, e à motivação", "é amar a pessoa de maneira tão elevada que você quer conhecê-la em sua profundidade" (p. 115).

Nas aulas, procuro conhecer os alunos com profundidade e respeito. E não, não é preciso uma formação em *coaching* para entender e aplicar isso.